高职高专工学结合课程改革规划教材

交通职业教育教学指导委员会
交通运输管理专业指导委员会　组织编写

Wuliu Xinxi Jishu Yingyong
物流信息技术应用
（第二版）

（物流管理专业用）

刘德武　主　编
王力平　逄诗铭　副主编
谭任绩　主　审

人民交通出版社

内 容 提 要

本书是高职高专工学结合课程改革规划教材,是在各高等职业院校积极践行和创新先进职业教育思想和理念,深入推进"校企合作、工学结合"人才培养模式的大背景下,由交通职业教育教学指导委员会交通运输管理专业指导委员会根据新的教学标准和课程标准组织编写而成。

本书共设10个任务,包括:计算机网络技术应用、数据采集技术应用、信息加工处理技术应用、自动定位跟踪技术应用、物流自动化技术应用、物流信息系统应用、物流信息综合应用、智能技术应用、现代物流管理技术应用、物联网及云技术应用。

本书可作为高职高专院校物流管理、物流信息技术及相关专业的教材和参考书,也可作为物流企业中的物流信息管理者及相关人员的培训教材和物流行业从业人员的参考用书。

图书在版编目(CIP)数据

物流信息技术应用/刘德武主编.—2版.—北京:人民交通出版社,2012.9
高职高专工学结合课程改革规划教材
ISBN 978-7-114-10076-5

Ⅰ.①物… Ⅱ.①刘… Ⅲ.①物流—信息技术—高等职业教育—教材 Ⅳ.①F253.9

中国版本图书馆 CIP 数据核字(2012)第 214796 号

高职高专工学结合课程改革规划教材

书　　名:	物流信息技术应用(第二版)
著 作 者:	刘德武
责任编辑:	任雪莲
出版发行:	人民交通出版社股份有限公司
地　　址:	(100011)北京市朝阳区安定门外外馆斜街3号
网　　址:	http://www.ccpress.com.cn
销售电话:	(010) 59757973
总 经 销:	人民交通出版社股份有限公司发行部
经　　销:	各地新华书店
印　　刷:	北京市密东印刷有限公司
开　　本:	787×1092　1/16
印　　张:	17.25
字　　数:	410千
版　　次:	2007年7月　第1版 2012年9月　第2版
印　　次:	2018年1月　第2版　第2次印刷　总第5次印刷
书　　号:	ISBN 978-7-114-10076-5
印　　数:	11001-12000册
定　　价:	43.00元

(有印刷、装订质量问题的图书由本社负责调换)

高职高专工学结合课程改革规划教材

编审委员会

主　任：鲍贤俊（上海交通职业技术学院）
副主任：施建年（北京交通运输职业学院）
专　家（按姓氏笔画排序）：

孔祥法（上海世纪出版股份有限公司物流中心）　　刘　念（深圳职业技术学院）
严南南（上海海事大学高等技术学院）　　　　　　杨志刚（上海海事大学交通运输学院）
逄诗铭（招商局物流集团易通公司）　　　　　　　贾春雷（内蒙古大学交通职业技术学院）
顾丽亚（上海海事大学交通运输学院）　　　　　　黄君麟（云南交通职业技术学院）
薛　威（天津交通职业学院）

委　员（按姓氏笔画排序）：

毛晓辉（山西交通职业技术学院）　　　　石小平（湖北交通职业技术学院）
刘德武（四川交通职业技术学院）　　　　向吉英（深圳职业技术学院）
孙守成（武汉交通职业学院）　　　　　　曲学军（吉林交通职业技术学院）
朱亚琪（青海交通职业技术学院）　　　　祁洪祥（南京交通职业技术学院）
许小宁（云南交通职业技术学院）　　　　严石林（湖北交通职业技术学院）
吴吉明（福建船政交通职业学院）　　　　吴毅洲（广东交通职业学院）
李建丽（河南交通职业技术学院）　　　　李艳琴（浙江交通职业学院）
肖坤斌（湖南交通职业技术学院）　　　　武　钧（内蒙古大学交通职业技术学院）
范爱理（安徽交通职业技术学院）　　　　赵继新（广西交通职业技术学院）
郝晓东（上海交通职业技术学院）　　　　袁炎清（广州航海高等专科学校）
阎叶琛（陕西交通职业技术学院）　　　　黄　浩（江西交通职业技术学院）
黄碧蓉（云南交通职业技术学院）　　　　程一飞（上海交通职业技术学院）
楼伯良（上海交通职业技术学院）　　　　谭任绩（湖南交通职业技术学院）

秘　书：

任雪莲（人民交通出版社）

序

为了适应我国高职高专教育发展及其对教育改革和教材建设的需要,在全国交通职业教育教学指导委员会的指导下,根据2011年颁布的交通运输类主干专业《物流管理专业教学标准与课程标准》(适应于高等职业教育),我们组织高职高专教学第一线的优秀教师和企业专家合作编写了物流管理专业系列教材(第二版),其中部分作者来自国家级示范性职业院校。

为了做好此项工作,2011年8月5~8日在青海省西宁市召开了全国交通教育交通运输管理专业指导委员会工作扩大会议,启动了新一轮规划教材的建设工作,邀请物流企业的专家共同参与教材建设(原则上要求副主编由企业专家担任),采取主编负责制。为了保证本套教材的出版质量,我们在全国范围内选聘成立"高职高专工学结合课程改革规划教材编审委员会",确定了编写5门核心课程和12门专门化方向课程的教材主编、副主编和参编。2011年9月23~25日在北京召开了由全国交通教育交通运输管理专业指导委员会主办、人民交通出版社承办的高职物流管理专业教材编写大纲审定会议,编审委员会审议通过了17种教材的编写大纲以及具体编写进度要求。2012年3月23日、5月4日、5月5日在上海分三批对17种教材进行了审稿、定稿。本套教材按照"任务引领、项目驱动、能力为本"的原则编写,突出应用性、针对性和实践性的特点,并重组系列教材结构,力求反映高职高专课程和教学内容体系改革方向,反映当前物流企业的新理念、新技术、新工艺和新方法,注重理论知识的应用和实践技能的培养,在兼顾理论和实践内容的同时,避免片面强调理论知识的系统性,理论知识以应用为目的,以必需、够用为尺度,尽量体现科学性、先进性和广泛性,以利于学生综合素质的形成和科学思维方式与创新能力的培养。

本套教材包括:《物流信息技术应用》《运输管理实务》《仓储管理实务》《物流市场营销技术》《供应链管理实务》5门专业核心课程教材,《集装箱运输实务》《货物配送实务》《国际货运代理》《物料采购与供应管理》等12门专门化方向课程教材。突出以就业为导向、以企业工作需求为出发点的职业教育特色。在内容上,注重与岗位实际要求紧密结合,与职业资格标准紧密结合;在形式上,配套提供多媒体教学课件,作为教材的配套资料上传到人民交通出版社网站供读者免费下载。本套教材既可满足物流管理专业人才培养的需要,也可供物流企业管理和技术人员阅读,还可作为在职人员的培训教材。

交通职业教育教学指导委员会
交通运输管理专业指导委员会
2012年5月

第二版前言 PREFACE

  随着科学技术的发展和市场国际化竞争的日趋激烈，作为现在物流业的核心——物流信息技术，在物流领域的应用越来越广泛，特别是物联网时代即将到来，物流信息技术必将极大地促进现代物流业的快速发展。而掌握了物流信息技术的现代物流人才又是现代物流业发展的关键。

  近年来，国家示范性高职院校和骨干院校建设，新的职教理念的推行，有力地促进了职业教育改革和课程改革，以前出版的《物流信息技术与应用》及早期同类教材已很难适应高职教育改革需要。为此，交通职业教育教学指导委员会交通运输管理专业指导委员会于2010年组织编写了新的教学标准和课程标准，2011年8月~2012年4月与人民交通出版社组织了物流管理专业第二轮教材的编审工作。本书是根据新的教学标准和课程标准组织编写而成的。

  本书第一版名为《物流信息技术与应用》，第二版更名为《物流信息技术应用》。

  本书由学校教师与企业专家共同合作编写而成，体现了"校企合作、工学结合"的特点；以"任务驱动"构架内容体系，展示了信息技术在物流领域中的实际应用；以注重对学习者职业能力的培养为主线，突出了现代高职教育的特点。

  本书由四川交通职业技术学院刘德武副教授担任主编，四川交通职业技术学院王力平副教授和招商局物流集团易通交通信息发展有限公司逄诗铭总经理担任副主编，湖南交通职业技术学院谭任绩副教授担任主审。全书由刘德武统编定稿。编写分工为：云南交通职业技术学院李鼎编写任务一；陕西交通职业技术学院李琳编写任务二、任务七，王力平编写任务三、任务四；四川交通职业技术学院陈泽云编写任务五，孙统超编写任务六；内蒙古大学交通学院魏正懋编写任务八；四川交通职业技术学院刘德武和陈泽云共同编写任务九；逄诗铭编写任务十。

  本书在编写过程中得到招商局物流集团易通交通信息发展有限公司及参编院校的大力支持，得到交通职业教育教学指导委员会交通运输管理专业指导委员会和人民交通出版社的大力帮助，教材评审专家对本书提出了许多宝贵意见，在此一一表示最诚挚的感谢！本书在编写过程中借鉴、引用了大量的国内外文献资料和相关教材书籍，在此对相关作者表示真诚的感谢！

  由于编者水平有限，加之编写时间仓促，书中难免存在疏漏和不足之处，恳请广大同行和读者批评指正，以便修订时日臻完善。

编　者

2012年6月

第一版前言 PREFACE

进入 21 世纪,随着经济全球化的发展,物流业作为国民经济的动脉和基础产业起着越来越重要的作用,各级政府和企业都把发展物流业作为提高竞争能力和提高企业核心竞争力的重要手段。现代物流理念、先进的物流技术逐步引入到经济建设和企业经营管理之中。物流业作为一个独立的产业迅速崛起,同时也促进了物流教育的发展。为提高物流运作和管理水平,解决人才制约物流产业发展的瓶颈,加强国际物流、物流管理、仓储配送、物流运输、企业运输、物流营销、物流信息处理等技能型人才的培养,已是推动物流行业发展的关键。

为了实现人才培养目标,适应物流行业的发展要求,贯彻《国务院关于大力发展职业教育的决定》精神,培养面向生产、建设、服务和管理第一线需要的物流行业的高技能人才,推动课程建设与改革,加强教材建设,交通职业教育教学指导委员会交通运输管理专业指导委员会根据物流管理专业人才培养要求,组织全国交通职业技术院校的教师编写了物流管理专业规划教材,供高等职业院校物流管理及其相关专业教学使用。

本套教材全面、系统、科学地阐述了现代物流学的相关理论、方法和应用技术,突出以就业为导向,以能力为本位,以企业工作需求为出发点的职业教育特色,在内容上注重与岗位实际要求紧密结合,与职业资格标准紧密结合,体现了教材的科学性、系统性、应用性、前瞻性和通俗性。既满足了物流管理专业人才培养的需要,也可供物流企业管理和技术人员阅读,还可作为在职人员的培训教材。

《物流信息技术与应用》是高职高专院校物流管理专业规划教材之一,内容包括:物流信息技术概论,物流管理信息系统,物流数据自动采集技术,物流 EDI 技术,空间信息技术,物流网络技术,物流信息安全技术,企业资源计划,电子商务与物流,信息技术在物流领域的综合应用等。

参加本书编写工作的有:广东交通职业技术学院屈颖(编写第一、九章)、梁超强(编写第六、十章)、曾立雄(编写第八章),河南交通职业技术学院谢宝兴(编写第二、七章),云南交通职业技术学院孙钥(编写第三、四章),广东省公路勘察规划设计院朱青(编写第五章),全书由屈颖担任主编,朱青担任副主编,上海交通职业技术学院楼伯良担任主审。

本套教材在编写过程中参阅和引用了国内外有关物流科学的论著和资料,不管文后是否列出,在此,对这些文献的作者和译者表示由衷的感谢和诚挚的谢意。由于作者水平有限,书中不妥之处在所难免,恳请广大专家和读者给予批评和指正。

交通职业教育教学指导委员会
交通运输管理专业指导委员会
2007.5

目 录 CONTENTS

任务一　计算机网络技术应用 …………………………………………………… 1
　项目一　数据库技术应用 …………………………………………………… 2
　项目二　计算机网络技术应用 …………………………………………… 24

任务二　数据采集技术应用 …………………………………………………… 45
　项目一　条码(BC)识别技术应用 ………………………………………… 47
　项目二　射频识别技术(RFID)应用 ……………………………………… 59

任务三　信息加工处理技术应用 ……………………………………………… 68
　项目一　电子数据交换(EDI)技术应用 …………………………………… 69
　项目二　销售时点信息系统(POS)应用 …………………………………… 82

任务四　自动定位跟踪技术应用 …………………………………………… 101
　项目一　遥感技术(RS)应用 ……………………………………………… 102
　项目二　地理信息系统(GIS)应用 ………………………………………… 108
　项目三　全球定位系统(GPS)应用 ………………………………………… 114

任务五　物流自动化技术应用 ……………………………………………… 125
　项目一　自动化立体仓库技术应用 ……………………………………… 126
　项目二　自动导向搬运车技术应用 ……………………………………… 132

任务六　物流信息系统应用 ………………………………………………… 138
　项目一　运输管理系统(TMS)应用 ……………………………………… 139
　项目二　仓储管理系统(WMS)应用 ……………………………………… 144
　项目三　货代管理系统(FMS)应用 ……………………………………… 150

任务七　物流信息综合应用 ………………………………………………… 158
　项目一　电子商务(EC)技术应用 ………………………………………… 160
　项目二　电子订货系统(EOS)应用 ……………………………………… 169

任务八　智能技术应用 ……………………………………………………… 177
　项目一　人工智能(AI)技术应用 ………………………………………… 178
　项目二　专家系统(ES)应用 ……………………………………………… 189
　项目三　智能运输系统(ITS)应用 ………………………………………… 210

任务九　现代物流管理技术应用 ……………………………………… 222
 项目一　仓储管理系统(WMS)应用 …………………………… 223
 项目二　供应链管理系统(SCM)应用 ………………………… 228

任务十　物联网及云技术应用 ………………………………………… 236
 项目一　物联网技术应用 ………………………………………… 237
 项目二　云技术应用 ……………………………………………… 243

参考文献 ………………………………………………………………… 264

任务一　计算机网络技术应用

内容简介

随着近年来我国物流行业的高速发展,市场对物流企业的服务要求越来越高,大量的信息处理需求使信息技术正快速运用到物流企业当中,物流公司如何有效地提高自己的数据处理能力并根据公司的业务量、客户特点和设备水平,建立高效、快捷的数据库与网络平台,已经成为现代物流企业在激烈的行业竞争中脱颖而出的关键。

教学目标

1. 知识目标

(1)掌握数据库的基本知识,了解 Access 的开发环境,熟悉系统菜单的功能,认识理解数据库和表的概念,初步实现通过数据库管理物流信息;

(2)掌握现代网络技术基本理论知识和相关运用方法。

2. 技能目标

(1)能利用 Access 模板,创建数据库;

(2)能根据物流信息性质,创建数据表;

(3)能使用 SQL 语言查询信息;

(4)能设计物流信息展示窗体;

(5)能设计物流信息报表;

(6)能建立局域网;

(7)会使用相关网络工具。

案例导入

加拿大皇家银行的数据库建设

加拿大皇家银行是世界级的银行巨头之一,拥有 1400 家分行,为 1000 多万名客户提供金融服务。随着客户与同行竞争者的日渐增加,要求其在技术与结构上进行调整。更重要的是,要能够快速应对激烈的竞争环境和以客户为导向的趋势。因此,皇家银行决定构建银行的客户关系管理系统,以便增强客户关系,扩大竞争优势。因此,加拿大皇家银行选择了 NCRTeradata 数据仓库方案。其经过对 NCRTeradata 数据仓库解决方案进行严格测试和调查,最终选择了 Teradata Value Analyzer(利润贡献度分析系统)。这是一套基本的应用程式,可以了解和评估客户的资料、行为与银行之间的关系。Value Analyzer 取代了老式的"由上而下"的观点,采用了"由下而上"的方式,从基本的测量单位"账户"开始。皇家银行利用 Value Analyzer 输入每个账户或一系列活动的识别码,可统计出账户分级的不同利润,以支持银行对于利润的多种看法。

皇家银行清楚地认识到利润贡献度分析系统对于客户关系管理系统的重要性,它是在服务提升、产品提供、成本管理、价格策略和营销费用上具有决定性的工具。

引导思路

1. 物流企业为什么要建立数据库？
2. 如何将现代网络技术运用到物流企业当中？

项目一 数据库技术应用

教学要点

1. 利用 Access 模板，创建数据库；
2. 根据物流信息性质，创建数据表；
3. 使用 SQL 语言查询信息；
4. 设计物流信息展示窗体；
5. 设计物流信息报表。

教学方法

可采用讲授、情境教学、案例教学和分组讨论等方法。

一、情 境 设 置

随着我国物流行业的高速发展，市场对物流企业的服务要求越来越高，大量的信息处理要求使信息技术正快速运用到物流企业当中。请根据某物流公司的业务量、客户特点和设备水平，为公司在现有的技术水平下建立数据库平台，以提高物流公司的数据处理能力。

二、技能训练目标

（1）建立数据库；
（2）创建数据表；
（3）使用 SQL 语言查询信息；
（4）设计窗体和报表。

三、相关理论知识

（一）数据、信息和数据处理

在计算机数据处理系统中，经常遇到数据、信息以及数据处理这些名词，特别是对数据和信息，二者往往是不加区别的。其实，它们的概念是不同的。

1. 数据

数据是一种物理符号序列，是用来记录事物情况和状态的文字、符号、图像和声音的组合。它不仅包括表示量值概念的数值数据,即通常的"1、2、3、4、5…",也包括表示"陈述"意思的数据,及非数值数据如字符串"student"等。

2. 信息

信息是经过加工并对人类社会的生活、工作、学习、生产及经营活动产生影响的有意义的数据。即信息也是一种数据,且是经过加工的、有用的数据。

数据和信息是两个相互依存、相互联系但又相互区别的概念。信息是数据的有意义的表示,数据是信息的具体表现形式。零散的、杂乱无章的数据不构成信息,因为人们无法从中获得信息。

3. 数据处理

数据处理是对各种类型的数据进行收集、存储、分类、计算、加工、检索和传输的过程。应该说,经过数据处理的数据即为信息。通常数据处理也称为信息处理。

(二)数据库基础知识

数据库(Database)是一个储存数据的"仓库",该仓库中不但有数据,而且数据被分门别类、有条不紊地保存。数据库可以这样定义:数据库是保存在磁盘等外存介质上的数据集合,它能被各类用户所共享;数据的冗余被降到最低,数据之间有紧密的联系;用户通过数据库管理系统可对其进行访问。

在 Access 数据库系统中,数据以"表"的形式保存。一个实际应用的数据库不但包含数据,还常包含其他对象。这些对象通常由数据表派生而出,表现为数据检索的规则、数据排列的方式、数据表之间的关系以及数据库应用程序等。Access 数据库中存在着查询、报表、窗体等对象。

1. 数据库系统的组成

一个完整的数据库系统由三部分组成:数据库、数据库管理系统和数据库应用。三者的关系如图 1-1 所示。

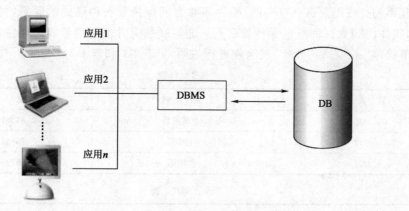

图 1-1　数据库系统的三个组成部分

(1)数据库

数据以表的形式保存在数据库中。数据表的结构保证了表中数据是有组织、有条理的,每个数据都有其确切的含义。在目前流行的数据库系统中,用户一般无法得知数据的真实物理地址,必须通过数据库管理系统访问数据库。

(2)数据库管理系统

一个实际运行中的数据库有复杂的结构和存储方式,用户如果直接访问数据库中的数据是很困难的。数据库管理系统(Database Management System,简称 DBMS)是一个商业软件,它如同一座桥梁,一端联结面向用户的数据库应用,另一端联结数据库。这样,DBMS 将数据库复杂的物理结构和存储格式封装起来,用户访问数据库时只需发出简单的指令。这些指令由 DBMS 自动译成机器代码并执行,用户不必关心数据的存储方式、物理位置和执行过程,使得数据库系统的运行效率和空间资源得到充分、合理的使用。

(3)数据库应用

数据库应用是指用户对数据库的各种操作,其方式有多种,包括通过交互式命令、各类向导和视图、SQL 命令以及为非计算机专业用户开发的应用程序。这些程序可以用数据库管理系统内嵌的程序设计语言编写,也可以用其他程序语言编写。Access 内嵌的语言是 VBA(Visual Basic for Application),它是程序设计语言 VB 的子集。

2. 实体、属性与联系

(1)实体与属性

客观世界的万事万物在数据库领域内被称为实体(Entity)。实体可以是实实在在的客观存在,例如工人、学生、商店、医院;也可以是一些抽象的概念或地理名词,如哮喘病、上海市。实体的特征(外在表现)称为属性(Attribute)。属性的差异可用来区分同类实体。如一个人可以具备下列属性:姓名、年龄、性别、身高、肤色、发式、穿着等,根据这些属性我们能在熙熙攘攘的人群中一眼认出所熟悉的人。实体本身并不能被装进数据库,要保存客观世界的信息,必须将描述事物外在特征的属性保存在数据库中。例如,要管理学生信息,可以储存每一位学生的学号、姓名、性别、出生年月、出生地、家庭住址、各科成绩等,其中学号是人为添加的一个属性,用于区分两个或多个因巧合而属性完全相同的学生。在数据库理论中,这些学生属性的集合被称为实体集(Entity Set)。在数据库应用中,实体集以数据表的形式呈现。

(2)联系

客观事物往往不是孤立存在的,相关事物之间保持着各种形式的联系方式。在数据库理论中,实体(集)之间同样也保持着联系。这些联系同时也制约着实体属性的取值方式与范围。下面以"系"表和"导师"表为例进行说明,见表 1-1 和表 1-2。

"系" 表   表 1-1

系 编 号	系 名	电 话
D01	计算机系	34562312
D02	社科系	76855564
D03	生物系	86239546

"导 师" 表   表 1-2

导师编号	姓 名	性 别	职 称	系 编 号
101	陈林	男	教授	D01
102	黎明	男	副教授	D02
103	马可	女	研究员	D03
104	李严	女	副教授	D04

假如问及李严在哪个系任教,可以检索"导师"表中的"姓名"属性,得到李严所在系编号是"D02"。至于"D02"究竟是何系,就必须再查阅"系"表,得知"D02"代表社科系。这个

例子说明,实体集(数据表)之间是有联系的,"导师"表依赖于"系"表,"系编号"是联系两个实体集的纽带,离开了"系"表则导师的信息不完整。在数据库技术术语中,两个实体集共有的属性称为公共属性。

(3)实体的联系方式

实体的联系方式通常有三种:一对多、多对多和一对一。

①一对多。这是关系型数据库系统中最基本的联系形式。上面例子中的"系"表与"导师"表这两个实体的联系方式就属于"一对多"关系,即一个系可以有多名导师,但一名导师只能属于一个系。如果一个公司管理数据库中有"部门"表和"职工"表两个实体集,则两个表之间的关系也是"一对多",也就是一名职工只能隶属于一个部门,而一个部门则可以有许多名职工。

②多对多。"多对多"联系类型是客观世界中事物间联系的最普遍形式。实际生活中,"多对多"联系的实例可以说俯拾即是,例如,在一个学期中,一名学生要学若干门课程,而一门课程要让若干名学生来修;一名顾客要逛若干家商店才能买到称心的商品,而一家商店必须有许多顾客光顾才得以维持;一个建筑工地需要若干名电工协同工作才能完成项目,反之一名电工一生中要到许多个工地工作等。上述的例子中,学生与课程之间、顾客与商店之间、电工与建筑工地之间的关系均为"多对多"联系。在数据库应用中,"多对多"联系形式无法直接表达,必须通过第三个实体(亦称复合实体)实现。例如,要说明每位电工在各个工地的工作量,必须涉及"职工"表、"工地"表和"工作量"表,见表1-3～表1-5。

"职 工" 表 　　　表1-3

职 工 号	姓 名	工 种	……
M01	王成帅	电工	……
M02	李立	电工	……
…	…	…	…

"工 地" 表 　　　表1-4

工 地 编 号	名 称	位 置
HK03	金秋小区	李沧
ZB21	海信地产	市南
PT17	金顶花园	崂山

"工 作 量" 表 　　　表1-5

职 工 号	工 地 编 号	工 作 量
M01	HK03	85
M01	PT17	71
M02	HK03	106
M02	ZB21	95
M02	PT17	83

在"工作量"表(表1-5)中,"职工号"属性来自"职工"表(表1-3),"工地编号"字段来自"工地"表(表1-4),两者均是公共属性。

③一对一。"一对一"情况较为少见,它表示某实体集中的一个实体对应另一个实体集

中的一个实体,反之亦然。例如,为补充系的信息,添加一个"系办"表,表示每个系的系部办公室地点。由常识可知,一个系只有一个系部办公室,反之一个系部办公室只为一个系所有,见表 1-1 和表 1-6。由于"系"表与"系办"表中的每一行是一一对应的,因此可省略"系编号"属性。实际应用中,更多的是将两表合二为一,见表 1-7。

"系 办" 表　　　　　　　　　　　　　　　　　　表 1-6

地　点	地　点	地　点
勤学楼 401	奋进楼 303	育新苑 102

"系" 表　　　　　　　　　　　　　　　　　　表 1-7

系　编　号	系　　名	电　　话	地　点
D01	计算机系	34562312	勤学楼 401
D02	社科系	76855564	奋进楼 303
D03	生物系	86239546	育新苑 102

3. 数据结构模型

所谓数据结构是指数据的组织形式或数据之间的联系。如果用 D 表示数据,用 R 表示数据对象之间存在的关系集合,则将 $DS=(D,R)$ 称为数据结构。例如,设有一个电话号码簿,它记录了 n 个人的名字和相应的电话号码。为了方便地查找某人的电话号码,将人名和号码按字典顺序排列,并在名字的后面跟随着对应的电话号码。这样,若要查找某人的电话号码(假定他的名字的第一个字母是"Y"),那么只需查找以"Y"开头的那些名字就可以了。该例中,数据的集合 D 就是人名和电话号码,它们之间的联系 R 就是按字典顺序的排列,其相应的数据结构就是 $DS=(D,R)$,即一个数组。

数据结构又分为数据的逻辑结构和数据的物理结构。数据的逻辑结构是从逻辑的角度(即数据间的联系和组织方式)来观察数据、分析数据,与数据的存储位置无关。数据的物理结构是指数据在计算机中存放的结构,即数据的逻辑结构在计算机中的实现形式,所以物理结构也被称为存储结构。这里只研究数据的逻辑结构,并将反映和实现数据联系的方法称为数据模型。

目前,比较流行的数据模型有三种,即按图论理论建立的层次模型和网状模型以及按关系理论建立的关系模型。

(1) 层次模型

在层次模型中,实体间的关系形同一棵根在上的倒挂树,上一层实体与下一层实体间的联系形式为一对多。现实世界中的组织机构设置、行政区划关系等都是层次结构应用的实例。基于层次模型的数据库系统存在天生的缺陷,它访问过程复杂,软件设计的工作量较大,现已较少使用。

(2) 网状模型

网状数据模型也称网络数据模型。它较容易实现普遍存在的"多对多"关系,数据存取方式要优于层次模型,但网状结构过于复杂,难以实现数据结构的独立,即数据结构的描述保存在程序中,改变结构就要改变程序。因此,其已不再是目前流行的数据模型。

(3) 关系模型

关系模型自 1970 年被提出后,迅速取代层次模型和网状模型成为流行的数据模型。它的原理比较简单,其特征是基于二维表格形式的实体集,即关系模型数据库中的数据均以表格的形式存在,其中表完全是一个逻辑结构,用户和程序员不必了解一个表的物理细节和存储方式;表的结构由数据库管理系统(DBMS)自动管理,表结构的改变一般不涉及应用程序,在数据库技术中称为数据独立性。例如,"导师"表中"姓名"字段原来可以容纳3个字符(在 Unicode 编码中,一个字符既可以表示一个英文字符,也可以表示一个汉字)。随着外籍教师的引进,原来的"姓名"显然无法容纳一个外文名字,于是将其扩展到20个字符,但相应的数据库应用程序却无须作任何改动。基于关系数据模型的数据库系统称关系数据库系统,所有的数据分散保存在若干个独立存储的表中,表与表之间通过公共属性实现"松散"的联系,当部分表的存储位置、数据内容发生变化时,表间的关系并不改变。这种联系方式可以将数据冗余(即数据的重复)降到最低。目前流行的关系数据库(DBMS)产品包括 Access、SQL Server、FoxPro、Oracle 等。

(4)面向对象模型

现实世界中存在着许多含有更复杂数据结构的实际应用领域,如 CAD 数据、图形数据等,加上人工智能研究的需要,就导致了面向对象的数据模型的出现。在面向对象的数据模型中,最基本的概念为对象和类。面向对象的数据模型可完整地描述现实世界的数据结构,比层次、网状、关系数据模型具有更加丰富的表达能力,能表达嵌套、递归的数据结构。

4.表的特点

在关系型数据库中,数据以表的形式保存。表有以下的特点:表由行、列组成,表中的一行数据称为记录,一列数据称为字段。每一列都有一个字段名。每个字段只能取一个值,不得放入两个或两个以上的数据。例如,"导师"表中的"姓名"字段只能放入一个人名,不得同时放入曾用名;在确实需要使用曾用名的场合,可以添置一个"曾用名"字段。表中行的上下顺序、列的左右顺序是任意的。表中任意两行记录的内容不应相同。表中字段的取值范围称为域。同一字段的域是相同的,不同字段的域也有可能相同,例如工资表中的"基本工资"与"奖金"两个字段的取值范围都可以是10000以内的实数。

(三)Access 数据库的基本概念

1.数据元素

在 Access 中,数据元素被称为"字段"(Field)。一个 Access 数据表由若干个字段(≥1)构成,每一个字段作为 Access 数据表中的一列。Access 数据表中的每一个字段均须具有一个唯一的名字(称为"字段名")。根据面向对象的观点,字段是数据表容器对象中的子对象,并具有一些相关的属性。一般可以通过为这些字段属性设定不同的取值,来实现应用中的不同需要。字段的基本属性有字段名称、数据类型、字段大小等。

2.数据元组

在 Access 中,数据元组被称为"记录"(Record)。一个 Access 数据表由若干个记录(≥0)组成,每一个记录作为 Access 数据表中的一行。Access 数据表中的每一个记录均具有一个唯一的编号,被称为"记录号"。

3.数据表

在 Access 中,具有相同字段的所有记录的集合称为"数据表"。一个数据库中的每一个数据表均具有一个唯一的名字,被称为"数据表名"。数据表是数据库中的子对象,也具有一系列的属性。同样,可以为数据表属性设置不同的属性值,来满足实际应用中的不同需要。

4. 数据库

数据库的传统定义是以一定的组织方式存储的一组相关数据的集合,主要表现为数据表的集合。但是,随着数据库技术的发展,现代数据库已不再仅仅是数据的集合,而且还应包括针对数据进行各种基本操作的对象的集合。

Access 由于其特有的全环绕数据库文件结构,使其与传统的数据库概念有所不同。它采用的数据库形式是,在"一个独立"的 *.MDB 文件中包含应用系统中所有的数据对象(包括数据表对象和查询对象),及其所有的数据操作对象(包括窗体对象、报表对象、宏对象和VBA 模块对象)。因此,采用 Access 开发的数据库应用系统会被完整地包含在"一个独立"的 *.MDB 磁盘文件中。正是 Access 的这种"包罗万象"的 *.MDB 文件结构,使得其数据库应用系统的创建和发布变得异常简单,因而成为一种深受数据库应用系统开发者喜爱的关系数据库管理系统。图 1-2 为 Access 数据库结构示意图。

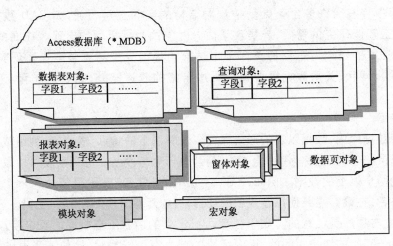

图 1-2　Access 数据库结构示意图

5. SQL 简介

对于 Access 而言,其宿主语言为 VBA(Visual Basic for Application),同时全面支持 SQL,并允许将 SQL 作为子语言嵌套在 VBA 中使用。

SQL 是一个完善的结构化查询语言体系,在 Access 中的使用主要体现在数据库中查询对象的创建过程中。

根据标准,SQL 语句按其功能的不同可以分为以下六大类:

数据定义语句(Data-Definition Language,DDL);

数据操作语句(Data-Manipulation Language,DML);

操作管理语句(Transaction-Management Language,TML);

数据控制语句(Data-Control Language,DCL);

数据查询语句(Data-Query Language,DQL);

游标控制语句(Cursor-Control Language,CCL)。

SQL 语言的核心是数据查询语句,它的命令动词虽然只有 Select 一个,但它可以用比较多的子句和短语来定义。因此,SQL 语言的查询语句组合变化是非常丰富的,因而其查询的功能也是非常强的,对数据库的操作十分灵活方便。

(1)查询制定表中所有数据

语法：select * from 产品

说明："*"号表示所有记录，上面语句表示返回产品表中所有数据。

（2）查询制定表中限定列中的数据

语法：select 产品名称,单价 from 产品

说明：限定字段列表之间要用逗号隔开，表示返回这些字段中的数据；上面语句将产品表中的产品名称和单价类的所有数据返回；还可以增加更多的列，只需要添加列标题即可，列标题之间用逗号隔开。

（3）查询制定表中前几条记录

语法：select top 10 产品名称,单价 from 产品

说明：查询前几条记录可以使用 top 关键字，放在字段列表前面，然后在"top"关键字后制定要返回多少条记录。

（4）查询派生字段

语法：select 产品名称,单价,订购数量,再订购数量,（单价*（订购数量+再订购数量））as 总订购资金 from 产品

说明：派生字段就是利用表中现有的字段经过计算产生一个新的字段。派生字段常用来显示字段数据总汇。派生字段与表中原有字段可以混在一起使用。用关键字 as 为派生字段起一个别名。

注意：派生字段仅是一个临时字段，数据库中不存在该字段，但如果把查询数据回写入数据库时，该字段也被写入。

（5）查询指定条件记录

语法：select * from 产品 where 再订购 = 25

说明：查询指定条件记录时，一般使用 where 子句，在"where"后面加上要查询的条件。

注意：where 子句可以包含任何逻辑运算，只要返回值为"True"或"False"即可。SQL 能够支持的比较运算符和逻辑运算符见表 1-8、表 1-9。

SQL 语言比较运算符列表　　　　　　　　　　　　　　　表 1-8

比较运算符	说　　明	比较运算符	说　　明
=	等于	>=	大于或等于
>	大于	<=	小于或等于
<	小于	<>	不等于

SQL 语言逻辑运算符列表　　　　　　　　　　　　　　　表 1-9

And	逻辑与,表示两个条件都为 True 时才返回 True,否则返回 False
Or	逻辑或,表示一个条件为 True,即返回 True,否则返回 False
Not	逻辑非,如果条件为 True,则返回 False；如果条件为 False,则返回 True

另外，SQL 还支持一些特殊的运算符，这些运算符在查询特殊条件的数据时非常有效，见表 1-10。

（6）查询记录派讯

语法：select * from 产品 where 单位数量 like '每箱[12][0-9]瓶' order by 单价

说明：查询记录派讯一般使用 order by 子句，在"order by"后面加上要进行派讯的字段，

默认为升序。

①如果要降序排列需要在语句后面加 DESC(descending)关键字,如:

select * from 产品 where 单位数量 like'每箱[12][0-9]瓶'order by 单价 DESC

②如果要升序排列需要在语句后面加 ASC(ascending)关键字,如:

select * from 产品 where 单位数量 like'每箱[12][0-9]瓶'order by 单价 ASC

SQL 语言特殊运算符列表 表1-10

特殊运算符	说 明
Between	介于,表示查询之间值
In	在制订列表范围内查询所有记录如"订购量 in(10,20,30)"表示查询订购量为"10,20,30"的所有记录
Not In	不在制订范围内
Is null	记录值为空的记录
Is not null	记录为非空的记录
Like	匹配查询,如"产品名称 like'%奶%'"的记录;Like 关键字包含的常用通配符见表1-11
Not between	不介于

Like 常用通配符列表 表1-11

常用通配符	说 明
%	任何长度的字符串
_(下划线)	任意一个字符
[ ](中括号)	某个范围内的一个字符,如[123]表示从"1,2,3"中取一个值

(四)Access 数据库应用基础

1. Access 的运行环境与安装技术要点

1) Access 的运行环境

由于 Microsoft 公司将 Access 作为 Office 软件包中的一个组成来发布,所以 Access 的运行环境实际上就是 Office 所需要的运行环境。

Office 专业版必须基于 Windows XP 或 WindowsNT/2000 Server/Workstation 操作系统所提供的运行环境。

2) Access 的安装技术要点

如上所述,Access 是属于 Office 办公软件包中的一个组件。因此,所谓安装 Access,实际上也就是安装 Office 办公软件包。在安装 Office 办公软件包时,当然应该根据应用上的需要,选择其中的全部或部分功能进行安装。

由于本书所介绍的内容并不是局限于 Access 的一般性使用,而主要是介绍 Access 的开发性应用,也就是说,需要 Office 的全部功能。因此,此处应该在 Microsoft Office 图标上单击,并在其下拉菜单中选择"从本机运行全部程序"选项,如图1-3 所示。

注意,如果此处未能正确地选择"从本机运行全部程序"选项,则在应用 Access 进行应用开发时,会不断地得到 Access 的提示,要求安装相关功能;如果不具有 Access 的帮助功能,使用起来将会非常不方便。

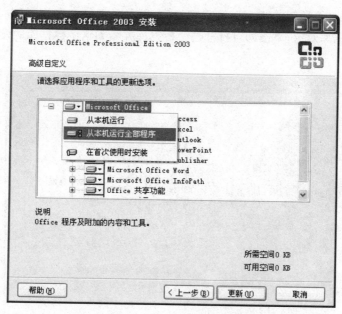

图 1-3 Access 2003 安装功能选择

2. Access 的启动与退出

1) Access 的启动

如同 Microsoft 公司的其他各种类型软件一样，Access 的安装程序也会自动修改 Windows 操作系统的注册表和"开始"菜单。因此，在 Access 安装完成以后，即可在 Windows 操作系统的"开始"菜单中自动生成一个程序组 Microsoft Office，该程序组位于"开始"→"所有程序"中。

于是，启动 Access 的方法应该是，单击"开始"→"所有程序"→ Microsoft Office → Microsoft Office Access 2003 选项即可启动 Access 运行，如图 1-4 所示。

图 1-4 启动 Access 运行的菜单

例如,在如图1-5所示的Access项目窗格中,即显示着一个名为"教材征订管理信息系统"的Access数据库对象,单击即可打开这个数据库并看到这个数据库的设计窗口,如图1-6所示。

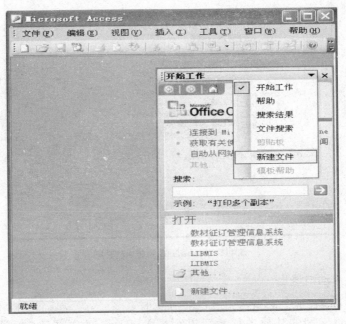

图1-5　Access的启动窗口

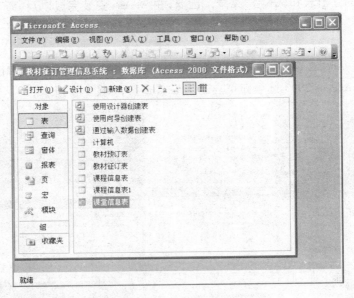

图1-6　Access的数据库设计窗口

2) Access的退出

如同其他运行于Windows环境下的程序一样,关闭Access运行窗口,即可退出Access的操作。可以有两种退出方式:

(1)单击Access运行窗口右上角的"关闭"按钮,即可退出Access的运行。

(2)单击Access菜单栏上的"文件"→"退出"命令,即可退出Access的运行。

3. Access 的菜单栏与常用工具栏

在 Access 启动窗口中打开一个 Access 数据库，所出现的窗口称为"Access 数据库设计视图"。在本书后续介绍中会看到，Access 数据库设计窗口是最主要的 Access 设计窗口之一，所有 Access 对象的设计与运行将都是在这个窗口中以视图的形式出现。其中的菜单栏及其工具栏均位于设计窗口的顶部。

1) Access 数据库设计视图的菜单栏

Access 数据库设计视图的菜单栏集中了 Access 的全部功能，在 Access 中所需进行的各种操作均可通过菜单栏提供的功能选项得以实现。

实际上，菜单栏及其菜单中各可用功能选项的组成将随着 Access 的不同视图状态而有一些不同，如图 1-7 所示为 Access 数据库设计视图下的菜单栏。

图 1-7　Access 数据库设计视图下的菜单栏

Access 的每一个对象都具有自己独特的设计视图，针对任一个数据库对象所进行的设计操作都可以在其设计视图中完成。每一个 Access 对象设计视图的菜单栏都略有一些差别。关于各个 Access 对象在不同视图中的菜单栏及其菜单中各项可用功能选项的组成和作用，将在后面针对不同的设计对象逐一予以介绍。

2) Access 数据库设计视图的工具栏

Access 工具栏位于其菜单栏之下，工具栏的作用是提供菜单栏中的常用功能选项的快捷使用方法。图 1-8 即为 Access 数据库设计视图中的常用工具栏。

图 1-8　Access 数据库设计视图的工具栏

如同菜单栏中的各项功能将随着不同的视图状态而有所变化一样，在不同视图下的工具栏组成也不完全一样。常用工具栏中的各个按钮在一般情况下都是可以使用的，从左至右，它们的名称及其功能如表 1-12 所示。

4. Access 的窗口操作

Access 是一个面向对象的可视化数据库管理系统，所有的操作都在窗口中完成。因此，熟练地掌握窗口操作技能是学习 Access 最基本的要求。为了介绍 Access 的窗口操作，这里选择 Access2003 的窗口特征进行介绍。在本书中，凡不加说明的都以 Access2003 作为基本版本进行介绍。

Access 的窗口种类较多，这里先简单介绍 Access 数据库设计视图下的窗口形式（图 1-6），其他窗口及其相关操作将在后面结合不同 Access 对象的各种视图加以介绍。

Access 数据库设计视图窗口的构成包括三个部分：命令按钮组（位于窗口上端）、对象类别按钮组（位于窗口左部）、对象成员集合（位于窗口中部）。

命令按钮组中共有 8 个按钮（如图 1-6 所示），从左至右分别为：

"打开"按钮，用于运行在当前对象成员集合中选中的对象实例。

"设计"按钮，用于打开一个在当前对象成员集合中选中的对象实例的设计窗口，以允许对该对象施以设计或设计修改。

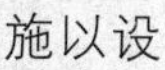

"新建"按钮，用于为在当前对象类别按钮组中选定的对象类别新建一个对象实

例。例如，在当前对象类别按钮组中选定的对象类别是"窗体"，则单击"新建"按钮 将导致新建一个窗体对象并进入窗体设计视图。

常用工具栏按钮说明　　　　　　　　　　　　　　　　　表 1-12

工具按钮图标	工具按钮名称	工具按钮作用
	新建文件	新建一个数据库对象
	打开文件	打开一个数据库对象
	保存文件	保存当前对象
	文件搜索	调用 Access 项目窗格的文件搜索功能
	打印	打印当前对象
	打印预览	打印前预览当前对象
	拼写校对	对当前编码进行拼写校对
	剪切	删除当前对象，并保存在剪贴板上
	复制	将当前对象复制到剪贴板上
	粘贴	将保存在剪贴板上的内容粘贴到当前对象中
	格式刷	使得在选对象的格式相同于当前对象的格式
	撤销	撤销刚刚输入的内容
	Office 链接	在当前对象中插入一个 Office 链接，可以是 Office 套件中的任一个对象
	表分析器向导	对表对象进行分析，以帮助创建有效的表对象设计方案
	属性	调用当前对象的属性设置对话框
	关系	调用当前数据库对象的表对象关系设置窗口
	自动窗体	调用窗体对象自动生成向导
	帮助	调用 Access 帮助文本

"删除"按钮，用于删除一个在当前对象成员集合中选中的对象实例。

后面的 4 个按钮用于设置"对象成员集合"中的对象显示方式，它们分别是："大图标显示"按钮、"小图标显示"按钮、"列表显示"按钮和"详细信息显示"按钮。图 1-6 为设置为"列表显示"状态下的情形。

对象类别按钮组中共有 7 个按钮，分别对应 Access 的 7 个基本对象类别。单击其中一个按钮，在"对象成员集合"中则显示已创建的该类别对象实例列表，称这个对象实例列表为"对象卡"。图 1-6 为"教材征订管理信息系统"数据库设计视图中的"表对象卡"，其中"课堂信息表"就是已创建在"教材征订管理信息系统"数据库中的一个表对象实例。

（五）Access 项目实施

1. 启动 Access 及创建数据库

（1）打开 Microsoft Office Access 2003（图 1-9）

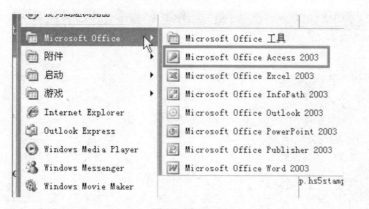

图 1-9 打开 Access

(2)选择新建数据库(图 1-10)

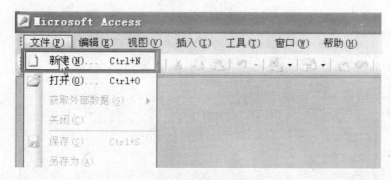

图 1-10 新建数据库

(3)选择空数据库(图 1-11)

图 1-11 选择空数据库

(4)选择合适的地方存储数据(图 1-12)

2.创建数据表,并录入数据

(1)选择合适的向导创建表(图 1-13)

(2)选择"客户",并选择"〉〉"将所有字段加入(图 1-14)

图 1-12　存储数据

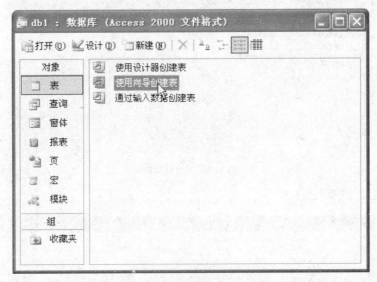

图 1-13　创建表

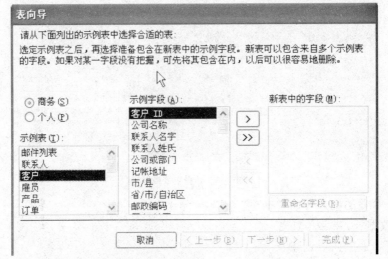

图 1-14　选择客户,并选择"〉〉"将所有字段加入

(3)输入表名称(此处为客户),点击下一步(图1-15)

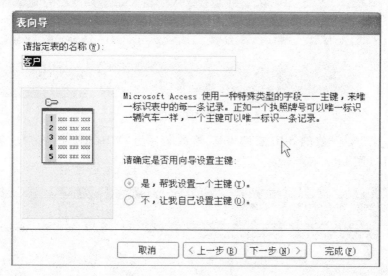

图1-15 输入表名称,点击下一步

(4)选择"直接向表中输入数据",点击完成(图1-16)

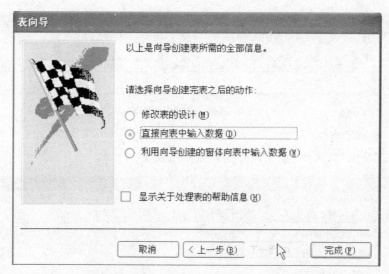

图1-16 选择"直接向表中输入数据",点击完成

(5)在弹出的页面逐个输入信息,点击保存(图1-17)

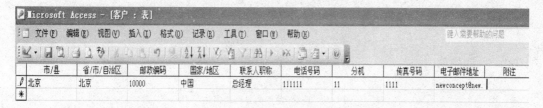

图1-17 输入信息,点击保存

3. SQL 语句查询
(1)选择左上角的"SQL 视图(Q)"(图1-18)

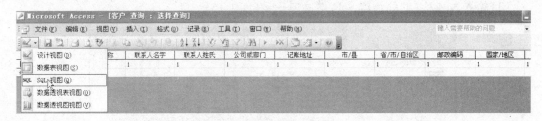

图 1-18　选择"SQL 视图(Q)"

(2)出现与上边等效的 SQL 查询语句,修改条件为"WHERE(((客户.[客户 ID])=4));"点击"!"(图 1-19)

图 1-19　出现查询语句

(3)SQL 查询语句的结果(图 1-20)

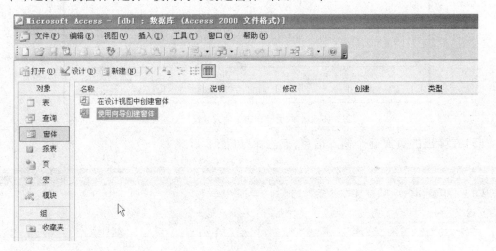

图 1-20　SQL 查询语句的结果

4. 物流信息展示窗体

(1)选择左侧窗体,选择"使用向导创建窗体"(图 1-21)

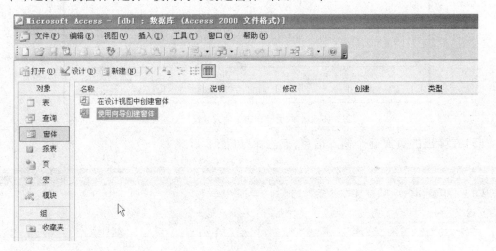

图 1-21　选择"使用向导创建窗体"

(2)选择">>"将所有字段增加到"选定的字段"中(图 1-22)

(3)选择"纵栏表",点击下一步(图 1-23)

(4)选择窗体样式,可选任意一个,此处选"标准"(图 1-24)

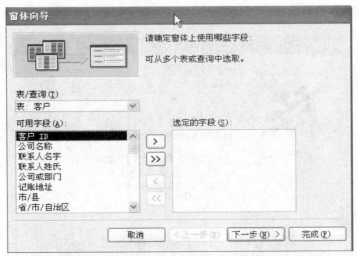

图 1-22 将所有字段增加到"选定的字段"中

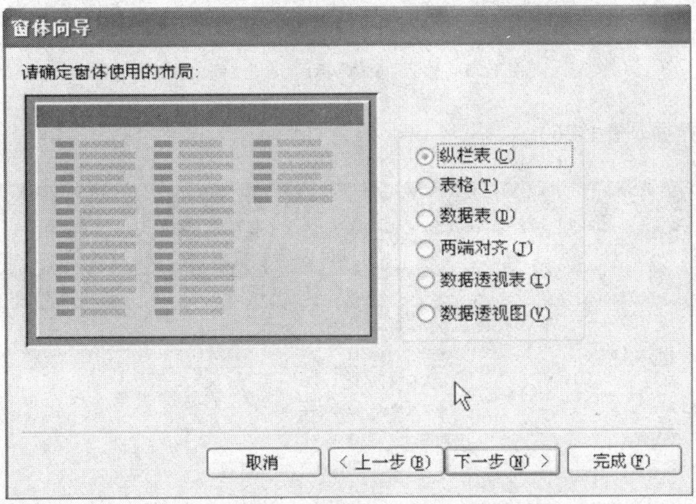

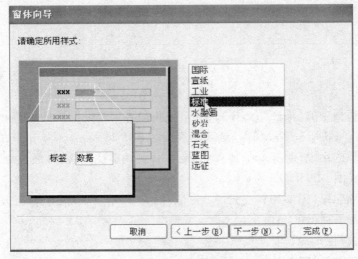

图 1-23 选择"纵栏表",点击下一步

图 1-24 选择窗体样式

(5)输入"窗体"标题,点击"完成"(图1-25)

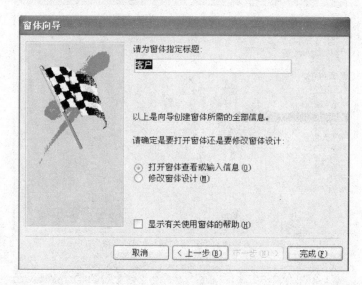

图1-25　输入"窗体"标题,点击"完成"

(6)窗体的界面(图1-26)

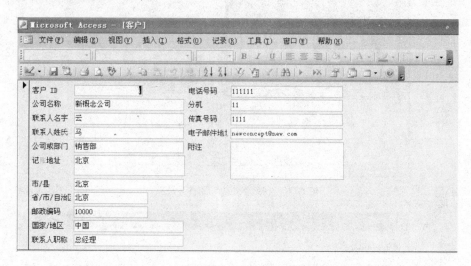

图1-26　窗体的界面

5.信息报表

(1)选择主页面中的"报表",选择右侧的"使用向导创建报表"(图1-27)

(2)选择"〉〉",将所有字段加入"选定的字段"(图1-28)

(3)选定左侧的字段,点击"＞"加入到分组中,可调整优先级,可通过点击"＜"按钮将已分组字段移除(图1-29)

(4)输入排序字段(图1-30)

(5)确定布局方式(图1-31)

(6)确定样式(图1-32)

(7)信息报表结果(图1-33)

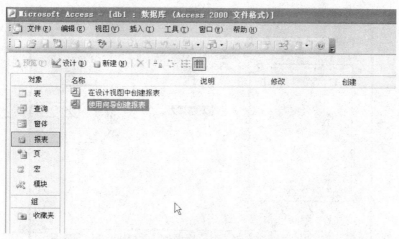

图 1-27 选择"使用向导创建报表"

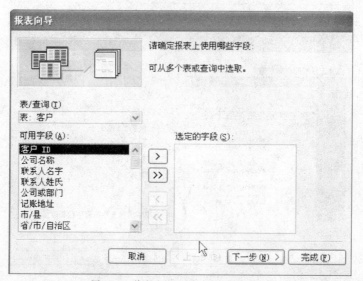

图 1-28 将所有字段加入"选定的字段"

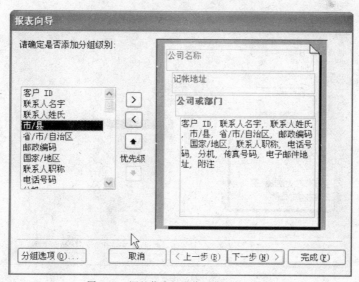

图 1-29 调整优先级和将已分组字段移除

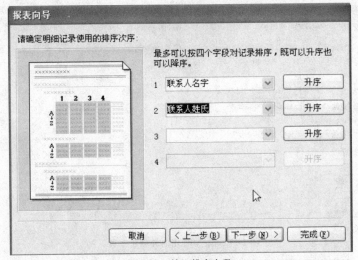

图 1-30 输入排序字段

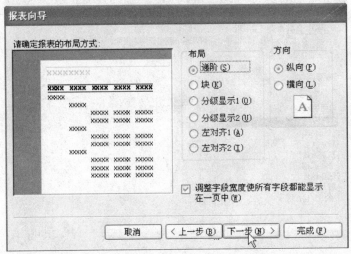

图 1-31 确定布局方式

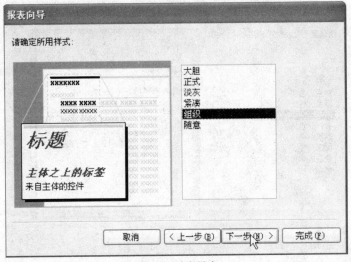

图 1-32 确定样式

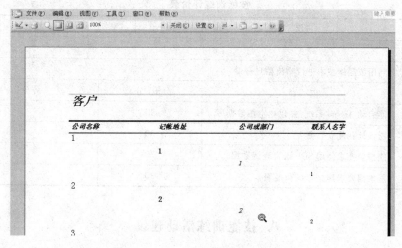

图 1-33 信息报表结果

四、技能训练准备

(1)学生进行项目之前,查阅或学习与 Access 数据库相关的理论知识点。
(2)教师准备好计算机、相关软件,并安装好软件。

五、技能训练步骤

(1)将学生分组,每组 4~5 人,按照项目实施步骤逐步操作。
(2)不同数据库有不同的特性,学生可通过不同的数据库软件来管理信息,熟悉不同数据库的安装、管理和查询功能。
(3)数据库只是物流信息系统的一个组成部分,获取商品信息还要进入更复杂的信息系统进行处理。
(4)项目实施可根据不同学校的实际情况来设计,本书只是通过对个例的操作介绍 Access数据库对物流信息的管理。

六、技能训练注意事项

(1)创建数据库时,可以根据个人情况制订需求,建立相关数据库和表。
(2)在建立数据库时,要分清什么是数据库结构以及数据元素。
(3)在建立数据表时,要清楚什么是表结构和表内容。
(4)输入数据库记录时,要逐条输入;输入完毕后保存,主键不能为空。

七、技能训练评价

请完成技能训练后填写表 1-13。

技能训练评价表 表1-13

专业		班级		学号		姓名	
考评地点							
考评内容	利用数据库技术进行物流信息存储						
考评标准	内容			分值(分)		评分(分)	
	能启动 Access 系统,并建立空白数据库			20			
	能设计并建立数据表			30			
	能按照要求使用 SQL 语言查询数据			20			
	能根据要求建立窗口和报表			30			

八、技能训练活动建议

建议学生根据不同类型的物流企业建立数据库。

思考练习

一、填 空 题

1. _____是种物理符号序列,是用来记录事物情况和状态的文字、符号、图像和声音的组合。
2. 一个完整的数据库系统由三部分组成:_____、_____和_____。
3. 在 Access 数据库系统中,数据以_____的形式保存。
4. 实体的联系方式通常有三种:_____、_____和_____。
5. 数据结构又分为数据的_____和_____。

二、简 答 题

1. 什么是数据、信息和数据处理?
2. 简述数据库系统的组成。
3. 什么是实体、属性与联系?

项目二 计算机网络技术应用

教学要点

1. 互联网简介;
2. 计算机网络概述;
3. 网络互联技术;

4. 网络工具的使用。

教学方法

可采用讲授、情境教学、案例教学和分组讨论等方法。

一、情 境 设 置

由于早期网络技术的局限性,人们是在专用网络上采用 EDI 等方式进行数据处理,以实现降低成本,提高效率的目的。但是,由于 EDI 的使用费用较高,限制了中、小物流企业的应用,无法大规模推广。真正促使物流行业网络化得到飞速发展的是 Internet 技术的广泛应用,物流电子商务也是基于 Internet 技术而兴起的商务模式。正是由于现代物流的发展离不开计算机网络技术的支持,所以网络已经成为计算机应用和物流企业发展的一个必不可少的重要方面。

二、技能训练目标

(1)能建立局域网;
(2)能使用相关网络工具。

三、相关理论知识

(一)互联网简介

1. 互联网的产生与发展

Internet 最早起源于美国国防部高级研究计划署 DARPA(Defence Advanced Research Projects Agency)的前身 ARPAnet。该网于 1969 年投入使用。ARPAnet 为现代计算机网络诞生的标志。

在 1969 年,美国国防部创立了高级研究计划局 ARPA(Advanced Research Projects Agency),该局为冷战目的的需要研制了一个名为 ARPAnet 的网络,把美国的几个军事及研究单位通过主机联结起来。其设计思想是:当部分指挥点被摧毁后,其他点仍能正常工作,而这些分散的点,能通过某种形式的通信网取得联系。作为 Internet 的早期骨干网,ARPAnet 的试验奠定了 Internet 存在和发展的基础,较好地解决了异种机网络互联的一系列理论和技术问题。

到 1983 年,出于实用考虑,ARPAnet 被拆分成两个不同的系统,一个用于军事,叫 MILnet;另一个用于研究,仍然叫 ARPAnet,两者之间用网桥通信联系,这就形成了最初的 Internet。正是从它们的相互联网开始,现代网络才得以诞生。

计算机网络的发展历史不长,但发展速度很快。Internet 最重要的发展是在 1986 年,美国国家科学基金会 NSF(National Science Foundation)希望通过计算机网络把各大学、研究所的计算机与 4 台巨型计算机联结起来,利用 ARPAnet 发展出来的 TCP/IP 协议,建立名为 NSFnet 的广域网。NFSnet 于 1990 年 6 月彻底取代了 ARPAnet 而成为 Internet 的主干网。由于美国国家科学资金的鼓励和资助,很多大学、政府资助的研究机构甚至私营的研究机构纷纷把自己的局域网并入 NSFnet 中。

NSFnet 对 Internet 的最大贡献是使 Internet 向全社会开放,而不像以前那样仅供计算机研究人员和政府机构使用。1990 年 9 月,由 Merit、IBM 和 MCI 公司联合建立了一个非盈利的组织——先进网络科学公司 ANS(Advanced Network & Science Inc.)。ANS 的目的是建立一个全美范围的 T3 级主干网,它能以 45 Mbit/s 的速率传送数据。到 1991 年年底,NSFnet 的全部主干网都与 ANS 提供的 T3 级主干网相联通。

Internet 的第二次飞跃归功于 Internet 的商业化。商业机构一踏入 Internet 这个陌生世界,很快发现了它在通信、资料检索、客户服务等方面的巨大潜力。正是由于 Internet 取之不尽的丰富资源以及开放的特性,吸引了世界各地的无数企业和个人纷纷涌入 Internet,从而带来了 Internet 发展史上一个新的飞跃。

互联网有以下特点:信息可以在全球范围内传播;信息检索方便快捷;多媒体信息通信;使用费用低廉;提供丰富的信息资源。

2. 互联网的接入方式

随着 Internet 的逐步商业化,Internet 服务业的规模越来越大。由于租用数据专线与 Internet 主干线连接需要很高的费用,一般用户负担不起,于是就出现了一些商业机构,他们先出钱架设(或租用)某一地区到 Internet 主干线路的数据专线,把位于本地区的某台称为接驳服务器的计算机主机与 Internet 骨干线联通。这样,本地区的用户就可以通过便宜的拨号电话线路进入 Internet 接入服务器,然后通过该服务器间接进入 Internet。这种服务就叫 Internet 接入服务。提供这样服务的商业机构就叫做 Internet 服务供应商,简称 ISP。

随着 Internet 在我国的迅速发展,越来越多的单位和个人开始希望得到 Internet 所提供的各项服务,于是提供 Internet 接入服务的 ISP 也越来越多。

选择 ISP 后,应视需要选择适当的接入方式。目前 Internet 有两种接入方式:专线接入和拨号接入。

1) 专线接入方式

专线接入方式适用于局域网的接入。将一个局域网联结到 Internet 有两种方法。

(1) 共享地址:该方法是局域网通过服务器、高速调制解调器、ADSL 和电话线路,在 TCP/IP 软件的支持下与 Internet 主机联结,这是局域网中所有计算机共享服务器的一个 IP 地址。

(2) 独立地址:该方法是局域网通过路由器,在 TCP/IP 软件支持下与 Internet 主机联结,局域网上所有主机都有自己的 IP 地址。

使用专线接入方式可获得较高的访问速度,但需要专人对本地网络进行管理和维护,所以最适合于教育科研机构、政府机构及企事业单位中已装有局域网的用户。

2) 拨号接入方式

拨号方式适用于单机接入。采用该方式时,用户只需安装调制解调器,就可以通过普通电话线路将 PC 机接入 Internet。对普通用户而言,应用较广泛。其工作方式有:

(1) 仿真终端方式:以该方式进入 Internet 是指通过电话拨号线路把用户的计算机联结到一台已经与 Internet 直接联结的多用户的主机上,而用户的计算机只是作为该主机的终端机进行工作。作为终端用户来说,在 Internet 上的所有操作只能是所接的主机与 Internet 发生关系,而不是用户的计算机与 Internet 发生关系。该方法的特点是进入 Internet 简单容易、价格低廉,但功能较弱。用户要想与主机相联,需得到主机方的允许,即得到该主机为其开设的用户账号和密码,这样用户的个人计算机才能成为该主机的一个终端。用户端没有自己的 IP 地址,对 WWW 服务功能支持也不理想,只能使用 E-mail 和文件传输等一些简单的功能,现在该方式已经被拨号 SLIP/PPP 方式所取代。

(2)拨号 SLIP/PPP 方式:这种方式也是利用电话线拨号上网,可以采用两种联结方法。一是串行线路网际协议 SLIP(Serial Line Internet Protocol)联结,用于将计算机通过电话线路接入 Internet 的远程访问协议。该协议出现较早,功能比较简单。二是点对点协议 PPP 联结,也是一种将计算机通过电话线路接入 Internet 的远程访问协议。它问世较晚,但功能比 SLIP 强大。这种方式的联结需在 ISP 处申请 IP 地址、用户标识和口令等。

下面简单介绍几种我国常用的宽带接入网方式。

(1)公用电话交换网——PSTN

公用电话交换网 PSTN(Published Switched Telephone Network)技术是利用 PSTN 通过调制解调器拨号实现用户接入的方式。它使用广泛,目前最高速率是 56kb/s。这种速率远远不能够满足宽带多媒体信息的传输需求,但由于电话网非常普及,用户终端设备 Modem 很便宜,而且不用申请就可开户,只要家里有电脑,把电话线接入 Modem 就可以直接上网。因此,PSTN 拨号接入方式比较经济,至今仍是网络接入的主要手段。但随着宽带的发展和普及,这种接入方式将被淘汰。

(2)综合业务数字网——ISDN

综合业务数字网 ISDN(Integrated Service Digital Network)俗称"一线通",它是在现有电话网上开发的一种集语音、数据和图像通信于一体的综合业务形式。

根据所支持的带宽的不同,可将 ISDN 分为窄带 ISDN(N-ISDN)与宽带 ISDN(B-ISDN)两种。

① 窄带 ISDN(N-ISDN)。

窄带通过改造电话线路而得,国际电报电话咨询委员会 CCITT 为 N-ISDN 定义了两种标准接口:a. 基本速率接口 BRI(2B+D),即 2 个基本数字信道(B 信道),1 个控制数字信道(D 信道)。B 信道用于传输语音、数据等,D 信道用于传输指令。提供从 56kb/s 到 2Mb/s 的低速服务。其干扰小,速率固定,不易掉线,使用成本低于租用专线。

b. 基群速率接口 PRI(30B+D),由 n 个 B 信道和 1 个 D 信道(即 nB+D)组成。其中,北美和日本的 n 是 23,欧洲和我国的 n 是 30。其一般用于传输大量数据。

② 宽带 ISDN(B-ISDN)。

宽带可提供 2~600Mb/s 的高速联结,并且用光纤传输代替现有的金属线和通信电缆作为用户线,传输质量和效率高。

目前,与 N-ISDN 有关的标准日趋完善,技术成熟,是 ISDN 的主要应用领域。国内推出的"一线通"业务即是基于 N-ISDN 的服务。而与 B-ISDN 有关的标准和技术正在进一步完善中,是未来的发展方向。

(3)非对称数字用户线路——ADSL

ADSL(Asymmetrical Digital Subscriber Line,非对称数字用户线路)是一种能够通过普通电话线提供宽带数据业务的技术,也是目前极具发展前景的一种接入技术。ADSL 素有"网络快车"之称,因其下行速率高、频带宽、性能优、安装方便、不需交纳电话费等特点而深受广大用户喜爱,成为继 Modem、ISDN 之后的又一种全新的高效接入方式。

ADSL 方案的最大特点是不需要改造信号传输线路,完全可以利用普通铜质电话线作为传输介质,配上专用的 Modem 即可实现数据高速传输。ADSL 支持上行速率 640kb/s ~ 1Mb/s,下行速率 1~8Mb/s,其有效的传输距离在 3~5km 范围以内。在 ADSL 接入方案中,每个用户都有单独的一条线路与 ADSL 局端相连,它的结构可以看作是星形结构,数据传输带宽是由每一个用户独享的,真正做到了上网、打电话两不误。

(4) 数字数据网——DDN

DDN(Digital Data Network,数字数据网),这是随着数据通信业务发展而迅速发展起来的一种新型网络。DDN 的主干网传输媒介有光纤、数字微波、卫星信道等,用户端多使用普通电缆和双绞线。DDN 将数字通信技术、计算机技术、光纤通信技术以及数字交叉联结技术有机地结合在一起,提供了高速度、高质量的通信环境,可以向用户提供点对点、点对多点透明传输的数据专线出租电路,为用户传输数据、图像、声音等信息。这种方式适合对带宽要求比较高的用户应用,如企业网站。它的特点也是速率比较高,范围从 64kb/s~2Mb/s。但是,由于整个链路被企业独占,所以费用很高,因此中小企业较少选择。

这种线路优点很多:有固定的 IP 地址,可靠的运行线路,永久的联结等。但是性能价格比太低,除非用户资金充足,否则不推荐使用这种方法。

(5) Cable Modem 接入

Cable-Modem(线缆调制解调器)是近两年开始试用的一种超高速 Modem,它利用现成的有线电视(CATV)网进行数据传输,已是比较成熟的一种技术。随着有线电视网的发展壮大和人们生活质量的不断提高,通过 Cable Modem 利用有线电视网访问 Internet 已成为越来越受业界关注的一种高速接入方式。

由于有线电视网采用的是模拟传输协议,因此网络需要用一个 Modem 来协助完成数字数据的转化。Cable-Modem 与以往的 Modem 在原理上都是将数据进行调制后在 Cable(电缆)的一个频率范围内传输,接收时进行解调,传输机理与普通 Modem 相同,不同之处在于它是通过有线电视 CATV 的某个传输频带进行调制解调的。

目前,我国有线电视网遍布全国,很多的城市提供 Cable Modem 接入 Internet 方式,速率可以达到 10Mb/s 以上。但是 Cable Modem 的工作方式是共享带宽的,所以有可能在某个时间段出现速率下降的情况。

(6) 无线接入

随着便携机、移动电话的日益普及,人们对无线接入技术的需求量逐渐增加。同时,它也是有线接入技术的必要补充。

由于铺设光纤的费用很高,对于需要宽带接入的用户,一些城市提供无线接入。用户通过高频天线和 ISP 联结,距离在 10kM 左右,带宽为 2~11Mb/s,费用低廉,但是受地形和距离的限制,适合城市里距离 ISP 不远的用户,性能价格比很高。

(7) 光纤接入

在现有的有线传输介质中,光纤是最理想的介质。在有线接入方式中,不管用户端采用何种方式,网络的骨干部分大多使用光纤介质。

目前,一些城市开始兴建高速城域网,主干网速率可达每秒几十吉比特,并且推广宽带接入。光纤可以铺设到用户住所附近的路边或者大楼里,可以以 100Mb/s 以上的速率接入。适合于大型企业。

(8) 卫星接入

目前,国内一些 Internet 服务提供商开展了卫星接入 Internet 的业务。其适合偏远地方又需要较高带宽的用户。卫星用户一般需要安装一个甚小口径终端(VSAT),包括天线和其他接收设备,下行数据的传输速率一般为1Mb/s左右,上行通过PSTN或者ISDN接入ISP。终端设备和通信费用都比较低。

3. IP 地址和域名系统

Internet 的地址能唯一确定 Internet 上每台计算机、每个用户的位置。Internet 上计算机的地址可以写成两种形式:IP 地址和域名。

(1) IP 地址

Internet 是一个信息的海洋,这些信息是存放在世界各地称为"站点"的计算机上。为了区别各个站点,必须为每个站点分配一个唯一的地址,这个地址即称为"IP 地址"。IP 地址也称为 URL(Unique Resource Location,译为"统一资源定位符")。Internet 上的每台计算机(包括路由器)在通信之前必须有一个指定的 IP 地址。IP 地址由四个从 0~255 之间的数字组成,如 192.168.0.251。

Internet 上的 IP 地址分为 A 类、B 类、C 类、D 类和 E 类五种,分别用于不同类型的网络。

A 类编址的最高端二进制位为 0,第一个字节段表示网络标识,后三个字节段表示主机标识。其主要用于拥有大量主机的网络。它的特点是网络数少,而主机数多。

B 类编址的高端前两个二进制为 10,前两个字节段为网络标识,后两个字节段为主机标识。其主要用于中等规模的网络。它的特点是网络数和主机数大致相同。

C 类编址的高端前三个二进制为 110,前三个字节段为网络标识,后一个字节段为主机标识。其主要用于小型局域网络。它的特点是网络数多,而主机数少。

D 类编址的高端前四个二进制位为 1110。其通常用于已知的多点传送或者组的寻址。

E 类编址的高端前四个二进制为 1111。它是一个实验地址,保留给将来使用。

当用户把一台计算机或一个网络联结到 Internet 上时,大多数情况下,其 Internet 服务提供商将能够为其网络安排 IP 地址登记。

(2) Internet 域名系统

要通过 Internet 互相通信,必须要记住对方的地址。IP 地址作为 Internet 上主机的数字标识,对计算机网络来说是非常有效的;但对于使用者来说,就很难记忆这些由数字组成的 IP 地址了。为此,人们研究出一种字符型标识,在 Internet 上采用"名称"寻址方案,为每台计算机主机都分配一个独有的"标准名称"。这个用字符表示的"标准名称"就是我们现在所广泛使用的域名(DN,Domain Name)。域名采用分层次方法命名,每一层都有一个子域名。域名是由一串用小数点分隔的子域名组成,一般格式为:计算机名.组织机构名.网络名.最高层域名(各部分间用小数点隔开)。

在域名格式中,最高层域名也称第一级域名,代表建立该网络的部门、机构或者该网络所在的地区、国家等。根据 1997 年 2 月 4 日"Internet 国际特别委员会"(IAHC)关于最高层域名的报告,它可以分为以下三类:①通用最高层域名,常见的有 edu(教育、科研机构)、com(商业机构)、net(网络服务机构)、info(信息服务机构)、org(专业团体)、gov(政府机构)等;②国际最高层域名,如 ini(国际性组织或机构);③国家最高层域名,如 cn(中国)、us(美国)、uk(英国)、jp(日本)、de(德国)、it(意大利)、ru(俄罗斯)等。

网络名是第二级域名,反映主机所在单位的性质,常见的类型代码有:edu(教育机构)、gov(政府部门)、mil(军队)、com(商业机构)、net(网络服务机构)、org(非盈利性组织或团体)、int(国际性组织或机构)等。

组织机构名是第三级,一般表示主机所属的域或单位。

计算机名是第四级,根据需要由网络管理员自行定义。

例如,www.tsinghua.edu.cn,其中"cn"代表中国(China),"edu"代表教育网(education),"tsinghua"代表清华大学,"www"代表全球网(或称万维网,World Wide Web)。整个域名合起来就代表中国教育网上的清华大学站点。

注意:在域名中不区分大小写字母;域名在整个 Internet 中是唯一的,当高级域名相同时,低级子域名不允许重复。

在中国,用户可以在国家域名". cn"下进行注册。根据 CNNIC 的规划,". cn"下的第二级域名有两种情况,一种是组织机构类别,通常由 2~3 个字母组成,例如:. edu、. co、. go、. or、. ac、. net 等;另一种是省市地区,例如:bj、tj、gd、hb 等。

有了域名标识,对于计算机用户来说,在使用上的确方便了很多。但计算机本身并不能自动识别这些域名标识,于是域名管理系统 DNS(Domain Name System)应运而生。所谓的域名管理系统 DNS 就是以主机的域名来代替其在 Internet 上实际的 IP 地址的系统,它负责将 Internet 上主机的域名转化为计算机能识别的 IP 地址。

通过上面的 IP 地址、域名 DN 和域名管理系统 DNS,就把 Internet 上面的每一台主机给予了唯一的定位。三者之间的具体联系过程如下:当联结网络并输入想访问主机的域名后,由本地机向域名服务器发出查询指令,域名服务器通过联结,在整个域名管理系统中查询对应的 IP 地址,如找到则返回相应的 IP 地址,反之则返回错误信息。

4. 互联网的应用层协议

(1) HTTP

HTTP(Hypertext Transfer Protocol)是超文本传输协议的缩写,它是负责传输和显示页面的互联网协议。

(2) SMTP、POP 和 IMAP

简单邮件传输协议 SMTP(Simple Mail Transfer Protocol)、邮局协议 POP(Post Office Protocol)是负责用客户机/服务器模式发送和检索电子邮件的协议。互联网信息访问协议(IMAP)是一种优于 POP 的新协议,和 POP 一样,IMAP 也能下载邮件、从服务器中删除邮件或询问是否有新邮件,但 IMAP 克服了 POP 的一些缺点。

(3) FTP

文件传输协议(File Transfer Protocol)是 TCP/IP 的组成部分,它是属于应用层的协议,用于在 TCP/IP 联结的计算机之间传输文件,采用的是客户机/服务器模式。

(二)计算机网络概述

随着社会对信息需求量的增加,计算机已经成为信息处理的重要工具。而计算机系统的应用发展也已经深入到社会的各行各业甚至于家庭,因此,把地理位置分散的计算机应用系统联结在一起,组成功能强大的计算机网络,以达到资源共享、分布处理和相互通信的目的,是信息化发展的必然趋势。

1. 计算机网络的定义和功能

计算机网络就是利用通信设备和线路将地理位置不同的、功能独立的多个计算机系统互联起来,以功能完善的网络软件(即网络通信协议、信息交换方式、网络操作系统等)实现网络中资源共享和信息传递的系统,如图 1-34 所示。

计算机网络的功能主要表现在硬件资源共享、软件资源共享和用户间信息交换三个方面。

(1) 硬件资源共享

计算机网络可以在全网范围内提供对处理资源、存储资源、输入输出资源等昂贵设备的共享,如具有特殊功能的处理部件、高分辨率的激光打印机、大型绘图仪、巨型计算机以及大容量的外部存储器等,从而使用户节省投资,也便于集中管理和均衡分担负荷。

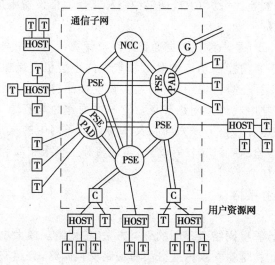

图 1-34　计算机网络结构图

(2) 软件资源共享

互联网上的用户可以远程访问各类大型数据库,可以通过网络下载某些软件到本地机上使用,可以在网络环境下访问一些安装在服务器上的公用网络软件,可以通过网络登录到远程计算机上使用该计算机上的软件。这样可以避免软件研制上的重复劳动以及数据资源的重复存储,也便于集中管理。

(3) 信息交换

计算机网络为分布在各地的用户提供了强有力的通信手段。用户可以通过计算机网络传送电子邮件、发布新闻消息和进行电子商务活动。

2. 计算机网络系统的组成

为了完成计算机网络的基本功能数据处理和数据通信,计算机网络的结构也相应采用分层的两级结构,即资源子网和通信子网两部分。

计算机网络:资源子网 + 通信子网。

资源子网:主机 Host + 终端 Terminal。

通信子网:由通信链路组成。

网络节点:分组交换设备 PSE、分组装/卸设备 PAD、集中器 C、网络控制中心 NCC、网间连接器 G,统称为接口住处处理机 IMP。

(1) 资源子网

资源子网由拥有资源的主计算机(Host)系统、请求资源的用户终端(Terminal)、终端控制器、联网外设、各种软件资源与数据资源组成。资源子网负责全网的数据处理功能,向用户提供各种网络与网络服务。

主计算机在网络中可以是大型机、中型机、小型机、工作站或是微机。主计算机是资源子网的主要组成部分,它通过通信线路与通信控制处理机相联。普通用户终端通过主计算机入网。主计算机为用户访问网络其他主计算机设备、共享资源提供服务,同时要为网中其他用户共享本地资源提供服务。

(2)通信子网

通信子网为资源子网提供信息传送服务,是支持资源子网上用户之间相互通信的基本环境。它由网络通信控制处理机(CCP)、通信线路和其他通信设备组成,完成网络数据交换和传输等通信处理功能。

通信控制处理机(CCP)是一种在数据通信系统与计算机网络中具有处理控制功能的专用计算机,一般由配置了通信控制功能的硬件和软件的小型机或微机构成。按照功能和用途,其可以分为:存储转发处理机、集中器、网络协议变换器、报文分组组装拆卸设备等。通信控制处理机在网络拓扑中被称为网络节点。它一方面作为与资源子网的主机、终端的接口节点,将主机和终端联入网内,另一方面它又作为通信子网中的报文分组存储转发节点,完成报文分组的接收、检验、存储、转发等功能,实现将源主机报文准确发送到目的地主机的作用。

3. 网络的分类与拓扑结构

(1) 网络的分类

从不同的角度看,计算机网络有不同的分类方法,按网络规模大小和通信距离远近分为广域网、城域网、局域网;按信息交换方式分类有线路交换网络、分组交换网络及综合交换网络;按网络拓扑结构可分为星形网、树形网、环形网及总线网等;按传输介质带宽有基带网络和宽带网络之分;按通信方式可分为双绞线网、同轴电缆网、光纤网、无线网及卫星网等;按使用目标分为专用计算机网络和公共计算机网络。

这些分类方法对于网络本身并无实质的意义,只是表明人们讨论问题的立场不同,是从不同的角度观察网络系统、划分网络,有利于全面地了解网络系统的特性。一般最常用的方法,是按网络规模大小和通信距离远近划分为广域网、城域网和局域网。

①局域网(Local Area Network,LAN)。局域网规模相对较小,计算机硬件设备不多,通信线路不长,距离一般不超过几十公里,属于一个部门或单位组建的小范围网络,例如一个建筑物内,一个学校、一个单位内等。局域网规模小、速度快,应用非常广泛,是计算机网络中最活跃的领域之一。

②广域网(Wide Area Network,WAN)。广域网的作用范围通常为几十到几千甚至上万公里以上,可以跨越辽阔的地理区域进行长距离的信息传输,可以是一个地区、一个省、一个国家及跨国集团。在广域网内,用于通信的传输装置和介质一般由电信部门提供,网络则由多个部门或国家联合组建,网络规模大,能实现较大范围的资源共享。

③城域网(Metropolitan Area Network,MAN)。城域网的作用范围介于广域网和局域网之间,是一个城市或地区组建的网络,地域范围可从几十公里到上百公里。城域网以及宽带城域网的建设已成为目前网络建设的热点。

需要指出的是,广域网、城域网和局域网的划分只是一个相对的分界。随着计算机网络技术的发展,三者的界限将变得模糊。

(2)计算机网络的拓扑结构

计算机网络的拓扑结构是指网络节点和通信线路组成的几何排列,亦称网络物理结构图型。

①总线型。在一条单线上连接着所有工作站和其他共享设备(文件服务器、打印机等),如图1-35所示。总线型网络的特点是:结构简单、非常便于扩充、价格相对较低、安装使用方便。然而,一旦总线的某一点出现接触不良或断开,整个网络将陷于瘫痪,实际安装时要特别处理好总线的各个接头。

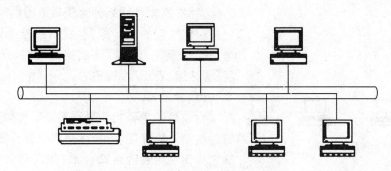

图1-35 总线型网络

②星形。以中央节点为中心与各节点联结,如图1-36所示。星形网络的特点是:系统稳定性好,故障率低。由于任何两个节点间通信都要经过中央节点,故中心点出故障时,整个网络会瘫痪。

在文件服务器/工作站的局域网模式中,中心节点是文件服务器,存放共享资源。在文件服务器与工作站之间接有集线器(HUB)。集线器的作用为多路复用。

目前大多数局域网均采用星形结构。

③环形。工作站、共享设备(服务器、打印机等)通过通信线路将设备构成一个闭合的环,如图1-37所示。环形网络的特点是:信息在网络中沿固定方向流动,两个节点间有唯一的通路,可靠性高。由于整个网络构成闭合环,故网络扩充起来不太方便。环形网是局域网常采用的拓扑结构之一。

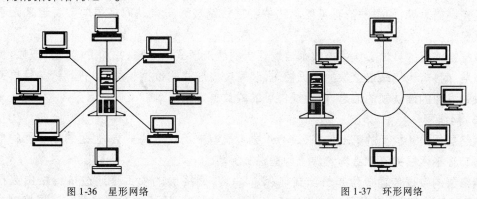

图1-36 星形网络　　　　　　　　图1-37 环形网络

④树形。树形结构是分级的集中控制式网络,与星形相比,它的通信线路总长度短,成本较低,节点易于扩充,寻找路径比较方便,但除了叶节点及其相连的线路外,任一节点或其相连接的线路故障都会使系统受到影响,如图1-38所示。

4.系统互联参考模型

在网络应用初期,只能在同一制造商的计算机产品之间进行通信。直到20世纪70年代后期,国际标准化组织ISO和国际电报电话咨询委员会CCITT共同制定了开放系统互联参考模型OSI/RM(Open System Interconnection/Reference Model),也就是七层网络通信模型,通常称为 OSI 七层模型。它的颁布促使所有的计算机网络走向标准化,从而具备了开放和互联的条件。

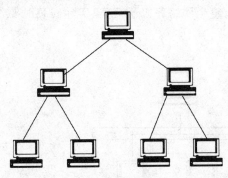

图 1-38 树形网络

参考模型是一种概念上的蓝图,描述了通信是怎样进行的。它解决了实现有效通信所需要的所有过程,并将这些过程划分为逻辑上的组,称为层。根据层次化模型的设计原则,将网络整个通信功能划分为七个层次:物理层、数据链路层、网络层、传输层、会话层、表示层、应用层。

(1)物理层

物理层的主要功能是利用物理传输介质为数据链路层提供物理连接,项目是透明的传送比特流,即确定如何使用物理传输介质,实现两个节点之间的物理连接。该层在节点之间的通信线路上建立、维护或断开物理连接,其传输的数据是位流信号。由于计算机网络中有许多物理设备和各种传输介质,因此物理层对上层的真正作用是要尽可能地屏蔽各种媒体和设备的具体特性,使得数据链路层感觉不到差异的存在。这样,数据链路层就可以只考虑本层的协议和服务功能。

物理层是 OSI 参考模型七层中的最低层,也是 OSI 模型的第一层。需要说明的是,物理层直接与物理信道相连接,因此物理层是七层中唯一的"实连接层",而其他各层由于都间接地使用到物理层的功能,因此都是"虚连接层"。

(2)数据链路层

数据链路层是 OSI 模型的第二层,负责建立和管理节点间的链路。

数据链路层的功能是在两个相邻节点间的线路上无差错地传输以"帧"(frame)为单位的数据,每一帧包括数据和必要的控制信息。控制信息中有同步信息、地址信息、差错控制及流量控制信息等,使得一条有可能出错的物理线路成为一条从网络层向下看起来无差错的数据链路。

数据链路层的具体工作是接收来自物理层的位流形式的数据,并加工(封装)成帧,传送到上一层;同样,也将来自上层的数据帧,拆装为位流形式的数据转发到物理层,并且负责处理接收端发回的确认帧的信息,以便提供可靠的数据传输。

(3)网络层

网络层是 OSI 模型的第三层,它是 OSI 参考模型中最复杂的一层,也是通信子网的最高一层。它在下两层的基础上向资源子网提供服务。

网络层的数据传输单位是分组或包(Packet)。网络层的项目是通过执行路由选择算法,为报文或分组通过通信子网选择最适当的路径,以实现网络的互联功能。该层控制数据链路层与传输层之间的信息转发,建立、维持和终止网络的联结。具体地说,数据链路层的数据在这一层被转换为数据包,然后通过路径选择、分段组合、流量控制等,将信息从一台网络设备传送到另一台网络设备。Internet 所采用的 TCP/IP 协议中的 IP(网际协议)就属于网络层协议。

(4)传输层

传输层位于 OSI 模型的中间(第四层),是通信子网(下面三层,主要项目是数据通信)和资源子网(上面三层,主要项目是数据处理)的接口和桥梁,起到承上启下的作用。传输层的主要项目是向用户提供可靠的端到端的服务,处理数据包的传输差错、数据包的次序、处理传输连接管理等传输方面的问题,以保证报文的正确传输。传输层的目的是向高层屏蔽下层数据通信的细节,即向用户透明地传送报文。Internet 所采用的 TCP/IP 协议中的 TCP(传输控制协议)就属于传输层协议。

(5) 会话层

会话层是 OSI 模型的第五层,它是用户应用程序和网络之间的接口,其主要项目是负责维护两个实体之间的会话联结,确保点—点的传输不被中断,并进行会话管理和管理数据交换,即组织和协调两个会话进程之间的通信,并对数据交换进行管理。用户可以按照半双工、单工和全双工的方式建立会话。当建立会话时,用户必须提供他们想要联结的远程地址。

会话层不参与具体的数据传输,而是对数据传输进行管理。它在两个互相通信的进程之间,建立、组织和协调其交互。例如,确定通信的双方是半双工方式还是全双工方式。

(6) 表示层

表示层是 OSI 模型的第六层,它对来自应用层的命令和数据进行解释,对各种语法赋予相应的含义,并按照一定的格式传送给会话层。其主要功能是处理两个通信系统中,用户信息表示方面的问题,如数据的编码、数据格式的转换、数据的压缩与恢复和加密、解密等。

(7) 应用层

应用层是 OSI 参考模型的最高层。应用层确定进程之间通信的性质,以满足用户的需要。它不仅要提供应用进程所需要的信息交换和远程操作,而且还要完成一些为进行信息交换所必需的功能。该层包含的协议较多,如文件传输协议 FTP、电子邮件协议 SMTP 等。

由于 OSI 是一个理想的模型,因此,一般网络系统只涉及其中的几层,很少有系统能够具有所有的七层,并完全遵循它的规定。

在 OSI 的七层模型中,每一层都提供一个特殊的网络功能。从网络功能的角度观察:低四层(物理层、数据链路层、网络层和传输层)主要提供数据传输和交换功能,即以节点到节点之间的通信为主。其中第四层作为上下两部分的桥梁,是整个网络体系结构中非常关键的部分。高三层(会话层、表示层和应用层)则以提供用户与应用程序之间的信息和数据处理功能为主。简言之,低四层主要完成通信子网的功能,高三层主要完成资源子网的功能。

5. 互联网协议

协议对于计算机网络而言是非常重要的,可以说没有协议就不可能有计算机网络。ARPANET 是最早出现的计算机网络之一,它是由美国国防部高级研究计划局 ARPA 提出并构建的。其主要目的是希望很多宝贵的主机、通信控制处理机和通信线路在战争中,若部分破坏,而其他部分还能正常工作。它要求一种灵活的网络体系结构,实现异型网的互联。

网络协议 TCP/IP 正是在此需要的基础上发展而来的。虽然 TCP 协议、IP 协议都不是 OSI 标准,但它们是目前最流行的商业化的协议,并被公认为当前的工业标准。TCP/IP 协议出现后,TCP/IP 参考模型也在 1974 年由 Kahn 提出。TCP/IP 参考模型由上到下可以分为四个层次:应用层、传输层、互联网层和网络接口层。

(1) 应用层

应用层是用户打交道的部分,即用户在应用层上操作,必须通过应用层表达出其意愿,才能达到目的。

它向用户提供一组常用的应用程序,相当于 OSI 的高三层。该层使用的协议还在不断增加。就目前来说,常用的有以下协议。

网络终端协议 TELNET:用于实现互联网中远程登录;
文件传输协议 FTP:用于实现互联网中交互式文件传输功能;
电子邮件协议 SMTP:用于实现互联网中电子邮件传送功能;
域名服务 DNS:用于实现网络设备名字到 IP 地址映射的网络服务;
路由信息协议 RIP:用于网络设备之间交换信息;
网络文件系统 NFS:用于网络中不同主机间的文件共享;
超文本传输协议 HTTP:用于 WWW 服务。

(2) 传输层

传输层即 TCP 层,它的功能主要包括:对应用层传递过来的用户信息进行分段处理,然后在各段信息中加入一些附加的说明,如说明各段的顺序等,保证对方收到可靠的信息。

传输层包括两种协议:传输控制协议 TCP(Transport Control Protocol),是一种可靠的面向联结的协议;用户数据报协议 UDP(User Data gram Protocol),是一种不可靠的无联结的协议。

(3) 互联网层

互联网层用于把来自互联网上的任何网络设备的源分组发送到目的设备,而且这一过程与它们所经过的路径和网络无关。管理这一层的协议称为互联网络协议(IP)。这一层进行最佳路径的选择和分组交换。例如,用户发送一封信时并不关心它是如何到达目的地的,而只关心它是否到达了目的地。

(4) 网络接口层

网络接口层负责网络发送和接收 IP 数据报。TCP/IP 参考模型允许主机联入网络时使用多种现成的和流行的协议,如局域网协议或其他协议。

在 TCP/IP 模型中,不管是哪个应用程序请求网络服务,也不管使用什么传输协议,都只有一种网络层协议,即互联网协议(IP)。IP 协议作为一种通用协议,允许任何地点的任何计算机在任何时间进行通信。

(三) 网络互联技术

1. 内联网

近些年来,Internet 技术已经发展成为以 TCP/IP 和 WWW 技术为核心的信息技术。特别是 WWW 技术的发展和普及,使得 Internet 技术更加成熟和完善。在局域网内部,同一网络联结不同类型的计算机已成为许多机构必须面对并要着手解决的问题,只有解决了这一问题,才能使各个机构共享信息并保护自己已经拥有的投资。由于这些计算机可能是包括个人计算机、Macintosh 和运行 UNIX 操作系统的小型机或大型机,而且硬件的体系结构不同,操作系统也可能不一样,因此网络系统要处理复杂的硬件和软件,就导致了管理员的负担加重。要解决这一问题,迫使许多单位不得不指定使用统一的硬件和软件平台,以保证网络顺利地建立和管理。Internet 技术的出现和发展给这些问题的解决带来了新的希望和转机。信息技术人员从这次成功中,看到了该信息技术的新价值,将 Internet 技术和产品引入企业或机构内部网络,创造出一种全新的内部网络,即内联网(Intranet)。

内联网(Intranet)也叫企业内部网,是指利用互联网技术构建的一个企业、组织或者部门内部的提供综合性服务的计算机网络。

内联网是基于 WWW 的专用网络,它在局域网中使用 Internet 应用软件。从技术角度讲,内联网和 Internet 没有太大的差别,只是访问内联网需要授权。一般来说,Intranet 是局限于企业或机构内部的 Internet。与 Internet 相比,Intranet 具有如下优点:在网络安全方面提供了更加有效的控制措施,克服了 Internet 安全保密方面的缺点;Intranet 属于具体的企业或机构,对外界的开放是有限制的,可防止外来的入侵和破坏,适用于金融、保险、政府机构等对安全要求严格的单位;为了确保安全,有些 Intranet 同 Internet 在物理上是隔离的,有些则是联入 Internet,但利用防火墙技术保护内部网络的安全。在确保安全的同时,Intranet 在企业或机构内部同样具有开放性和易操作性。

Intranet 作为用于企业内部信息建设的重要组成部分,它主要利用 Internet 上的服务方式为企业内部提供服务,主要有 WWW、电子邮件技术、BBS 和新闻组、FTP 和 Gopher 等。

Intranet 主要应用于:领导决策的多媒体查询;远程办公;无纸公文传输;公告、通知发布;专题讨论;人事管理或人力资源管理;财务与计划;企业动态与企业刊物;形象宣传与联机服务等。

2. 外联网

如果一个公共网络联结了两个或两个以上的贸易伙伴,一般被称为企业的外联网(Extranet)。它是内联网的一种延伸。

外联网给企业带来的好处有:提高了生产效率,信息可以以各种形式体现,降低了生产费用,实现了跨地区的各种项目合作,可为客户提供多种及时有效的服务。

外联网的几种实现方式:

(1)公共网络

如果一个组织允许公众通过任何公共网络(如互联网)访问该组织的内部网,或两个及更多的企业同意用公共网络把它们的内部网联在一起,这就形成了公共网络外部网。

(2)专用网络

专用网络是两个企业间的专线连接,这种连接是两个企业的内部网之间的物理连接。

(3)虚拟专用网络(VPN)

虚拟专用网络是一种特殊的网络,它采用一种叫做"IP 通道"或"数据封装"的系统,用公共网络及其协议向贸易伙伴、顾客、供应商和雇员发送敏感的数据。

3. 互联网、内联网、外联网三者的区别

互联网实际包括了三种互联的形式:内联网(Intranet)、外联网(Extranet)和国际互联网(Internet)。从纯技术角度来讲,这三种类型的网络都建在同样的基础设施上,但是它们的应用是很不同的。

内联网(Intranet)主要用于公司内部的信息交换,库存信息、财务信息、销售信息、人事信息都可以通过内联网上从一个部门传到另一个部门,从而减少了很多纸上作业,也缩短了信息周转周期,大大提高了公司内部的工作效率。而且,欧美国家的很多企业正是以内联网作为发展电子商务的第一步。

外联网(Extranet)是一些经营范围相关的公司组织在一起,共同分享彼此的产品、价钱、库存等信息,同时也进行着买和卖的交易。这种形式是人们常提的 B2B 的一种。由于网络的作用,减少了经济学中所称的"搜寻成本"(Search Cost),从而达到提高效率的目的。

与内联网和外联网对等的国际互联网(Internet)则是一个开放的系统,通常实现一对多的交换,如现在的网上售货。

互联网、内联网、外联网三者的区别为:

（1）在操作权限上,互联网提供的服务基本上对用户没有权限控制或很少控制,而内联网提供的控制是很严的。

（2）在内容上,互联网提供信息的页面以静态为主;而内联网提供的信息内容大部分与数据库有关,即内联网提供的信息内容是动态的,随着底层数据库的变化而变化。

（3）在服务对象方面,互联网服务的对象是全世界用户,而内联网服务的对象是企业员工。

（4）在联结方式上,互联网强调各个组织网站之间的联结,无交易的企业、消费者都是它的业务范围;外联网强调各个企业间的联结,业务范围包括交易伙伴、合作对象、相关公司、销售商店以及主要客户;内联网强调企业内部各部门的联结,业务范围仅限于企业内。

（四）网络工具的使用

1. 文件传输 FTP

FTP(File Transfer Protocol)是 Internet 中最重要的服务之一。使用 FTP 服务用户可以进行相互的文件传输,实现信息共享。它通过网络可以将文件从一台计算机传送到另一台计算机,不管这两台计算机距离多远,使用什么操作系统,采用何种技术与网络联结,文件传输都能在网络上两个站点之间传输文件。在 Internet 实现文件传输的软件是文件传输协议,简称 FTP。

FTP 服务器系统是典型的客户机/服务器工作模式。只要在网络中的两台计算机上分别安装 FTP 服务器和客户端软件,就可以在这两台计算机之间进行文件传输。如果用户有足够的权限,还可以在客户端对服务器上的文件进行管理,如文件重命名、文件删除以及目录的建立、删除等。利用 FTP 传输的文件可以是数据、图形或文本文件。把文件从远程服务器上拷贝到本地主机的过程称为"下载",把本地主机上的文件拷贝到远程服务器上称为"上传"(要求远程计算机上的 FTP 配置允许存储客户文件,并预留必要的空间)。

要登录 FTP 服务器,必须要有该 FTP 服务器的账号。如果已是该服务器主机的注册用户,用户就会拥有一个 FTP 登录账号和密码,并以该账号和密码登录服务器。但 Internet 上有很大一部分 FTP 服务器被称为"匿名"(Anonymous)FTP 服务器。这类服务器向公众提供文件拷贝服务,但不要求用户事先在该服务器进行登记注册。

目前常用的 FTP 客户端程序可分为三类:传统 FTP 命令行、浏览器和专用 FTP 工具。

传统的 FTP 命令行是最早的 FTP 客户端程序,需要在 MS-DOS 环境中运行,对初学者来说较难掌握。

浏览器不但支持 WWW 服务,还支持 FTP 服务。通过在浏览器的地址栏中写上 FTP 服务器的地址,用户就可以直接登录到该服务器下载文件。

用户在使用 FTP 命令行或浏览器下载文件时,如果在下载过程中网络联结意外中断,那么已经下载完的那部分文件也会被丢弃,一切前功尽弃。而专用 FTP 工具具有断点续传功能,可以在网络重新联结后继续进行剩余文件部分的传输。目前常用的 FTP 工具有 CuteFTP、LeapFTP、FlashFXP 等。

2. 远程登录 Telnet

Telnet 服务属于客户机/服务器工作模式,其意义在于实现了基于 Telnet 协议的远程登录。所谓登录是指分时系统允许多个用户同时使用一台计算机,为了保证系统的安全和记账方便,系统要求每个用户有单独的账号作为登录标识,系统还为每个用户指定了一个口令。用户在使用该系统之前要输入标识和口令,这个过程被称为"登录"。

远程登录是指用户使用 Telnet 命令,使自己的计算机暂时成为远程主机的一个仿真终端的过程。仿真终端等效于一个非智能的机器,它只负责把用户输入的每个字符传递给主机,再将主机输出的每个信息回显在屏幕上。

以上便是一个标准而普通的客户机/服务器模型的服务。那么,是不是有了客户机/服务器模型的服务,所有的远程问题都可以解决了呢?

回答是否定的。如果我们仅需要远程编辑文件,那么刚才所构想的服务完全可以胜任;但假如我们的要求并不是这么简单,我们还想实现远程用户管理、远程数据录入、远程系统维护,想实现一切可以在远程主机上实现的操作,那么我们将需要大量专用的服务器程序并为每一个可计算服务都使用一个服务器进程。随之而来的问题是:远程机器会很快对服务器进程应接不暇。解决的办法就是用远程登录。

Telnet 协议进行远程登录时需要满足以下条件:在本地计算机上必须装有包含 Telnet 协议的客户程序;必须知道远程主机的 IP 地址或域名;必须知道登录标识与口令。

Telnet 远程登录服务分为以下四个过程:

(1)本地与远程主机建立联结。该过程实际上是建立一个 TCP 联结,用户必须知道远程主机的 IP 地址或域名。

(2)将本地终端上输入的用户名和口令及以后输入的任何命令或字符以 NVT(Net Virtual Terminal)格式传送到远程主机。该过程实际上是从本地主机向远程主机发送一个 IP 数据报。

(3)将远程主机输出的 NVT 格式的数据转化为本地所接受的格式送回本地终端,包括输入命令回显和命令执行结果。

(4)本地终端对远程主机进行撤销联结。该过程是撤销一个 TCP 联结。

远程登录有两种形式:第一种是远程主机已有用户的账号,则该用户可用该账号和口令访问远程主机。第二种形式是匿名登录,一般 Internet 上的主机都为公众提供一个公共账号,不设口令。大多数计算机仅需输入"guest"即可登录到远程计算机。这种形式在使用权限上受到一定限制。Telnet 命令格式如下:

Telnet <主机域名> <端口号>

主机域名可以是域名方式,也可以是 IP 地址。一般情况下,Telnet 服务使用 TCP 端口号 23 作为默认值,使用默认值的用户可以不输入端口号。但当 Telnet 服务设定了专用的服务器端口号时,必须输入端口号才能使用该命令登录。

Telnet 在运行过程中,实际上启动的是两个程序,一个是 Telnet 客户程序,运行在本地机上;另一个叫 Telnet 服务器程序,运行在需要登录的远程计算机上。执行 Telnet 命令的计算机是客户机,联结到上面的那台计算机是远程主机。

联结主机成功后,就是登录主机。要成为合法用户,必须输入可以通过主机验证的用户名称和密码。成功登录后,本地机就相当于一台与服务器联结的终端,可以使用各种主机操作系统支持的指令。

3. 电子邮件服务

电子邮件(E-mail)是 Internet 上应用最频繁的业务之一。E-mail 是英文 Electronic Mail 的缩写,意指电子邮件。电子邮件是利用互联网进行通信的工具,是 Internet 上一种典型的客户机/服务器(Client/Server)系统。这个系统主要包括电子邮件客户机、电子邮件服务器,以及在电子邮件客户机和服务器上运行、支持 Internet 上电子邮件服务的各种服务协议。电子邮件具有价格低、速度快、可传送多媒体信息、可以将同一邮件同时转发给多个收件人等特点。电子邮箱实际上就是在互联网服务商 ISP 的 E-mail 服务器上为用户开辟出一块专用的磁盘空间,用来存放用户的电子邮件文件。每个电子邮箱都有一个地址,称为电子邮箱地址(E-mail Address)。电子邮箱地址的格式是固定的,并且在全球范围内是唯一的。电子邮件的地址格式为:用户名@主机名。其中"@"符号读做"at",用户名是申请电子邮箱时用户自己起的名字。主机名是拥有独立 IP 地址的计算机的名字。例如:lfyapingwei@lfgx.net,用户名为"lfyapingwei",主机名为"lfgx.net"。

Internet 上的个人用户是不能直接接收电子邮件的,因为个人计算机经常关闭或没有与 Internet 建立联结。因此,电子邮件的发送和接收实际上是由 ISP 的邮件服务器担任的。ISP 的邮件服务器 24h 不停机地运行着,这样用户才可能随时发送和接收邮件,而不必考虑收件人的计算机是否打开。

Internet 上的电子邮件系统的工作过程采用客户机/服务器模式。发送方把一封电子邮件发给收件人,接收方的邮件服务器收到电子邮件后,先将其存在收件人的电子信箱中,并告知收件人有新邮件到来。每当收件人的计算机联结到服务器上后,就会看到服务器的通知,随后打开邮箱查收邮件。

Internet 服务提供商 ISP 的电子邮件服务器就起了网上"邮局"的作用。它管理着众多用户的电子邮箱。当用户有邮件来时就暂存其中,供用户查收阅读。由于电子邮箱容量有限,需用户定期整理,以便腾出空间接收新邮件。同时,电子邮件在发送和接收过程中,还要遵循一些基本协议和标准,如 SMTP、POP3 等。这些协议和标准可保证电子邮件在各种不同系统之间进行传输。电子邮件发送协议 SMTP 是 Internet 上基于 TCP/IP 的应用层协议。SMTP 定义了邮件发送和接收之间的联结传输。其作用是当发送方计算机与支持 SMTP 协议的电子邮件服务器联结时,将电子邮件从发送方的计算机中准确无误地传送到接收方的电子邮箱中。

电子邮件接收协议 POP3,也是邮件系统中的基本协议之一。它的作用是当用户计算机与支持 POP3 协议的电子邮件服务器联结时,把存储在该服务器的电子邮箱中的邮件准确无误地接收到用户的计算机中。现在 ISP 的邮件服务器都安装了这两项协议,即用 SMTP 服务器作为邮件发送服务器,POP3 服务器作为邮件接收服务器。目前,大多数电子邮件客户端软件都支持 SMTP 协议和 POP3 协议。用户在首次使用这些软件发送和接收电子邮件之前,需要对其 ISP 的电子邮件服务器进行设置。

4. 万维网(WWW)服务

WWW 服务是帮助人们从 Internet 网络上浏览所需的信息。万维网 WWW(World Wide Web)是建立在 TCP 基础上的,采用浏览器/服务器(Browser/Server,B/S)工作模式的一种网络应用。它将分散在世界各地的 Web 服务器(专门存放和管理 WWW 资源)中的信息,用超文本方式链接在一起,供 Internet 上的计算机用户查询和调用。

在 WWW 上,每一信息资源都有统一的且在网上唯一的地址,该地址称为 URL(Uniform Resource Locator)。它是 WWW 的统一资源定位标志。URL 由三部分组成:资源类型、存放资源的主机域名和资源文件名。

URL 的地址格式如下。

应用协议类型://信息资源所在主机名(域名或 IP 地址)/路径名/…/文件名

例如:"http://www.100e.com/Inspirit/index.asp"表示用 http 协议访问主机名为 www.

100e.com 的一个 asp 文件。

http 是超文本协议,与其他协议相比,它简单、通信速度快,时间开销少,并且 http 允许传输任意类型的数据。Internet 上的所有资源都可以用 URL 来表示,如 Ftp、Telnet、Mailto、News、Gopher 等。

5. 电子公告牌 BBS 简介

BBS(Bulletin Board Service,公告牌服务)是 Internet 上的一种电子信息服务系统。BBS 最早起源于美国,1978 年在芝加哥地区的计算机交流会上,克瑞森(Krison)和苏斯(Russ Lane)两人因为经常在各方面进行合作,但两个人并不住在一起,通过电话只能进行语言的交流,有些问题用语言是很难表达清楚的,因此,他们就借助于当时刚上市的 Hayes 调制解调器(Modem)将他们家里的两台苹果 II 通过电话线联结在一起,实现了世界上的第一个 BBS,这样,他们就可以互相通过计算机聊天、传送信息了。他们把自己编写的程序命名为计算机公告牌系统(Computer Bulletin Board System)。这就是第一个 BBS 系统的开始。当时,有一位软件销售商考尔金斯看到这一成果,立即意识到它的商业价值。在他的推动下,CBBS 加上调制解调器组成的第一个商用 BBS 软件包于 1981 年上市。

早期的 BBS 是一些电脑爱好者团体自发组织的,以讨论计算机或游戏问题居多;后来 BBS 逐渐进入 Internet,出现了以 Internet 为基础的 BBS。政府机构、商业公司、计算机公司也逐渐建立自己的 BBS,使 BBS 迅速成为全世界计算机用户的交流信息的园地。

大部分 BBS 由教育机构、研究机构或商业机构管理。像日常生活中的黑板报一样,电子公告牌按不同的主题、分主题分成很多个布告栏,布告栏设立的依据是大多数 BBS 使用者的要求和喜好,使用者可以阅读他人关于某个主题的最新看法,也可以将自己的想法毫无保留地贴到公告栏中。同样地,他人的回应也很快。如果需要私下的交流,也可以将想说的话直接发到某个人的电子信箱中。如果想与正在使用 BBS 的某个人聊天,可以启动聊天程序加入闲谈者的行列,虽然谈话的双方素不相识,却可以亲近地交谈。在 BBS 里,人们之间的交流打破了空间、时间的限制。在与别人进行交往时,无须考虑自身的年龄、学历、知识、社会地位、财富、外貌、健康状况,而这些条件往往是人们在其他交流形式中无可回避的。同样地,BBS 中人们也无从知道交谈的对方的真实社会身份。这样,参与 BBS 的人可以处于一个平等的位置与其他人进行任何问题的探讨。

现在多数网站上都建立了自己的 BBS 系统。BBS 系统是由 BBS 服务器、公告牌信息和 BBS 服务软件组成的,供网民通过网络来结交更多的朋友,表达更多的想法。目前,我国的 BBS 已经十分普遍,可以说是不计其数,其中 BBS 大致可以分为五类:

(1)校园 BBS

CERNET 建立以来,校园 BBS 很快发展起来,目前很多大学都有了 BBS,几乎遍及全国上下。像清华大学、北京大学等都建立了自己的 BBS 系统,清华大学的"水木清华"很受学生和网民们的喜爱。大多数 BBS 是由各校的网络中心建立的,也有私人性质的 BBS。

(2)商业 BBS

这里主要是进行有关商业的商业宣传、产品推荐等,目前手机的商业站、电脑的商业站、房地产的商业站比比皆是。

(3)专业 BBS

这里所说的专业 BBS 是指国家部委和公司的 BBS,其主要用于建立地域性的文件传输和信息发布系统。

(4) 情感 BBS

情感 BBS 主要用于交流情感,是许多娱乐网站的首选。

(5) 个人 BBS

有些个人主页的制作者们在自己的个人主页上建立了 BBS,用于接受别人的想法,更有利于与好友进行沟通。

在 Internet 上有许多 BBS 服务器,每一个服务器由于发布的信息内容不同而各有特色,但大多具有以下基本功能。

(1) 传递信息

这是 BBS 最基本的功能之一。用户使用 BBS 的目的在于通过阅读和撰写文章以及收发信件来互相交流信息。

(2) 邮件服务

BBS 一般都提供了邮件服务功能,用户可以在站点上给其他的用户发信,而不管对方是否在站点上;同样,用户也可以在站点上收到其他人发来的邮件。有些 BBS 站还提供在不同的 BBS 站点之间通过某种程序相互转信的功能。Internet 上的 BBS 有时还提供在站点上收发 E-mail 的功能。

(3) 在线交谈

这是 BBS 最为吸引人的一个功能,站点上的用户可以通过键盘的输入进行实时对话。在线交谈时面对的只是对方的账号,交谈的双方是隐蔽的,这使得交谈的双方感觉彼此平等、安全。

(4) 文件传输

在不同的计算机用户之间,经常需要传输大量的数据和资料,这也是 BBS 的主要用途之一。大多数计算机软件公司都有自己的 BBS 系统,用户可以通过 BBS 购买并下载各种软件产品,获取软件的升级版本,寻求技术支持等。在许多电脑爱好者所建立的业余 BBS 站点上,用户不仅可以从站点上下载自己所需要的文章,而且还可以获取一些常用的免费软件或试用软件。有些 BBS 站点还提供上传功能,用户可以将自己编制的程序或自己得到的一些免费软件与别人共享。

(5) 网上游戏

这是 BBS 提供的网上互动功能。大多数站点都提供网络游戏,用户可以找个网友在 BBS 上打牌、下棋或玩更刺激的游戏。

四、技能训练准备

(1) 学生进行项目之前,查阅或学习与网络工具相关的理论知识点。

(2) 教师准备好计算机、相关软件,并安装好软件。

五、技能训练步骤

(1) 将学生分组,每组 4~5 人,按照项目实施步骤逐步操作。

(2) 注册邮箱并使用相关工具。

(3) 使用 BBS。

（4）使用 FTP 完成远程传输。

六、技能训练注意事项

了解相关网络工具的同时学会相关辅助软件的使用。

七、技能训练评价

请完成技能训练后填写表 1-14。

技能训练评价表　　　　　　　　　　　　　　　　表 1-14

专业		班级		学号		姓名	
考评地点							
考评内容	利用数据库技术进行物流信息存储						
考评标准	内　容			分值（分）		评分（分）	
	能注册邮箱并使用 Outlook			20			
	能使用 FTP 完成远程登录			30			
	能注册使用 BBS			20			
	能建立局域网			30			

八、技能训练活动建议

建议学生尽可能更多地了解和使用网络工具辅助软件。

思考练习

一、填　空　题

1. ＿＿＿＿＿＿＿＿是一种能够通过普通电话线提供宽带数据业务的技术，也是目前极具发展前景的一种接入技术。

2. Internet 是一个信息的海洋，这些信息被存放在世界各地称为"站点"的计算机上，为了区别各个站点，必须为每个站点分配一个唯一的地址，这个地址即称为＿＿＿＿＿＿＿＿。

3. 为了完成计算机网络的基本功能数据处理和数据通信，计算机网络的结构也相应采用分层的两级结构，即＿＿＿＿＿＿＿＿和＿＿＿＿＿＿＿＿两部分。

4. ＿＿＿＿＿＿＿＿是公司内部的信息交换，库存信息、财务信息、销售信息、人事信息都可以通过内联网上从一个部门传到另一个部门，从而减少了很多纸上作业，也缩短了信息周转周期，大大提高了公司内部的效率。

5. 根据层次化模型的设计原则，将网络整个通信功能划分为七个层次：＿＿＿＿＿＿＿＿、数据链路层、＿＿＿＿＿＿＿＿、传输层、＿＿＿＿＿＿＿＿、＿＿＿＿＿＿＿＿、应用层。

二、简 答 题

1. 简述互联网有哪些接入方式。
2. 简述 IP 地址的分类方法。
3. 简述互联网、内联网、外联网三者的区别。
4. 画出计算机网络拓扑结构。

任务二 数据采集技术应用

内容简介

随着现代物流的高速发展,对高效、准确、实时性三个方面提出了越来越高的要求,企业只有采用信息技术,通过计算机网络将信息进行采集、传递,以提高物流系统的效益。在现代物流信息管理中,常用的采集技术应用包括:条码技术(BC)和无线射频技术(RFID)。这些技术的应用极大地提高了数据采集和信息处理的速度,改善了人们的工作和生活环境,提高了工作效率,并为物流信息管理的科学化和现代化作出了重要贡献。

教学目标

1. 知识目标

(1)了解数据采集技术的特点及其工作原理;

(2)了解数据采集技术的应用环境和作用。

2. 技能目标

(1)能根据实际情况组建条码识别系统;

(2)能够利用 RFID 系统实现数据采集工作。

案例导入

条形码在天津丰田汽车的应用

天津丰田汽车有限公司是丰田汽车公司在中国的第一个轿车生产基地。在这里,丰田汽车公司不惜投入 TOYOTA 的最新技术,生产专为中国开发的、充分考虑到环保、安全等条件因素的新型小轿车。

二维码应用管理解决方案使丰田汽车在生产过程控制管理系统中成功应用了 QR 二维条码数据采集技术,并与丰田汽车公司天津公司共同完成了生产过程控制管理系统的组建。

一、丰田汽车组装生产线数据采集管理

汽车是在小批量、多品种混合生产线上生产的,将写有产品种类生产指示命令的卡片安在产品生产台,这些命令被各个作业操作人员读取并完成组装项目,使用这些卡片存在严重的问题和极大的隐患,包括速度、出错率、数据统计、协调管理、质量问题的管理等一系列问题。

1. 系统概要

如果用二维码来取代手工卡片,初期投入费用并不高,但建立了高可靠性的系统。

(1)生产线的前端,根据主控计算机发出的生产指示信息,条码打印机打印出 1 张条码标签,贴在产品的载具上。

(2)各作业工序中,操作人员用条码识读器读取载具上的条码符号,将作业的信息输入计算机,主系统对作业人员和检查装置发出指令。

(3)各个工序用扫描器读取贴在安装零件上的条码标签,然后再读取贴在载具上的二维条码,以确认零件安装是否正确。

(4)各工序中,二维条码的生产指示号码、生产线顺序号码、车身号数据和实装零部件的数据、检查数据等,均被反馈回主控计算机,用来对进展情况进行管理。

2.应用效果

(1)投资较低。

(2)二维条码可被识读器稳定读取(错误率低)。

(3)可节省大量的人力和时间。

(4)主系统对生产过程的指挥全面提升。

(5)使生产全过程和主系统连接成为一体,生产效益大大提高。

二、丰田汽车供应链采集系统的应用

1.应用环境

汽车零件供货商按汽车厂商的订单生产零配件,长期供货,这样可以减少人为操作,缩减成本,提高效率。

2.应用描述

(1)汽车厂家将看板标签贴在自己的周转箱上,先定义箱号。

(2)汽车厂家读取看板标签上的一维条码,将所订购的零件编号、数量、箱数等信息制作成QR码,并制作带有该QR码的看板单据。

(3)将看板单据和看板标签一起交给零件生产厂。

(4)零件生产厂读取由车辆提供的看板单据上的QR码,处理接受的订货信息,并制作发货指示书。

(5)零件生产厂将看板标签附在发货产品上,将看板单据作为交货书发给汽车生产厂。

(6)汽车生产厂读取看板单据上的QR码进行接货统计。

3.应用效果

(1)采用QR码使得原来无法条码化的"品名"、"规格"、"批号"、"数量"等可以自动对照,使出库时的人工观察操作大幅减少,降低了操作人员人为识别验货的错误,避免了误配送的发生。

(2)出库单系统打印二维条码,加密、安全、不易出错。

(3)验货出库工作,可以完全脱离主系统和网络环境独立运行,对主系统的依赖性小,可减小主系统网络通信和系统资源的压力,同时对安全性要求降低。

(4)真正做到了二维条码数据与出库单数据及实际出库的物品的属性特征的统一。

(5)加快了出库验收作业的时间,缩短了工作的过程,并且使验收的信息量大大增加,从而提高了效率、降低了成本、保证了安全、防止了错误的发生。

引导思路

1.QR码是什么类型条码?它有什么特点?

2.一维码和二维条码有什么区别?

项目一 条码(BC)识别技术应用

教学要点

1. 了解物流条码的概念;
2. 理解一维条码和二维条码的内容和区别;
3. 掌握条码技术在物流中的应用。

教学方法

可采用讲授、多媒体情境教学、案例教学和分组讨论等方法。

一、物流条码的基本概念

(一)情境设置

在一家大型超市中,若没有商品条码,那么在结账的时候收银员要对每一件商品进行核查,以便确定价格。那么,可以想象:各个收银台排队的队伍一定非常长!人们的抱怨声一定会让超市经理头疼。然而,有了条形码,商品信息可迅速被识别,队伍有条不紊地通过收银台。那么,这个方便的"玩意儿"到底是怎么产生的?具有哪些特点?

(二)技能训练目标

能够准确区分条码类型,掌握条码的基本概念。

(三)相关理论知识

条码技术是条形码自动识别技术的简称。条码(Bar Code)是将宽度不等的多个黑条和空白,按照一定的编码规则排列,用以表达一组信息的图形标识符。条码技术的核心是条码符号,它是一种十分有效的识别工具,它能方便地被机器识读,以提供准确及时的信息来支持物流管理中各个环节对信息采集和录入的需要,从而改进业务操作,提高效率。常见的条形码是由反射率相差很大的黑条(简称条)和白条(简称空)排成的平行线图案。条形码可以标出物品的生产国、制造厂家、商品名称、生产日期、图书分类号、邮件起止地点、类别、日期等许多信息,条码技术被广泛地应用在物品追踪、库存管理、生产流程控制、质量控制、分类、订单输入、送货与收货、仓库管理、运输路线管理、收货点作业等方面。

1. 条码的发展简史

条形码技术最早产生于20世纪20年代,诞生于威斯汀豪斯(Westinghouse)的实验室里。一位名叫约翰·科芒德(John Kermode)的发明家"异想天开"地想对邮政单据实现自动分拣,那时候,对电子技术应用方面的每一个设想都使人感到非常新奇。他的想法是在信封上做条码标记,条码中的信息是收信人的地址,就像今天的邮政编码。为此,科芒德发明了最早的条码标识,设计方案非常的简单(这种方法称为模块比较法),即一个"条"表示数字"1",两个"条"表示数字"2",依此类推。然后,他又发明了由基本的元件组成的条码识读设备:一个扫描器(能够发射光并接收反射光);一个测定反射信号条和空的方法,即边缘定位线圈;使用测定结果的方法,即译码器。

科芒德的扫描器利用当时新发明的光电池来收集反射光。"空"反射回来的是强信号，"条"反射回来的是弱信号。与当今高速度的电子元器件应用不同的是，科芒德利用磁性线圈来测定"条"和"空"。就像一个小孩将电线与电池连接再绕在一颗钉子上来夹纸。科芒德用一个带铁芯的线圈在接收到"空"的信号的时候吸引一个开关，在接收到"条"的信号的时候，释放开关并接通电路。因此，最早的条码阅读器噪声很大。开关由一系列的继电器控制，"开"和"关"由打印在信封上"条"的数量决定。通过这种方法，条码符号可直接对信件进行分拣。

此后不久，科芒德的合作者道格拉斯·杨(Douglas Young)，在科芒德码的基础上做了些改进。科芒德码所包含的信息量相当的低，并且很难编出10个以上的不同代码。而杨码使用更少的条，但是利用条之间空的尺寸变化，就像今天的UPC条码符号使用4个不同的条空尺寸。新的条码符号可在同样大小的空间对100个不同的地区进行编码，而科芒德码只能对10个不同的地区进行编码。

直到1949年的专利文献中才第一次有了诺姆·伍德兰(Norm Woodland)和伯纳德·西尔沃(Bernard Silver)发明的全方位条形码符号的记载，在这之前的专利文献中始终没有条形码技术的记录，也没有投入实际应用的先例。诺姆·伍德兰和伯纳德·西尔沃的想法是利用科芒德和杨的垂直的"条"和"空"，并使之弯曲成环状，非常像射箭的靶子。这样，扫描器通过扫描图形的中心，能够对条形码符号解码，不管条形码符号方向的朝向。

在利用这项专利技术对其进行不断改进的过程中，一位科幻小说作家艾萨克·阿西莫夫(Isaac Azimov)在他的《赤裸的太阳》(The Naked Sun)一书中讲述了使用信息编码的新方法实现自动识别的事例。那时人们觉得此书中的条形码符号看上去像是一个方格子的棋盘，但是今天的条形码专业人士马上会意识到这是一个二维矩阵条形码符号。虽然此条形码符号没有方向、定位和定时，但很显然它表示的是高信息密度的数字编码。

直到1970年，Iterface Mechanisms公司开发出"二维码"之后，才有了价格适于销售的二维矩阵条码的打印和识读设备。那时二维矩阵条形码用于报社排版过程的自动化。二维矩阵条形码印在纸带上，由今天的一维CCD扫描器扫描识读。CCD发出的光照在纸带上，每个光电池对准纸带的不同区域。每个光电池根据纸带上印刷条码与否输出不同的图案，组合产生一个高密度信息图案。用这种方法可在相同大小的空间打印上一个单一的字符，作为早期科芒德码之中的一个单一的条。定时信息也包括在内，所以整个过程是合理的。当第一个系统进入市场后，包括打印和识读设备在内的全套设备大约要5000美元。

此后不久，随着LED(发光二极管)、微处理器和激光二极管的不断发展，迎来了新的标识符号(象征学)和其应用的大爆炸，人们称之为"条码工业"。

2. 物流条码的概念

(1) 条形码的概念

条码是利用光电扫描设备识读并实现数据输入到计算机的一种特殊代码。它是由一组按特定规则排列的、粗细不同、黑白或彩色相间的条、空及其相应的字符、数字、字母组成的图形标记，用以表示一定的信息。

(2) 条形码的构成

条形码是由一组黑白或彩色相间、粗细不同的条状符号组成的，如图2-1所示。其中隐含着数字信息、字母信息和标志信息，主要用以表示对象物的名称、产地、价格和种类。

在图2-1中,左右两端外侧空白区称为静区,它能使阅读器进入准备阅读的状态,当两个条码相距距离较近时,静区有助于对它们加以区分,静区的宽度通常应不小于6mm(或者10倍模块宽度)。起始/终止符指位于条码开始和结束处的若干条与空,标志条码的开始和结束,同时提供了码制识别和阅读方向信息。数据符是指位于条码中间的条、空结构,它包含条码所表达的特定信息。

图2-1　EAN-13条码构成

(3)物流条码的种类

根据码制的不同,构成的条码也各有不同。所谓码制就是指构成条码的条和空由不同的组合方法组成的不同符号体系。目前,现存的条码码制多种多样,但国际上通用、公认的物流条码码制只有以下四种:

①EAN-13条码。

物流EAN-13条码的结构与商品EAN-13条码相同,也是一种定长、无含义、无自校验功能的条码。在物流供应链中选用条码时,要根据货物和商品包装的不同,采用不同的条码码制。一般而言,单个大件商品,如电视机、电冰箱常采用EAN-13条码;定量储运包装箱常采用ITF-14或者UCC/EAN-28条码,包装箱内可以是单一商品,也可以是不同的或者多件拥有小包装的商品。图2-1就是一种典型的EAN-13条码。

②交插二五条码。

交插二五条码(Interleaved Two of Five,简称ITF25条码)主要应用于仓储和物流管理,现行国家标准为《信息技术　自动识别与数据采集技术　条码码制规范　交插二五条码》(GB/T 16829—2003)。它是连续型、非定长、具有自校检功能的双向条码。它以两个字符为单位进行编码,其中一个字符以条编码,另一个字符以空编码,每个字符由5个单元组成。其中3个窄单元表示0,两个宽单元表示1,两个字符的条空相互交插组合在一起。在一个交插二五条码符号中,组成条码符号的字符个数为偶数,当字符是奇数个时,应左侧补0变为偶数。条码字符从左到右,奇数位置字符用条表示,偶数位置字符用空表示。交插二五条码的字符集包括数字0~9,如图2-2所示。

③ITF-14 条码。

ITF-14 是在交插二五条码的基础上扩展形成的一种应用于储运包装箱上的固定长度的条码。其条码符号表示和交插二五条码相同。为适应特定的印刷条件,多数情况下都在条码的周围加上保护框,并设有印刷适应性实验的 H 符号,如图 2-3 所示。

④贸易单元 128 条码。

UCC/EAN-128 条码应用标识条码是一种连续型、非定长条码,能更多地标识贸易单元中需要表示的信息,如产品批号、数量、规格、生产日期、有效期、交货地等,广泛地应用在生产流程控制、仓储管理、货物跟踪等领域。

UCC/EAN-128 条码是由左侧空白区、起始符、数据字符、校验符、终止符、右侧空白区组成,如图 2-4 所示,每个条码字符由 3 个条、3 个空共 11 个模块组成,每个条、空由 1～4 个模块构成。UCC/EAN-128 条码的号码组成依据所携带的信息而定,各种信息可以连接在一起,以应用识别符加以分隔。

图 2-2　交插二五条码

图 2-3　ITF-14 条码

(4)条码技术的特点

①可靠准确。键盘录入数据误读率平均为 1/300,而条码扫描录入误读率仅有百万分之一,首读率可达 98% 以上。

②数据输入速度快。键盘输入一般为 200 字符/min,而利用条码扫描录入信息速度是键盘录入的 20 倍。

③灵活、实用。条码符号作为一种识别手段可以单独使用,也可以和有关设备组成识别系统实现自动化识别,还可以和其他控制设备联系起来实现整个系统的自动化管理。同时,在没有自动识别设备时,也可实现手工键盘输入。

④自由度大。识别装置与条码标签相对位置的自由度要比 OCR(光学文字识别)大得

图 2-4　贸易单元 128 条码

多。条码通常只在一维方向上表示信息,而同一条码符号上所表示的信息是连续的,这样即使是标签上的条码符号在条的方向上有部分残缺,仍可以从正常部分识读正确的信息。

⑤设备结构简单、成本低。条码符号识别设备的结构简单,操作容易,无需专门训练。与其他自动化识别技术相比所需费用较低。

⑥易于制作。条码标签易于制作,可印刷,被称作"可印刷的计算机语言",对印刷技术设备和材料无特殊要求。

(5)条码的分类

条码可分一维条码和二维条码。一维条码是指通常所说的传统条码,包括商品条码和物流条码(EAN-13、ITF、EAN-128 等)。二维条码可以分为堆叠式/行排式二维条码和矩阵式二维条码,二维条码将在下一段落详细介绍。

(四)技能训练准备

(1)学生每 5 人为一个小组,每个小组选一名组长。

(2)准备卡片若干张。

(3)教师现场指导。

(4)训练时间安排:0.5 学时。

(五)技能训练步骤

(1)以每位学生为单位,在卡片上写出任意一维条码的构成及适用范围。

(2)各组通过卡片问询法,识别出对方是哪一种物流条码。

(3)以组为单位完成内容的确定。

(4)每组派一位代表陈述结果。

(六)技能训练注意事项

(1)一丝不苟,认真填写卡片。

(2)各小组要充分发挥组员的积极性。

(七)技能训练评价

请完成技能训练后填写表 2-1。

技能训练评价表　　　　　　　　　　　　　　表 2-1

专业	物流管理	班级		学号		姓名	
考评地点	教室						
考评内容	物流条码概念学习						
考评标准			内　　容			分值(分)	评分(分)
	学生自评	参与度	是否积极参与学习?是否积极进入角色?是否积极动手实践?是否积极探知知识点和思考工作方法?是否积极参加研讨?是否积极提出建议?			10	
		卡片填写	是否独立完成?			20	
	小组互评	协作力	信息传递准确与否?传递是否及时?交流是否融洽?			10	
		代表描述	口头表达是否顺畅?			20	
	教师评价	小组动员能力	是否积极?			10	
		角色完成质量	填写卡片是否认真?卡片问题汇总是否科学?调研内容确定是否有依据、准确?能否按时完成项目?是否正确完成项目?是否采取合理工作方法?			10	
		工作汇报	是否如实描述?内容是否全面?			20	
			总　　评			100	

(八)技能训练活动建议

建议组织学生到不同类型物流企业仓储部门进行参观,调研条形码在仓储管理中的运用。

二、二维条码

(一)情境设置

随着一维条码的迅速发展,人们对数据录入的信息量要求大大提高,而一维条码仅仅是对商品进行标识,无法在不建立数据库的前提下对商品进行更多的描述。那么,如何才能解决一维条码的容量限制呢?

(二)技能训练目标

能够准确区分一维条码和二维条码,能根据企业实际需求制定条码管理系统。

(三)相关理论知识

1. 二维条码的起源

二维条码技术是在一维条码无法满足实际应用需求的前提下产生的。由于受信息容量的限制,一维条码通常是对物品的标识,而不是对物品的描述。故一维条码的使用,不得不依赖数据库的支持。在没有数据库和不便联网的地方,一维条码的使用受到了较大的限制,有时甚至变得毫无意义。特别是在需要表示汉字的场合,显得十分不方便。二维条码正是为了解决一维条码无法解决的问题而产生的。

2. 二维条码的概念和类型

二维条码是在水平和垂直方向的二维空间存储信息的条码,如图2-5所示。它具有高密度、高可靠性等特点,所以可以用它表示数据文件、图像等。在强调储存更多数据的要求上发展出了堆叠式/行排式二维条码,在注重图像识别上发展出了矩阵式二维条码,它们构成现今二维条码的两大类型。

a)　　　　　　　　　　　　b)

图2-5　二维条码与一维条码的信息储存方向
a)一维条码;b)二维条码

(1) 堆叠式/行排式二维条码

堆叠式/行排式二维条码形态上是由多行短截的一维条码堆叠而成的,其数据以成串的数据行表示。它在形态结构、校验原理等方面继承了一维条码的特性。具有代表性的堆叠式/行排式二维条码包括 PDF417、Code49、Code16K 等,如图2-6所示。堆叠式/行排式二维条码中包含附加的格式信息,信息量高达 1kb,如 PDF417 码,可用来作为运输/收货标签的信息编码。

(2) 矩阵式二维条码

矩阵式二维条码(又称棋盘式二维条码)它是在一个矩形空间通过黑、白像素在矩阵中的不同分布进行编码。在矩阵相应元素位置上,用点(方点、圆点或其他形状)的出现表示二进制"1",点的不出现表示二进制的"0",点的排列组合确定了矩阵式二维条码所代表的意义。矩阵式二维条码是建立在计算机图像处理技术、组合编码原理等基础上的一种新型图形符号自动识读处理码制。具有代表性的矩阵式二维条码有：Maxi Code、QR Code、Data Matrix、Code one 等。

图 2-6 两类二维条码示意图

a) PDF417；b) Code 49；c) Code 16K；d) QR Code；e) Code One；f) Data Matrix；g) Maxi Code

3. 二维条码的特点

在信息输入技术中，采用的自动识别技术种类很多。二维条码作为一种图形识别技术，与其他识别技术相比有以下特点：

(1) 高密度

目前，应用比较成熟的一维条码如 EAN、ITF 条码，因密度低，故仅作为一种标识数据，不能对产品进行描述。二维条码通过利用垂直方向的尺寸来提高条码信息密度，通常情况下其密度是一维条码的几十到几百倍，由此可以把产品信息全部储存在一个二维条码中。要查看产品信息，只要用识读设备扫描二维条码即可，因此不需要事先建立数据库，真正实现了用条码对物品的描述。

(2) 可以表示多种语言文字

多数一维条码所能表示的字符集不超过 10 个数字、26 个英文字母及一些特殊字符。一维条码字符集最大的 Code128 条码所能表示的字符个数也不过是 128 个 ASCII 符。因此要用一维条码表示其他语言文字(如汉字、日语等)是不可能的。多数二维条码都具有字节表示模式，即提供了一种标识字节流的机制。通常，不论何种语言文字，它们在计算机中存储时都以机内码的形式表现。而内部码都是字节码。这样就可以设法将各种语言文字信息转换成字节流，然后再将字节流用二维条码表示，从而为多种语言文字的条码表示提供了途径。

(3) 可表示图像数据

既然二维条码可以表示字节数据，而图像多以字节形式存储，因此使图像的条码表示成为可能。

(4) 可引入加密机制

加密机制的引入是二维条码的又一特点。比如用二维条码表示照片时，可以先用一定的机密算法将图像信息加密，然后再用二维条码表示。在识别二维条码时，再加以一定的解密算法，就可以恢复所表示的照片。

(四) 技能训练准备

(1) 学生每 5 人为一个小组，每个小组选一名组长。

(2)准备若干张卡片。
(3)教师现场指导。
(4)训练时间安排:1学时。

(五)技能训练步骤

(1)以每位学生为单位,在卡片上写出利用二维条码能够在哪些方面进行推广使用以及采用二维条码的原因。

(2)各组通过卡片问询法,整理二维条码在推广应用中还需要调研哪些问题,问题汇总后,完善自己的设想。

(3)每组派一位代表全面陈述本小组训练结果。

(六)技能训练注意事项

(1)一丝不苟,认真填写卡片。

(2)卡片汇总后要对其进行分析、整理。

(七)技能训练评价

请完成技能训练后填写表2-2。

技能训练评价表　　　　　　　　　表2-2

专业	物流管理	班级		学号		姓名	
考评地点	教室						
考评内容	二维条码应用前景						
考评标准		内　容				分值(分)	评分(分)
	学生自评	参与度	是否积极参与学习?是否积极进入角色?是否积极动手实践?是否积极探知知识点和思考工作方法?是否积极参加研讨?是否积极提出建议?				10	
		卡片填写	是否独立完成?				15	
	小组互评	协作力	信息传递准确与否?传递是否及时?交流是否融洽?				5	
		代表描述	口头表达是否顺畅?是否具有可执行性?是否具有有效性?				10	
		组织能力	是否积极参与学习?是否积极探知知识点和思考工作方法?是否积极参加研讨?				10	
	教师评价	讨论积极性	是否互相交流?是否主动探讨?				20	
		角色完成质量	是否认真填写卡片?设想是否有依据?是否按时完成项目?是否采取合理的工作方法?				10	
		工作汇报	内容是否全面?是否具有独创性?				20	
			总　评				100	

(八)技能训练活动建议

建议组织学生到不同类型物流企业仓储部门进行参观、调研条形码在仓储管理中的运用。

三、条码识别装置以及条码的应用

(一)情境设置

去附近大型超市进行一次购物体验,观察商品上的条形码,以及识别的仪器。思考不同类型的商品的条码码制是否一致。

(二)技能训练目标

能够准确区分各种扫描器的特点和应用范围,能够根据不同货物选择不同条码。

(三)相关理论知识

1. 条码识别装置

为了识读条码所代表的信息,需要一套条码识别系统,它由条形码读码器、放大整形电路、译码接口电路和计算机系统等部分组成。

条码读码器主要有以下几种:

(1)光笔条形码扫描器

似笔形的手持小型扫描器,如图2-7a)所示。在光笔内部有扫描光束发生器及反射光接收器。其特点是在阅读条形码信息时,要求扫描器与待识读的条码接触或离开一段极短的距离(一般仅0.2~1mm)。

(2)手持式条码扫描器

手持式枪形条码扫描器内一般都装有控制扫描光束的自动扫描装置,如图2-7b)所示。阅读条码时无需与条码符号接触,因此,对条形码标签没有损伤。此外,该扫描器还具有扫描光点匀速扫描的优点,因此,阅读效果比光笔扫描器要好。其扫描速度快,每秒可对同一标签的内容扫描几十次至上百次。

(3)台式条形码自动扫描器

台式条形码自动扫描器适合于不便使用手持式扫描方式阅读条形码信息的场所,如图2-7c)所示。

(4)卡式条形码阅读器

卡式条形码阅读器可以用于医院病案管理、身份证、考勤和生产管理等领域。这种阅读器内部的机械结构能保证标有条形码的卡式证件或文件在插入滑槽后自动沿轨道作直线运动,在卡片前进过程中,扫描光点将条形码信息读入,如图2-7d)所示。卡式条形码阅读一般都具有与计算机传送数据的能力,同时具有声光提示,以证明识别正确与否。

(5)激光自动扫描器

激光自动扫描器的最大优点是扫描光照强,可以远距离扫描且扫描景深长。而且激光扫描器的扫描速度高,有的产品的扫描速度可达12000次/s,这种扫描器可以在0.01s的时间内对某一条码标签扫描阅读多次,而且可以做到每一次扫描不重复上一次扫描的轨迹。扫描器内部光学系统可以将单束光转变成十字光或米字光,从而保证被测条形码从各个不同角度进入扫描范围时都可以被识读,如图2-7e)所示。

(6)便携式条形码阅读器

便携式条形码阅读器一般配接光笔式或轻便的枪形条码扫描器,有的也配接激光扫描器。便携式条形码阅读器本身就是一台专用计算机,有的甚至就是一台通用微型计算机。这种阅读器本身具有对条形码信号的解译能力。条形码解译后,可直接存入机器内存或机内磁带存储器中。阅读器具有与计算机主机通信的能力。通常,它本身带有显示屏、键盘,具有条形码识别结果声响指示及用户编程功能,如图 2-7f) 所示。该阅读器特别适用于流动性数据采集环境。其收集到的数据可以定时送到主机内存存储。有些场合,标有条形码信息或代号的载体体积大,比较笨重,不适合搬运到同一数据采集中心处理,这种情况下,使用便携式条码阅读器处理器十分方便。

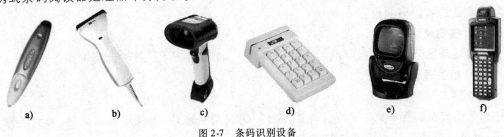

图 2-7　条码识别设备

a)光笔条形码扫描器;b)手持式条形码扫描器;c)台式条码自动扫描器;d)卡式条形码阅读器;e)激光自动扫描器;f)便携式条形码阅读器

2. 条形码在物流中的应用

条形码的应用可分为三个阶段。第一阶段是自动结算;第二阶段是应用于企业的内部管理;第三阶段是与贸易伙伴合作,应用于整个供应链的物流配送、连锁经营和电子商务。

一次完整的商品流通过程包括从生产厂家将产品生产出来,通过运输、仓储、加工、配送到用户或消费者的物流全过程。可分为以下几个环节:生产厂家将生产的单个产品进行包装,并将多个产品集中在大的包装箱内;然后,经过运输、批发等环节,在这些环节中通常需要做更大的包装;最后,产品通过零售环节流通到消费者手中,通常在这一环节中再还原为单个产品。人们将上述过程的管理称为供应链物流管理。

供应链物流系统从生产、分配到销售给用户不是孤立的行为,而是一环扣一环、相互制约、相辅相成的,因此,必须协调一致,才能发挥其最大效益。从企业生产的角度来讲,为了满足市场需求多元化的要求,生产制造从过去的大批量、单品种的模式向小批量、多品种的模式转变,这种模式给传统的商品流通的手工统计方式带来更大的压力。手工统计方式效率低,各个环节统计数据的时间滞后性造成统计数据在时序上的混乱,无法进行整体的数据分析,进而无法给管理决策提供真实、可靠的依据。

条码技术是在计算机的应用实践中产生和发展起来的一种自动识别技术。它是为实现对商品信息的自动扫描而设计的,是实现快速、准确采集数据的有效手段,为供应链管理提供了有力的技术支持。

利用条码技术,通过对企业的物流信息进行采集跟踪,可以满足企业针对物料准备、生产制造、仓储运输、市场销售、零售管理等全方位的信息管理需求。

(1)分拣、运输

铁路运输、航空运输、邮政通信等许多行业都存在货物的分拣搬运问题,大批量的货物需要在很短的时间内准确无误地装到指定的车辆或航班。一个生产厂家如果生产上百个品种的产品,并且需要将其分门别类,以送到不同的目的地,那么就必须扩大场地,增加人员,还常常会出现人工错误。解决这些问题的办法就是应用物流条码,使包裹或产品自动分拣到不同的运输机上,然后将预先打印好的条码贴在要发送的物品上,并在每个分拣点装一台条码扫描器。

为了实现物流现代化,出现了很多配送中心。这些配送中心为了提高吞吐能力,采用自动分拣技术更是十分必要的。

典型的配送中心的作业从收货开始。送货车辆到达后,叉车驾驶员在卸车的时候用手持式扫描器识别所卸的货物,条码信息通过无线数据通信技术传给计算机,计算机向叉车驾驶员发出作业指示,显示在叉车的移动式终端上,或者把货物送到某个库位存放,或者直接把货物送到拣货区或出库站台。在收货站台和仓库之间一般都有运输机系统,叉车把货物放到输送机上后,输送机上的固定式扫描器识别货物上的条码,计算机确定该货物的存放位置。输送机沿线的转载装置根据计算机的指令把货物转载到指定的巷道内。随即,巷道堆垛机把货物送到指定的库位。出库时,巷道堆垛机取出指定的托盘,由运输机系统送到出库台,叉车到出库台取货。司机首先用手持式扫描器识别货物上的条码,计算机随即向叉车驾驶员发出作业指令,或者把货物直接送到出库站,或者为拣货区补充货源。拣货区有多种布置形式,如普通重力式货架、水平循环式货架、垂直循环式货架等。拣货员在手持式终端上输入订单号,计算机通过货架上的指示灯指出需要拣货的位置,拣货员用手持式扫描器识别货品上的条码,计算机确认无误后,在货架上显示出拣选的数量。将拣出的货品放入货盘内,连同订单一起运到包装区。包装工人进行检验和包装后,将实时打印的包含发运信息的条码贴在包装箱上。包装箱在通过分拣机时,根据扫描器识别的条码信息被自动拨到相应的发运线上。

(2)物料管理

现代化生产物料配套的是否协调将极大地影响产品的生产效率。杂乱无序的物料仓库、复杂的生产备料及采购计划的执行几乎是每个企业所遇到的难题。条码技术的解决思想是:将物料进行编码并且打印条码标签。这不仅便于物料跟踪管理,而且也有助于做到合理的物料库存准备,从而杜绝因物料无序而导致的损失和混乱,加强企业资金的合理运用。对需要进行标识的物料打印其条码标识,将有利于在生产管理中对物料单件的跟踪,从而建立完善的产品档案。

另外,通过产品编码可建立物料质量检验档案,产生质量检验报告,与采购订单挂钩,建立起对供应商的评价体系。

(3)仓库管理

①根据货物的品名、型号、规格、产地、牌名、包装等划分货物品种,并且分配唯一的编码,也就是"货号"。分货号可应用于管理货物库存和管理货号的单件集合,并且可应用于仓库管理的各种操作。

②仓库库位管理是对存货空间的管理。仓库分为若干个库房,库房是仓库中独立和封闭的存货空间,库房内空间细划为库位,细分能够更加明确定义存货空间。在产品入库时,将库位条码号与产品条码号一一对应,在出库时,按照库位货物的库存时间可以实现先进先出或批次管理。

③进行货物单件管理。条码技术不光可以按品种管理货物的库存,而且还可以管理货物库存的具体每一单件。采用产品标识条码记录单件产品所经过的状态,就可实现对单件产品的跟踪管理,从而更加准确地完成仓库出入库操作。

④一般仓库管理只能完成仓库运输差错处理(根据人机交互输入信息),而条码仓库管理不仅可以直接处理实际运输差错,同时能够根据采集的单件信息及时发现出入库的货物

单件差错(如入库重号、出库无货),并且提供差错处理。

⑤仓库业务管理,包括出库、入库、盘库、月盘库、移库,不同业务以各自的方式进行,完成仓库的进、销、存管理。

(4)市场销售链管理

为了占领市场、扩大销售,企业根据各地销售情况的不同,制定了不同的产品批发价格,并规定只能在当地销售。但是,有些违规的批发商以较低的地域价格取得产品后,在地域价格高的地方低价倾销,扰乱了市场。由于缺乏真实、全面、可靠、快速的事实数据,企业对之也无能为力。为保证产品销售链政策地有效实施与监督,必须能够跟踪向批发商销售的产品品种或产品单件信息。通过在销售、配送过程中采集产品的单品条码信息,就可根据产品单件标识条码记录产品销售过程,完成产品销售链跟踪。

(四)技能训练准备

(1)学生每5人为一个小组,每个小组选一名组长。

(2)准备若干张卡片。

(3)教师现场指导。

(4)训练时间安排:1学时。

(五)技能训练步骤

(1)以每位学生为单位,通过在附近超市的购物体验在卡片上写出该超市拥有哪些类型条码以及条码识别器,并指出其主要运用范围。

(2)各组通过卡片问询法,整理该超市所有条码类型和扫描器,形成全面的报告。

(3)每组派一位代表全面陈述本小组训练结果。

(六)技能训练注意事项

(1)一丝不苟,认真填写卡片。

(2)对卡片汇总后要进行分析、整理。

(七)技能训练评价

请完成技能训练后填写表2-3。

技能训练评价表　　　　　表2-3

专业	物流管理	班级		学号		姓名	
考评地点	教室						
考评内容	条码扫描器的区分和条码技术的运用						
考评标准			内容			分值(分)	评分(分)
	学生自评	参与度	是否积极参与学习?是否积极进入角色?是否积极动手实践?是否积极探知知识点和思考工作方法?是否积极参加研讨?是否积极提出建议?			10	
		卡片填写	是否独立完成?			15	
	小组互评	协作力	信息传递准确与否?传递是否及时?交流是否融洽?			5	
		代表描述	口头表达是否顺畅?是否具有可执行性?是否具有有效性?			10	
		组织能力	是否积极参与学习?是否积极探知知识点和思考工作方法?是否积极参加研讨?			10	

续上表

考评标准		内　　容	分值(分)	评分(分)
教师评价	讨论积极性	是否互相交流？是否主动探讨？	20	
	角色完成质量	是否认真填写卡片？是否按时完成项目？是否采取合理的工作方法？	10	
	工作汇报	PPT是否如实描述？内容是否全面？是否具有独创性？	20	
		总　　评	100	

（八）技能训练活动建议

建议组织学生到不同类型物流企业仓储部门进行参观、调研条形码在仓储管理中的运用。

思考练习

1. 简述条码的构成及分类。
2. 简述二维条码的特点。
3. 简述一维条码和二维条码的区别。

项目二　射频识别技术（RFID）应用

教学要点

1. 掌握RFID系统的组成；
2. 利用网络收集RFID在物流管理中的应用；
3. 能够根据物流企业实际需要制作一份RFID系统应用方案。

教学方法

可采用讲授、情境教学、案例教学和分组讨论等方法。

一、射频识别概述

（一）情境设置

随着条码技术的迅速发展,条码技术已经运用到各行各业中,它一方面带来了便捷,另一方面也带来了很多实际问题。比如在油渍、灰尘污染等恶劣环境中,条码无法完全发挥其优势,那么如何解决这一难题呢？

（二）技能训练目标

能够掌握RFID系统的组成及其工作原理。

（三）相关理论知识

1. 射频识别的概念

射频识别即无线射频技术（Radio Frequency Identification,RFID）,它是一种非接触式的自动识别技术,利用无线射频方式在阅读器和射频卡之间进行非接触双向通信,以达到识别目的并交换数据。识别工作无须人工干预。射频识别系统技术具有条形码所不具备的防水、防磁、耐高温、使用寿命长、读取距离长、标签上数据可以加密、存储数据容量更大、存储信息更加自如等优点。RFID系统的射频卡和读写器之间不用接触就可完成识别,因此它可在更广泛的场合中应用。

2. RFID系统组成

RFID系统至少应包括两部分:电子标签(即射频卡),阅读器。另外还应包括天线、主机等。RFID系统在具体的应用过程中,不同的应用目的和应用环境,系统的组成会有所不同。

(1)电子标签

电子标签由耦合元件及芯片组成,含有内置天线,用于和射频天线间进行通信。标签相当于条码技术中的条码符号,用来存储需要识别传输的信息。另外,与条码不同的是,标签必须能够自动或在外力作用下,把存储的信息主动发射出去。

(2)阅读器

阅读器又叫信号接收机,主要是读取(在读写卡中还可以写入)标签信息。根据支持的标签类型不同及完成的功能不同,阅读器的复杂程度是显著不同的。阅读器基本的功能就是提供与标签进行数据传输的途径。另外,阅读器还提供相当复杂的信号状态控制、奇偶错误校验与更正功能等。标签中除了存储需要传输的信息外,还必须含有一定的附加信息,如错误校验信息等。识别数据信息和附加信息按照一定的结构编制在一起,并按照特定的顺序向外发送。阅读器通过接收到的附加信息来控制数据流的发送。一旦到达阅读器的信息被正确地接收和译解后,阅读器通过特定的算法决定是否需要发射机对发送的信号重发一次,或者知道发射器停止发信号,这就是"命令响应协议"。使用这种协议,即便在很短的时间、很小的空间阅读多个标签,也可以有效地防止"欺骗问题"的产生。

(3)编程器

只有可读可写标签系统才需要编程器。编程器是向标签写入数据的装置,编程器写入数据一般来说是离线完成的,也就是预先在标签中写入数据,等到开始应用时直接把标签粘附在被标识项目上。也有一些射频识别应用系统,写数据是在线完成的,尤其是在生产环境中作为交互式便捷数据文件来处理时,显得颇为重要。

(4)天线

天线是标签与阅读器之间传输数据的发射、接收装置。在实际应用中,除了系统功率,天线的形状和相对位置也会影响数据的发射和接收,需要专业人员对系统的天线进行设计和安装。

3. 工作原理

(1)系统的基本工作流程

阅读器通过发射天线发送一定频率的射频信号,当射频卡进入发射天线工作区域时产生感应电流,射频卡获得能量被激活;射频卡将自身编码等信息通过卡内置发送天线发送出去;系统接收天线接收到从射频卡发送来的载波信号,经天线调节器传送到阅读器,阅读器对接收的信号进行解调和解码,然后送到后台主系统进行相关处理;主系统根据逻辑运算判断该卡的合法性,针对不同的设定作出相应的处理和控制,发出指令信号,控制执行机构动作。

在耦合方式(电感—电磁)、通信流程(FDX、HDX、SEQ)、从射频卡到阅读器的数据传输方法(负载调制、反向散射、高次谐波)以及频率范围等方面,不同的非接触传输方法有根本的区别,但所有的阅读器在功能原理上,以及由此决定的设计构造上都很相似,所有阅读器均可简化为高频接口和控制单元两个基本模块。高频接口包含发送器和接收器,其功能包括:产生高频发射功率以启动射频卡并提供能量;对发射信号进行调制,用于将数据传送给射频卡;接收并解调来自射频卡的高频信号。不同射频识别系统的高频接口设计具有一些差异,电感耦合系统的高频接口原理图如图 2-8 所示。

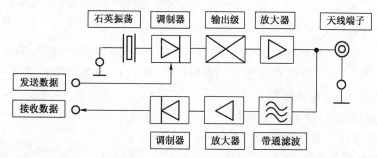

图 2-8　电感耦合系统的高频接口原理图

(2)阅读器的控制单元的功能

阅读器的控制单元与应用系统软件进行通信,并执行应用系统软件发来的命令;控制与射频卡的通信过程(主—从原则);信号的编解码。其对一些特殊的系统还有执行反碰撞算法,对射频卡与阅读器间要传送的数据进行加密和解密,以及进行射频卡和阅读器间的身份验证等附加功能。阅读器功能原理如图 2-9 所示。

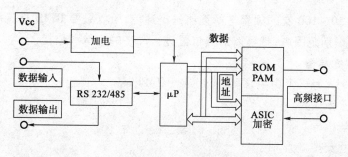

图 2-9　阅读器功能原理图

射频识别系统的读写距离是一个很关键的参数。目前,长距离射频识别系统的价格还很贵,因此寻找提高其读写距离的方法很重要。影响射频卡读写距离的因素包括天线工作频率、阅读器的 RF 输出功率、阅读器的接收灵敏度、射频卡的功耗、天线及谐振电路的 Q 值、天线方向、阅读器和射频卡的耦合度,以及射频卡本身获得的能量及发送信息的能量等。大多数系统的读取距离和写入距离是不同的,写入距离大约是读取距离的 40%～80%。

4. RFID 的特点

RFID 是一项易于操控、简单实用且特别适合用于自动化控制的灵活性应用技术,识别工作无需人工干预,它既可支持只读工作模式也可支持读写工作模式,且无需接触或瞄准;可自由工作在各种恶劣环境下:短距离射频产品不怕油渍、灰尘污染等恶劣的环境,可以替代条码,例如用在工厂的流水线上跟踪物体,长距离射频产品多用于交通上,识别距离可达几十米,如自动收费或识别车辆身份等。其所具备的独特优越性是其他识别技术无法企及的。

RFID 主要有以下几个方面的特点：

(1) 读取方便快捷

数据的读取无需光源,甚至可以透过外包装来进行。有效识别距离更长,采用自带电池的主动标签时,有效识别距离可达到 30m 以上。

(2) 识别速度快

标签一进入磁场,解读器就可以即时读取其中的信息,并且能够同时处理多个标签,实现批量识别。

(3) 数据容量大

数据容量最大的二维条形码(PDF417)最多也只能存储 2725 个数字;若包含字母,存储量则会更小;RFID 标签则可以根据用户的需要扩充到 10kB(数万字节)。

(4) 使用寿命长,应用范围广

其无线电通信方式,使其可以应用于粉尘、油污等高污染环境和放射性环境,而且其封闭式包装使得其寿命大大超过印刷的条形码。

(5) 标签数据可动态更改

利用编程器可以向其写入数据,从而赋予 RFID 标签交互式便携数据文件的功能,而且写入时间相比打印条形码更短。

(6) 更好的安全性

RFID 标签不仅可以嵌入或附着在不同形状、类型的产品上,而且可以为标签数据的读写设置密码保护,从而具有更高的安全性。

(7) 动态实时通信

标签以每秒 50～100 次的频率与解读器进行通信,所以只要 RFID 标签所附的物体出现在解读器的有效识别范围内,就可以对其位置进行动态的追踪和监控。

(四) 技能训练准备

(1) 学生每 5 人为一个小组,每个小组选一名组长。

(2) 准备若干张卡片。

(3) 教师现场指导。

(4) 训练时间安排:1 学时。

(五) 技能训练步骤

(1) 以每位学生为单位,通过在学校图书馆或食堂等采用射频技术的场所进行参观,了解其工作方式。

(2) 各组通过卡片问询法,分析 RFID 运作原理以及和条码相比其有哪些不同? 整理形成书面报告。

(3) 每组派一位代表全面陈述本小组训练结果。

(六) 技能训练注意事项

(1) 一丝不苟,认真填写卡片。

(2) 将卡片汇总后要进行分析、整理。

(七) 技能训练评价

请完成技能训练后填写表 2-4。

(八) 技能训练活动建议

建议组织学生到不同类型物流企业仓储部门进行参观、调研条形码在仓储管理中的运用。

技能训练评价表 表2-4

专业	物流管理	班级		学号		姓名	
考评地点	教室						
考评内容	射频识别概述						

考评标准			内　　容	分值(分)	评分(分)
	学生自评	参与度	是否积极参与学习？是否积极进入角色？是否积极动手实践？是否积极探知知识点和思考工作方法？是否积极参加研讨？是否积极提出建议？	10	
		卡片填写	是否独立完成？	15	
	小组互评	协作力	信息传递是否准确？传递是否及时？交流是否融洽？	5	
		代表陈述	口头表达是否顺畅？是否具有可执行性？是否具有有效性？	10	
		组织能力	是否积极参与学习？是否积极探知知识点和思考工作方法？是否积极参加研讨？	10	
	教师评价	讨论积极性	是否互相交流？是否主动探讨？	20	
		角色完成质量	是否认真填写卡片？是否按时完成项目？是否采取合理的工作方法？	10	
		工作汇报	PPT是否如实描述？内容是否全面？是否具有独创性？	20	
			总　　评	100	

二、RFID系统分类及其在仓储中的应用

（一）情境设置

X物流企业的客户产品更新速度快，经常要求按指定条形码的某些产品进行出库。按照以前的物流信息管理模式，X物流公司无法确认每件货品存放的精确位置。尽管商品都有条形码，但在几千平方米的仓库里面寻找几个条形码，谈何容易？为了便于找货，就需要在堆货时多留通道，这样下来，仓库利用率只有30%。RFID系统的出现，解决了X公司的难题。那么，在实际过程中RFID应用到底是什么样？是怎么解决这些问题的？

（二）技能训练目标

能够运用RFID系统解决物流企业实际中遇到的问题。

（三）相关理论知识

1. RFID系统的分类

根据RFID系统完成的功能不同，可以粗略地把射频识别系统分为4种类型：EAS系统、便携式数据采集系统、物流控制系统、定位系统。

（1）EAS系统

EAS(Electronic Article Surveillance)是一种设置在需要控制物品出入的门口的射频识别

系统技术。这种技术的典型应用场合是商店、图书馆、数据中心等地方,当未被授权的人从这些地方非法取走物品时,EAS系统会发出警告。在应用EAS技术时,首先在物品上粘附EAS标签,当物品被正常购买或者合法移出时,在结算处通过一定的装置使EAS标签失活,物品就可以取走。物品经过装有EAS系统的门口时,EAS装置能自动检测标签的活动性,发现活动性标签时,EAS系统会发出警告。EAS技术的应用可以有效防止物品的被盗,不管是大件的商品,还是很小的物品。应用EAS技术,不用再将物品锁在玻璃橱柜里,可以让顾客自由地观看、检查商品,这在自选日益流行的今天有着非常重要的现实意义。典型的EAS系统一般由三部分组成:①附着在商品上的电子标签,即电子传感器;②电子标签灭活装置,以便授权商品能正常出入;③监视器,在出口造成一定区域的监视空间。

(2)便携式数据采集系统

便携式数据采集系统是使用带有射频识别系统阅读器的手持式数据采集器,采集射频识别系统标签上的数据。这种系统具有比较大的灵活性,适用于不宜安装固定式射频识别系统的应用环境。手持式阅读器(数据输入终端)可以在读取数据的同时,通过无线电波数据传输方式实时地向主计算机系统传输数据,也可以暂时将数据存储在阅读器中,再一批一批地向主计算机系统传输数据。

(3)物流控制系统

在物流控制系统中,固定布置的射频识别系统阅读器分散布置在给定的区域,并且阅读器直接与数据管理信息系统相联,信号发射机是移动的,一般安装在移动的物体上或人流中。当物体、人流经过阅读器时,阅读器会自动扫描标签上的信息并把数据信息输入数据管理信息系统进行存储、分析和处理,达到控制物流的目的。

(4)定位系统

定位系统用于自动化加工系统中的定位及对车辆、船舶等进行运行定位支持。阅读器放置在移动的车辆、船舶上或者自动化流水线中移动的物料、半成品、成品上,信号发射机嵌入到操作环境的地表下面。信号发射机上存储有位置识别信息,阅读器一般通过无线的方式或者有线的方式连接到主信息管理系统。

2. RFID系统在仓储中的应用

仓储是物流中不可缺少的一环,在整个物流过程中发挥着重要作用。现行的仓储物流,大部分采用条形码作为仓储管理智能化的方式,虽然其职能化程度比以前大大提高,但仍需要耗费大量的人力、物力投入到仓储物流中。如果将RFID系统与现行的条码系统相结合,可有效解决与仓库及货物流动有关的信息管理,不但可增加一天内处理货物的件数,还可以查看这些货物的一切流动信息。与条形码技术相结合只是RFID在仓储中应用的一种,RFID系统应用一般有以下几种:

(1)货物的实时定位系统

在一些场合下,只需要了解一件具体库存商品所存放的具体位置就足够了,但是一些公司想知道一天中所有存货的位置,而不只是当它们处于仓库时的位置或其他预先确定的位置,由此,提出了实时定位系统的概念。通过RFID粘附于存货单元的电子标签和天线(这些天线在厂房和库房内以每隔几小时间隔传送信号,目的是接收有用信号)辨认RFID作用范围内的存货位置,实时制订仓储作业的计划,减少存货的搬运时间和距离。

(2)智能化托盘系统

为高效解决用户生产原材料在其仓库中装卸、处理和跟踪的问题,使用以RFID技术为核心的智能化托盘系统,可以解决对原材料流通相关信息的管理。系统组成中的射频识读器,安装在托盘进出仓库必经的通道口上方,每个托盘都安装了射频标签,当叉车装载着托盘货物通过时,识读器使计算机了解哪个托盘货物已经通过。当托盘装满货物时,自动称重系统将自动比较装载货物的总重量与储存在计算机中的单个托盘重量,并读取差异,了解货物的实时信息。该系统日常处理大量的托盘货物,RFID技术的应用大大提高了其效率,并保证了货物相关信息的准确和可靠。

(3)通道控制系统

在汽车制造业的仓库,某仓库创造性地使用射频识别技术"红、绿信号"系统,控制3500个仓库进出的包装箱,这些包装上固定着射频识别标签,在包装箱途经的进出口安装了射频识读器,识读器天线固定在上方。当包装箱通过天线所在处,标签装载的标识信息与主数据库信息进行比较,正确时绿色信号灯亮,包装箱可通过;如果不正确,则激活红色信号,同时将时间和日期记录在数据库中。该系统消除了以往采用纸张单证管理系统常出现的人为错误,排除了以往不堪重负的运输超负荷状况,建立了高速、有效和良好的信息输入途径,可在高速移动过程中获取信息,大大节省了时间。同时,该系统采用了射频标签,还可使公司快速获得信息回馈,包括损坏信息、可能取消的订货信息,从而降低了消费者的风险。

(4)配送过程贵重物品的保护系统

储存着价值昂贵货物的仓库,为防止货物被盗,也为防止装着这些货物的托盘放错位置而导致交货延迟,该种仓库可采用RFID技术,保证叉车按正确设置的路线移动托盘,降低了货物被盗的可能。仓库可建造一个悬浮在上方的识读器,叉车装备射频标签。叉车沿途经过的详细资料通过射频联结从中央数据库下载到叉车,这些信息包括正确的装货位置,沿途安装的识读器将提供经由路径。如果发现标签错误,叉车会被停止,会有管理者重新设置交通路径,同时自动称重也实时提供监控信息。

3. RFID系统应用和发展的阻碍

(1)技术标准不同

目前针对RFID在物流中的应用存在两种编码体系:一是由日本UID中心(Ubiquitous ID——泛指ID中心,该中心实际上就是日本有关电子标签的标准化组织)提出的UID编码体系,支持这一阵营的有日本电子厂商、信息企业和印刷公司等,总计超过350家。另一阵营是由美国的"EPC(电子产品代码)环球协会"提出的EPC电子产品编码标准。全球最大的零售商沃尔玛连锁集团、英国Tesco等100多家美国和欧洲的流通企业都是EPC的成员,同时由美国IBM公司、微软、Auto-IDLab等进行技术研究支持。

由于两种编码体系的不同,严重影响了RFID技术的应用和发展。因为每个RFID标签中都有一个唯一的识别码,如果它的数据格式有很多种且互不兼容,那么使用不同标准的RFID产品就不能通用,这对经济全球化下的物品流通是十分不利的。而数据格式的标准这个问题涉及各个国家自身的利益和安全。如何让这些标准相互兼容,让一个RFID产品能顺利地在世界范围内流通,是当前重要而急切需要解决的问题。

(2)电子标签成本高

电子标签的价格问题也是影响RFID应用的一个重要方面。例如,物流仓储管理是对大批量的物品进行存储,如果每个物品都贴上电子标签,而每个标签都价格不菲,那带来的仓储成本也将大大提高。只有电子标签的价格降下来,才有可能对RFID进行批量定购和使用,否则,因电子标签价格过高所带来的成本不是每个厂家都承受得起的。

(3）其他方面

其他比如射频接收距离限制、射频对人体辐射影响以及 RFID 所面临的频率限制等方面的问题，也是 RFID 发展中的障碍。

（四）技能训练准备

(1）学生每 5 人为一个小组，每个小组选一名组长。

(2）准备若干张卡片。

(3）教师现场指导。

(4）训练时间安排：2 学时。

（五）技能训练步骤

(1）以每位学生为单位，利用网络搜集附近大型超市或物流企业仓储管理资料，在卡片上写出 RFID 解决了条形码哪些不能解决的问题。

(2）各组通过卡片问询法，收集 RFID 实际运用情况，汇总后确定要调研的内容。

(3）以组为单位完成公司调研内容的确定。

(4）每组派一位代表陈述训练结果。

（六）技能训练注意事项

(1）一丝不苟，认真填写卡片。

(2）将卡片汇总后要进行归类。

(3）调研内容的确定要有依据、要准确。

（七）技能训练评价

请完成技能训练后填写表 2-5。

技能训练评价表　　　　　　　　　　　　　表 2-5

专业		物流管理	班级		学号		姓名	
考评地点		多媒体教室						
考评内容		RFID 系统分类及其在仓储中的应用						
考评标准			内　　容				分值（分）	评分（分）
	学生自评	参与度	是否积极参与学习？是否积极进入角色？是否积极动手实践？是否积极探知知识点和思考工作方法？是否积极参加研讨？是否积极提出建议？				10	
		卡片撰写	是否如实撰写？是否撰写详尽？是否具有专业性？				15	
	小组互评	协作力	信息传递是否准确？传递是否及时？交流是否融洽？				5	
		代表陈述	口头表达是否顺畅？岗位职责是否详细？是否具有可执行性？是否具有有效性？				10	
		组织能力	是否积极参与学习？是否积极探知知识点和思考工作方法？是否积极参加研讨？				10	
	教师评价	工作流程计划	流程设置是否清晰？是否具有可执行性？是否具有有效性？				10	
		角色完成质量	调研内容的确定是否有依据、准确？是否按时完成项目？是否正确完成项目？是否采取合理工作方法？				10	

续上表

考评标准		内　　容	分值(分)	评分(分)
教师评价	工作汇报	PPT是否如实描述？内容是否全面？编排是否美观？是否具有专业性？图表是否合理清晰？是否具有独创性？	15	
	工作报告	是否独立完成？是否如实撰写？撰写是否详尽？是否具有专业性？图表是否合理清晰？	15	
总　　评			100	

（八）技能训练活动建议

建议组织学生到不同类型的物流企业进行参观、调研。

思考练习

1. 理解并分析条码技术和无线射频技术的区别和联系。
2. 试论述对 RFID 在物流仓储中智能化托盘系统的理解。

任务三　信息加工处理技术应用

内容简介

信息加工是对收集来的信息进行去伪存真、去粗取精、由表及里、由此及彼的加工过程。它是在原始信息的基础上，应用一定的工具进行处理，从而产生出价值含量高、方便用户利用的二次信息的活动过程。物流信息加工处理是在物流活动进行中产生和使用的必要信息，如配送合同、仓储合同以及订单等物流活动中的内容、过程信息与联系事宜等，也包括物流活动的资料、图像、数据、文件的加工处理。信息加工处理，是指对物流过程中各种信息的汇集、加工、处理，形成物流过程中的信息流。

教学目标

1. 知识目标

(1) 了解信息加工处理技术的特点及其工作原理；

(2) 了解信息加工处理技术的应用方式和作用。

2. 技能目标

(1) 能应用电子数据交换处理日常物流单证；

(2) 能够利用自动读取设备（POS）直接读取商品销售信息，并通过通信网络和计算机系统传送至有关部门进行分析加工。

案例导入

深圳海格物流有限股份公司 EDI 技术应用

深圳海格物流股份有限公司成立于 2001 年，通过近 10 年的打造，于 2010 年完成股份制改造；2011 年，该公司成为世界大学生运动会的专项运输服务商。

该公司以优秀的方案设计及信息处理系统赢得了服务 Wal-mart、Nike、Target、Mattel、海天调味品等世界级企业的机会；并将服务网络扩张到天津、嘉兴、太仓、西安、郑州、成都、惠州、南昌、海口等城市。其综合物流服务收入不断增长，成为真正意义上的现代物流企业；办公人员达 800 多人。

深圳海格物流公司以"零售业及其供应商"、"国际采购商及其制造企业"为主要服务对象，创新发展兼顾服务个性化及执行标准化的服务模式，在提供口岸运输、报关报检、货运代理、驳船支线、长途汽运、仓储管理等标准化基础服务的同时，不断贴近客户需求，深化服务内容，结合创新理念及信息技术，为客户设计个性化的物流解决方案，为客户的供应链管理提供专业化、高效率的物流服务，帮助客户在激烈的市场竞争中脱颖而出；目前海格物流已经成为我国主要的综合物流服务商之一。

该公司由发送货物业主、物流运输业主和接收货物业主组成物流模型。该物流模型的动作步骤如下：

(1)发送货物业主(如生产厂家)在接到订货后制订货物运送计划,并把运送货物的清单及运送时间安排等信息通过 EDI 发送给深圳海格物流公司和接收货物业主(如零售商),以便深圳海格物流公司预先制订车辆调配计划和接收货物业主制订货物接收计划。

(2)发送货物业主依据顾客订货的要求和货物运送计划下达发货指令、分拣配货、打印出物流条形码的货物标签(即 SCM 标签,Shipping Carton Marking)并贴在货物包装箱上,同时把运送货物品种、数量、包装等信息通过 EDI 发送给深圳海格物流公司,接收货物业主依据请示下达车辆调配指令。

(3)深圳海格物流公司在向发货货物业主取运货物时,利用车载扫描读数仪读取货物标签的物流条形码,并与先前收到的货物运输数据进行核对,确认运送货物。

(4)深圳海格物流公司在物流中心对货物进行整理、集装、制作送货清单并通过 EDI 向收货业主发送发货信息。在货物运送的同时进行货物跟踪管理,并在货物交纳给收货业主之后,通过 EDI 向发货物业主发送完成运送业务信息和运费请示信息,如图 3-1 所示。

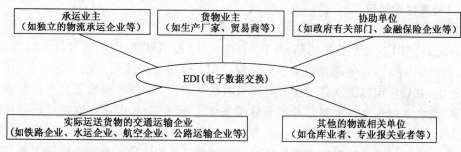

图 3-1 物流 EDI

(5)收货业主在货物到达时,利用扫描读数仪读取货物标签的物汉条形,并与先前收到的货物运输数据进行核对确认,开出收货发票,货物入库。同时通过 EDI 向深圳海格物流公司和发送货物业主发送收货确认信息。物流 EDI 的优点在于供应链组成各方基于标准化的信息格式和处理方法通过 EDI 共同分享信息、提高流通效率、降低物流成本。

引导思路

1. 物流中的 EDI 标准格式文件可称为什么?
2. 实现 EDI 的环境和条件有哪些?

项目一 电子数据交换(EDI)技术应用

教学要点

1. 了解 EDI 系统工作模型和工作原理;
2. 了解物流企业中 EDI 的应用;
3. 熟悉 EDIFACT 标准的组成。

教学方法

可采用讲授、情境教学、案例教学和分组讨论等方法。

一、物流 EDI 的认识

(一)情境设置

在物流企业中,货主、承运业主以及其他相关的单位之间,要想利用计算机的数据处理与通信功能,将交易双方彼此往来的文档(如询价单或订货单等)转成标准格式,并通过通信网络准确地传输给对方,并以此扩展到所有物流参与单位,包括货主(如生产厂家、贸易商、批发商、零售商等)、承运业主(如独立的物流承运企业等)、实际运送货物的交通运输企业(铁路企业、水运企业、航空企业、公路运输企业等)、协助单位(政府有关部门、金融企业等)和其他的物流相关单位(如仓库业者、配送中心等),应通过什么手段和方式来实现呢?

(二)技能训练目标

能够根据物流企业类型的不同选择相应的报文转换方式。

(三)相关理论知识

1. 物流 EDI 概述

简单地说,EDI 就是企业的内部、外部(合作伙伴)应用系统之间,通过计算机和公共信息网络,以电子化的方式传递商业文件的过程。EDI 最初由美国企业应用在企业间的订货业务活动中,其后应用范围从订货业务向其他的业务扩展,如 POS 销售信息传送业务、库存管理业务、发货送货信息和支付信息的传送业务等。近年来,EDI 在物流中广泛应用,被称为物流 EDI。所谓物流 EDI 是指货主、承运业主以及其他相关单位之间,通过 EDI 系统进行物流数据交换,并以此为基础实施物流作业活动的方法。EDI 是一套报文通信工具,它利用计算机的数据处理与通信功能,将交易双方彼此往来的文档(如询价单或订货单等)转成标准格式,并通过通信网络传输给对方。

在物流领域,企业间往来的单证都属于物流 EDI 报文所适用的范围。相关作业包括订购、进货、接单、出货、送货、配送、对账及转账作业等。EDI 有关的报文运用范围如图 3-2 所示。

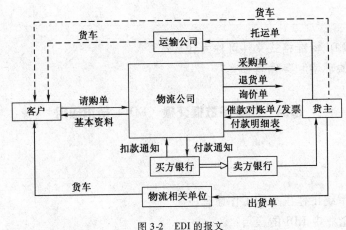

图 3-2 EDI 的报文

2. 物流 EDI 的工作步骤

EDI 的实现过程是用户将商业文件从自己的计算机信息系统传达到贸易伙伴的计算机信息系统的全过程,该过程因用户应用系统及外部通信环境的差异而不同。在基于增值网的 EDI 的环境中,其实现过程分为以下几个步骤:

(1) 映射

这一过程的目的是通过映射生成 EDI 平面文件。按照贸易伙伴的要求,发送方运用自己的 EDP(Electronic Data Process)系统将用户的应用文件(如单证)或数据库中的数据,映射成一种标准的中间文件,此中间文件叫平面文件。平面文件是用户通过应用系统直接编辑、修改和操作的单证和票据文件。

(2) 翻译

调用翻译软件,将平面文件翻译成 EDI 标准格式文件。EDI 标准格式文件,即所谓的 EDI 电子单证,或称电子票据,它是 EDI 用户之间进行贸易和业务往来的依据。

(3) 通信

调用通信软件将 EDI 电子单证经由通信线路传送到接收方的 EDI 信箱中。

(4) 接收

接收方从 EDI 信箱收取 EDI 电子单证,即获取了 EDI 标准格式文件。

(5) 翻译

接收方调用翻译软件将 EDI 标准格式文件翻译成平面文件。

(6) 还原

接收方将平面文件转换成应用文件,再交由应用系统对应用文件进行编辑、处理和回复。

由于 EDI 服务方式不同,平面转换和 EDI 翻译可在不同位置(如用户端、EDI 增值中心或其他网络服务点)进行,但基本步骤应如上所述。图 3-3 表示了 EDI 完整的实现过程。

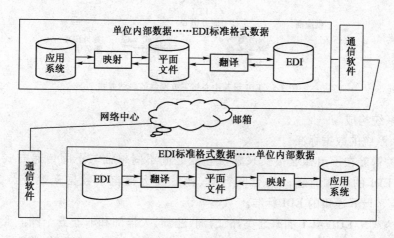

图 3-3　EDI 的实现过程

3. 物流 EDI 联结的方式

运用 EDI,物流领域各贸易伙伴之间的联结方式可以分成两大类:一类是直接联结,另一类是通过第三方网络联结。

直接联结的方式也有多种,图 3-4 显示的是一对一的直接联结方式,也就是一家物流公司的计算机与其客户、货物业主等的计算机直接联结。这种直接联结的概念包括两个公司计算机之间专门设立线路或通过电话线路、调制解调器的方法。前者投资大,但相对比较安全;后者是利用现有的电话线路,当发送方需要传单据给对方时,只需拨通对方电话,然后从计算机把单据的数据传到调制解调器,调制解调器把计算机送来的电子信号转变成可以通过电话线路传递的信号,然后通过电话线路传到对方的调制解调器,这个调制解调器再将信号转变回计算机接受的电子信号,送到接收方的计算机,这样单据就可传递到接收方计算机了。这种方法投资少,但不安全,数据在传递过程中容易被窃取、遗失或受到干扰。

图3-4　一对一的直接联结方式

图3-5 所显示的就是通过第三方网络的联结方式。所谓通过第三方网络联结的方式,是指各物流公司的计算机不是与其他客户的计算机直接联结,而是通过一个或几个中间的通信网络联结的。这种联结方式的特点是利用第三方网络提供各种服务,如邮箱功能、翻译功能和通信协议的转换功能等,使用各物流公司自己的格式标准就可以与其他任何客户进行 EDI 的通信,而且不受时间表、客户数量、客户地理位置的限制。

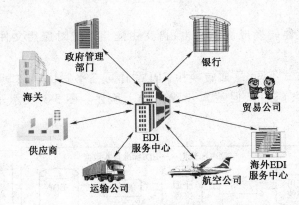

图3-5　EDI 服务中心第三方网络的联结方式

4. EDI 系统构成

(1) EDI 系统的数据标准

EDI 的关键就在于用标准报文来解决企业之间不同单证与不同传递方式而引起的问题。为解决 EDI 的标准问题,"联合国行政、商业及运输电子数据交换委员会(UN/EDIFACT)"制定了世界通用的 EDI 标准。

目前加入 UN/EDIFACT 的有北美洲、欧洲、亚洲、大洋洲和非洲五个洲。亚洲 EDIFACT 理事会成立于 1990 年,其正式成员包括中国。中国 EDIFACT 委员会成立于 1991 年,到 1996 年已完成对 EDIFACT 标准的研究与制定工作,并通过国家技术监督局批准,正式执行。

(2) EDIFACT 标准

① EDIFACT 标准包括一系列涉及电子数据交换的标准、指南和规划,共有 10 个部分:

a. 语法规则;

b. 报文设计指南;

c. 语法应用指南;

d. 数据表目录;

e. 代码表;

f. 复合数据表目录；

g. 段目录；

h. 标准报文格式；

i. 贸易数据交换格式构成总览；

j. 适当的说明解释。

②EDI 标准三要素：标准报文、数据元、数据段称为 EDI 标准三要素。

a. 标准报文。一份报文可分成三个部分：首部、详细情况和摘要部分。报文以 UNH 数据段开始，以 UNT 数据段结束。一份公司格式的商业单据必须转换成一份 EDI 标准报文才能进行信息交换。

b. 数据元素。数据元素可分为基本数据元素和复合数据元素。

基本数据元素是基本信息单元，用于表示某些有特定含义的信息，相当于自然语言中的字。复合数据元素是由一组基本数据元素组成，相当于自然语言中的词。

c. 数据段。数据段是标准报文中的一个信息行，由逻辑相关的数据元素构成，这些数据元素在数据段中有相应的固定形式、定义和顺序。

在 EDI 标准中，三要素的布局情况如下，标准报文包含了数据段和数据元素，其间用数据元素分隔符连接。如下所示：

③订购单报文实例。

背景说明：

a. 本例为只有一个分项的简单示例，其中买方用 EAN 位置码 541234500003 标识，卖方用 EAN 位置码 4012345500004 标识。

b. 订购单于 2011 年 8 月 30 日确定，以 2011 年 8 月 25 日签订的参考号是 652744 合同为依据，订购单买方的参考号为 128576。

c. 买方订购 48 件产品，EAN 物品编码为 400862141404，单价为 14.58 欧元，总金额为 699.84 欧元。合同日期为 2011 年 8 月 1 日，参考号为 AUG93RNG04。

d. 交货地点为 401235500004，交货日期为 2011 年 9 月 15 日。

订购单实际报文样本	解释说明
UNH + ME000001 + ORDERS:D:96A.UN:EAN008'	报文头，说明报文类型，ME000001 为报文参考号
BGM + 220 + 128576 + 9'	订单编号 128576
DTM + 137:20110830:102'	报文日期为 2011 年 8 月 30 日
PAI + :42'	付款方式：付款至银行
ALI + + +71E'	段组中条件适用于整个报文
FTX + ZZZ + 1 + 001:91'	其他文字说明（不能用其他段说明的内容），Free text 自由文段
RFF + CT:652744'	订单参考的合同编号为 652744

DTM+171:20110825:102'	合同签订期为 2011 年 8 月 25 日
NAD+BY+54123456000013::9'	表示买方的代码是由 EAN 位置码 54123456000013 标识,其后的 9 表示代码
LOC+7+5412345678908::9'	交货地点由 EAN 位置码标识为 5412345678908
CTA+OC+:P.FORGET'	买方的订购联系人为 P.FORGET
COM+004715632478:TE'	买方的订购联系的电话号码
LIN+1++4000862141404:EN'	第一种订购的商品用 EAN 码 4000862141404 标识
IMD+C++TU::9'	订购项目为贸易单元
QTY+21:48'	订购数量为 48 个单元
MOA+203:699.84'	总金额为 699.84 欧元
PRI+AAA:14.58:CT:AAE:1:KGM'	单价为 14.58 欧元
RFF+PL:AUG93RNG04'	价格出自价格单 AUG93RNG04
DTM+171:20110801:102'	价格单的日期为 2011 年 8 月 1 日
LOC+7+4012345500004::9'	交货地点,以位置码 4012345500004 标识
QTY+11:48'	交货量为 48 个单元
DTM+2:20110915:102'	交货日期为 2011 年 9 月 15 日
UNS+S'	细目节,汇总节分隔符
CNT+2:1'	LIN 数据段数量总数
UNT+28+ME000001'	报文尾,编号为 ME000001 的报文到此结束,报文中段总数为 28

(四)技能训练准备

(1)学生每 5 人为一个小组,每个小组选一名组长。
(2)准备若干张卡片。
(3)教师现场指导。
(4)训练时间安排:0.5 学时。

(五)技能训练步骤

(1)以每位学生为单位,在卡片上画出 EDI 的联结方式,如图 3-6 所示。

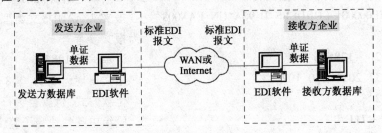

图 3-6　EDI 的联结方式

(2)各组通过卡片问询法,收集还有哪些 EDI 联结方式,EDI 工作步骤有哪些。
(3)以组为单位完成内容的确定。

（4）每组派一位代表陈述结果。
（六）技能训练注意事项
（1）一丝不苟，认真填写卡片。
（2）将卡片汇总后要进行归类。
（3）调研内容确定要有依据、要准确。
（七）技能训练评价
请完成技能训练后填写表 3-1。

技能训练评价表　　　　　　　　　　　　　　表 3-1

专业	物流管理	班级		学号		姓名	
考评地点	多媒体教室						
考评内容	物流 EDI 的实现过程学习						

考评标准			内　容	分值（分）	评分（分）
考评标准	学生自评	参与度	是否积极参与学习？是否积极进入角色？是否积极动手实践？是否积极探知知识点和思考工作方法？是否积极参加研讨？是否积极提出建议？	10	
		工作报告	是否独立完成？是否如实撰写？是否撰写详尽？是否具有专业性？图表是否合理清晰？	15	
	小组互评	协作力	信息传递是否准确？传递是否及时？交流是否融洽？	5	
		岗位描述	口头表达是否顺畅？岗位职责是否详细？是否具有可执行性？是否具有有效性？	10	
		组织能力	是否积极参与学习？是否积极探知知识点和思考工作方法？是否积极参加研讨？	10	
	教师评价	工作流程计划	流程设置是否清晰？是否具有可执行性？是否具有有效性？	10	
		角色完成质量	卡片填写是否认真？卡片问题汇总是否科学？内容表述是否准确？是否按时完成项目？是否正确完成项目？是否采取合理工作方法？	10	
		工作汇报	内容陈述是否全面？是否合理清晰？	15	
总　评				100	

（八）技能训练活动建议
建议组织学生利用物流相关的软件中涉及 EDI 部分进行实际操作以增加感性认识。

二、EDI 软件与硬件

（一）情境设置
在物流企业中为实现 EDI 在货主、承运业主以及其他相关单位之间进行有效、准确的传输,所有物流参与单位都需要拥有一定的设施,应通过什么软件和硬件设施来实现呢?

(二)技能训练目标

能够根据物流企业的需要选择相应的EDI软件和硬件。

(三)相关理论知识

实现EDI需要配备相应的EDI软件和硬件:

1. EDI软件需求

如果企业已经有了管理信息系统,而且可以生成要传给交易对象的标准单证报文,并且能够利用所收到的单证报文,则企业可以只使用前端软件。前端软件的功能如下:

第一是可转换各类标准报文;第二是将企业生成的单证报文转成EDI报文,并传至网络中心。图3-7为EDI软件各模块功能及相互关系。

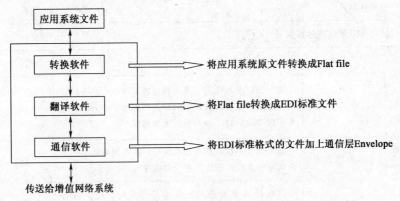

图3-7　EDI软件构成

(1)转换软件

转换软件(Mapper)执行转换功能,可以帮助用户将原有计算机系统的文件,转换成翻译软件能够理解的平面文件(Flat file);或是将从翻译软件接收来的平面文件,转换成原计算机系统中的文件。一个平面文件通常由长度为80字符的记录组成。数据在记录中都占居固定的位置,这样翻译软件就能阅读数据,并执行翻译功能。

转换软件通常是根据不同的应用程序分别设计的,一般也都是由公司内部开发的。可以买到的EDI软件包,为了执行转换,都提供一个程序框架,或一个代码产生器,这个代码产生器能产生一个程序框架,但最终还是要根据公司内部的应用程序来完成转换软件。格式转换软件也是把平面文件转换成公司格式的单证。

(2)翻译软件

翻译功能是EDI软件的一项主要功能,翻译软件(Translator)把平面文件翻译成EDI标准报文,或将接收到EDI标准格式翻译成平面文件,再由通信软件进行传递。

翻译软件通常是用表的结构来执行翻译的。软件会有一张由标准数据词典句法规则组成的表。这个标准数据词典和句法规则是针对某一给出的EDI报文的数据段及数据元素的,无论什么时候要产生一份报文,软件就选择适当的表来执行翻译。在翻译软件把数据排列成适当的报文格式后,就执行编辑检查,以确保数据中没有错误,而且确保它们确实是相应的标准格式,然后报文被排进功能组,并产生形成功能组和交换信封的数据段。

翻译软件可以接受两种输入。第一种是人工数据输入,在这种情况下,软件把输入的数据重新格式化(如把日期从月、日、年的格式转变或 EDI 的年、月、日的格式),把数据排进正确的数据元素和数据段次序,并加进分离器和终止符。第二种是数据文件输入。一般内部操作计算机化的公司都把产生 EDI 单据所必需的大部分数据存放在数据库的文件中,计算机化的采购程序、财会系统和订单输入系统都被数据库支持。一个 EDI 单据可以用数据库的数据产生,这个程序通常是由应用程序来完成的。由于各公司应用程序数据库的结构和句法都不相同,翻译软件不能直接从数据库取出数据来产生 EDI 单据,数据库中的信息必须先被转换或被重构,然后才能被翻译软件阅读处理。

(3)通信软件

EDI 标准报文的实际传递是由通信软件控制的,将 EDI 标准格式的文件外层加上通信信封(Envelope),再送到 EDI 系统交换中心的邮箱(Mailbox),或在 EDI 系统交换中心内,将接收到的文件取回。

对进来的 EDI 标准报文,则产生逆向的过程。通信软件接收对方的传递,翻译软件对传递来的信息进行翻译,同时产生一个功能性回执,由通信软件发送给对方,告诉对方报文已被收到。

2. EDI 所需的硬件设备

EDI 所需的硬件设备大致有:计算机、调制解调器(Modem)及电话线。

计算机:目前所使用的计算机,无论是 PC 机、工作站、小型机、主机等,均可利用。

Modem:使用 EDI 来进行电子数据交换,需通过通信网络。目前采用电话网络进行通信是很普遍的方法,因此 Modem 是必备硬件设备。Modem 的功能与传输速度,应根据实际需求而选择确定。

通信线路:一般最常用的是电话线路,如果对传输时效及资料传输量上有较高要求,可以考虑租用专线(Leased Line)。

(四)技能训练准备

(1)将制作好的卡片发给任意 5~8 名学生。

(2)教师现场指导。

(3)训练时间安排:0.3 学时。

(五)技能训练步骤

(1)以每位拿到卡片的学生为中心,与其他同学共同商议,在卡片上标出 EDI 系统中各种软件及其功用。

(2)5~8 名同学以及周围的同学通过卡片,识别出各软件对应的功用。

(3)以某一同学为主,其周围的同学共同参与完成内容的确定。

(4)由发给卡片的同学来陈述结果。

(六)技能训练注意事项

(1)注意课堂秩序,认真填写卡片。

(2)充分发挥集体作用,进一步掌握知识。

(七)技能训练评价

请完成技能训练后填写表 3-2。

(八)技能训练活动建议

建议组织学生到物流企业进行参观 EDI 的设备和使用的软件情况,以及 EDI 在企业经营管理中的运用。

技能训练评价表 表3-2

专业	物流管理	班级		学号		姓名	
考评地点	教室						
考评内容	物流条码概念学习						
考评标准			内　　容			分值(分)	评分(分)
	学生自评	参与度	是否积极参与学习？是否积极进入角色？是否积极动手实践？是否积极探知知识点和思考工作方法？是否积极参加研讨？是否积极提出建议？			10	
		卡片填写	是否独立完成？			20	
	同学互评	协作力	信息传递是否准确？传递是否及时？交流是否融洽？			10	
		代表描述	口头表达是否顺畅？			20	
	教师评价	持卡人动员能力	是否积极？			10	
		角色完成质量	是否认真填写卡片？卡片问题汇总是否科学？填写内容是否准确？是否按时、正确完成项目？			10	
		工作汇报	对应关系是否合理？内容是否正确？			20	
			总　评			100	

思考练习

一、多项选择题

1.简单地说，EDI就是企业的(　　)应用系统之间，通过计算机和公共信息网络，以电子化的方式传递商业文件的过程。

　　A.内部　　　　B.外部(合作伙伴)　　　C.与任何企业　　　　D.生产

2.运用EDI,物流领域各贸易伙伴之间的联结方式可以分成两大类，即(　　)。

　　A.直接联结　　　　　　　　　　　B.自由联结

　　C.单一联结　　　　　　　　　　　D.通过第三方网络联结

3.EDI的关键就在于用标准报文来解决企业之间的(　　)问题。

　　A.相同单证传递　　　　　　　　　B.相同单证与传递方式不同而引起的

　　C.不同单证与传递方式相同而引起的　D.不同单证与传递方式不同而引起的

二、简　答　题

1.什么是EDI？EDI可以解决什么问题？请举例说明。

2.试解释EDI完成在不同组织间交换数据过程的主要步骤。

3.EDI标准包括哪些？由此组成EDI标准的三要素是什么？

4.EDI的硬件组成有哪些？

三、案例分析题

美的集团的 EDI 应用

创建于 1968 年的美的集团,是一家以家电业为主,涉足房产、物流等领域的大型综合性现代化企业集团,旗下拥有四家上市公司、四大产业集团,是中国最具规模的白色家电生产基地和出口基地之一。目前,美的集团有员工 20 万人,拥有 10 余个品牌,拥有中国最大最完整的小家电产品群和厨房家电产品群,同时产业拓展至房产、物流及金融领域。美的在全球设有 60 多个海外分支机构,产品销往 200 多个国家和地区。2010 年,美的集团整体实现销售收入达 1150 亿元,其中出口额 50.8 亿美元,名列中国企业 100 强。

1. 应用背景

随着美的集团自身业务在全球范围内的不断扩大,美的已经形成了一个覆盖全球,从生产制造、供应商、物流、渠道到客户的庞大企业供应链群。2010 年,美的制定"十二五"发展规划,定下了 5 年内进入世界 500 强,成为全球白色家电前三位的具备全球竞争力的国际化企业集团的发展目标。美的意识到,当前的市场竞争已经由企业与企业之间的竞争变为供应链与供应链之间的竞争,要实现既定目标,成为一个屹立全球市场的企业,就必须要进一步联合上下游的业务伙伴,紧密合作关系,加强供应链一体化管理,共同增强整条供应链的竞争力,实现在内物流的"敏捷供应链"。

敏捷供应链的第一步,便是提升物流成员在业务合作中大量信息交换的速度和准确性,这将直接影响到整个供应链的运作效率。美的物流参与伙伴群体十分庞大,上下游企业和合作伙伴众多,每年需要交换大量的单据,美的与业务伙伴之间典型的信息交互如图 3-8 所示。

之前,美的是采用人工的方式实现对大量业务单据的接收、处理和发送,需要花费较长时间;同时,人工处理方式难免发生错误。为了满足美的与物流合作伙伴之间的实时、安

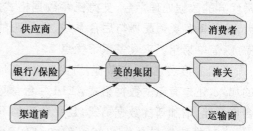

图 3-8 美的与业务伙伴之间典型的信息交互

全、高效和准确的业务单据交互,提高供应链的运作效率,降低运营成本,美的迫切需要利用提供企业级(B2B)数据自动化交互和传输技术,即 EDI(电子数据交换)方案来解决这个问题。

在选型的时候,美的着重 EDI 解决方案的如下特性:首先,美的供应链内众多的合作伙伴,包括供应商、物流商、渠道商、银行和保险机构等都有自己的业务数据标准和传输协议,同时,美的内部各子应用系统也有各自的数据标准,因此 EDI 平台方案必须具备强大的数据处理能力,能够将各类异构数据迅速转换为标准 EDI 报文,同时还要具备支持多种传输协议的能力。第二,EDI 平台作为连接美的与众多合作伙伴的中间平台,是双方进行业务数据集成和交互的核心,处理速度直接影响到业务流程的效率,因此需要具备数据快速处理和传输能力,同时,整个处理和传输过程应该完全自动化而无需人工干涉。第三,随着业务的不断发展,美的供应链内的合作伙伴、业务流程、数据标准会发生相应的变动,因此,EDI 平台方案必须具备良好的柔韧性,以迅速适应业务需求的变更和拓展。

2. 解决之道

经过反复的筛选和比较,美的最终选择业界领先的供应链管理解决方案提供商 Sino Services(锐特信息)为其提供 EDI 解决方案和技术支持。Sino Services 提供了 SinoEDI 企业级数据整合解决方案,主要的功能模块包括:

集成服务器:业务流程引擎、网关、映射转换。

数据流管理:数据的路由、数据监控管理等。

EDI 组件:支持 ANSI X.12 及 EDIFACT EDI 标准之组件——适配器方案架构,如图 3-9 所示。

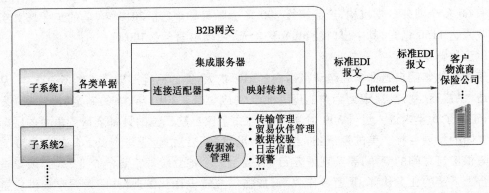

图 3-9　EDI 适配器方案架构

SinoEDI 企业级数据整合解决方案支持各类传输协议、加密算法,同时也是一款性能非常优异的数据处理平台,支持任意数据格式之间的转换,数据流程可灵活定制,路由功能强大,且具备各类适配器与后台系统、数据源的集成。开发、部署由图形化的统一开发平台来完成,简单易用。它具备以下优点:

(1)高度灵活、反应敏捷,可高效、快速地适应业务需求的变化。不管是有新的合作伙伴的加入,还是有新的数据格式,EDI 平台都可在不影响现有平台运行的情况下,快速接入新合作伙伴,增加新的数据格式,且平台架构不会发生任何大的变化。

(2)支持任何数据格式。例如:EDIFACT、ANSI X12、RosettaNet、XML、IDOC、Flat File 等,强大的 EDI 引擎可支持各个时期各个版本的 EDI 标准。

(3)安全、高效、统一的 B2B 传输网关。B2B 传输网关不仅提供了一个 B2B 传输的统一接入点,便于管理,具备强大的合作伙伴管理(TPM)功能;同时,保证所有通过网关的数据都能安全发送与接收,提供多层次的安全防护,包括协议安全策略、SSL/TLS 策略等。

(4)强大的数据并发及处理能力。EDI 平台独特的设计,具备高效的数据处理能力,性能极其出色。

(5)实现与后台各种系统实现无缝集成。如 SAP、IBM MQ、J2EE 应用、数据库等都有相应的直连接口,便于美的内部各业务系统与 EDI 平台的高度集成。

利用 SinoEDI 企业级数据整合解决方案,美的和各业务伙伴之间大量的数据和业务表单往来便可实现完全的自动化传输和识别,而不受各类数据源的结构和传输协议的影响。

3. 实施过程

2009 年 11 月 4 日,美的和 Sino Services 成立了由双方专家组成的项目实施小组,宣布 EDI 项目正式启动。在项目实施过程中,首先进行 EDI 平台以及对各种网络系统、数据备份、防火墙、入侵检测等运行环境进行部署、调试。同时,Sino Services深入到美的业务系统应用的各部门中去,对实际工作业务流程等进行深层次的调研,并结合美的合作伙伴的业务和操作流程进行全面的分析。然后在调研的基础上,立即着手进行EDI平台上的设计和开发,围绕所确定的业务范畴中的流程与数据的调研分析,按照产品线和业务类型的划分,分析企业数据流需求和详细的各类业务数据需求,在此基础上提交了整体项目分析和设计文档。同时,Sino Services对美的业务人员进行EDI操作流程培训,对美的EDI平台管理人员分阶段进行了平台管理和监控方面的培训。

2010年2月3日,伊莱克斯(Electrolux)作为美的第一家EDI对接合作伙伴,成功上线运行,实现了双方出货通知、发票等的自动化EDI流程。2010年11月4日,北滘码头成功上线运行,实现了美的与北滘码头的订舱确认、调柜指令等的自动化EDI流程。2011年5月4日,美的与中国出口信用保险公司(中信保)EDI对接成功,双方实现了费率同步、OA限额申请、LC限额申请、出运申报、出运反馈、收汇反馈等业务数据的交互。这一系列项目的上线,大大提高了美的和伙伴双方业务贸易的效率,减少了人工干预的工作量。

4. 应用效益

美的的EDI成功运转后,先后接入伊莱克斯、北滘码头、中信保等业务合作伙伴,美的已经明显感到集成、开放、灵活的EDI应用所带来的效益:

首先,美的与业务伙伴之间的数据交互由过去的人工方式转变为完全的自动化,极大地提升了供应链的工作效率。

实施EDI之前和之后,美的的业务流程变化如图3-10和图3-11所示。

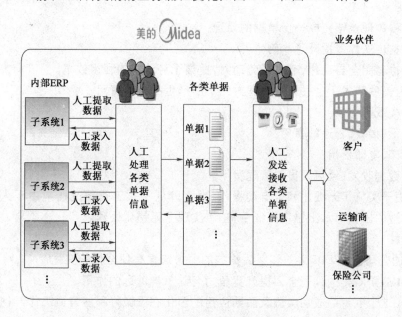

图3-10 采用EDI之前示意图

以前的人工处理方式需要从美的的各个业务子系统如ERP、CRM等提取出相关数据,再人工转换成合作伙伴所需要的单据格式,通过邮件、传真、电话等方式向相应的接收方发送(人工转换的过程可在美的或合作伙伴方进行)。同样地,当从合作伙伴处接收到各类异构形态的单据之后,要通过人工方式识别、读取,并录入到相应的子系统中。现在,这个工作流程变为EDI平台自动接收各子系统发出的数据,再自动转换成标准EDI报文(或者合作伙伴系统能够直接识别的数据格式),再自动传输给接收方,整个过程无需人工干预,极大地提升了工作效率。

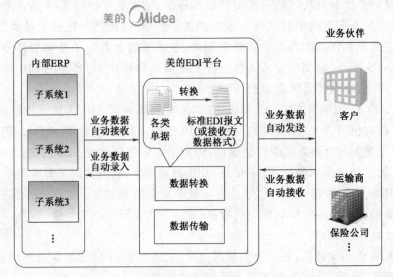

图 3-11　采用 EDI 之后示意图

从上例中可以看出:

第一,实施 EDI 平台方案后,美的大大加快了业务处理速度并且降低了人工处理方式下的相关成本:

平均几秒钟便能够完成一份单据的处理;

单日数据传送数量提升了 6 倍;

数据传输已完全自动化,节省了劳动力,提高了劳动力的利用效率。

第二,为美的节省了过去人工处理方式下所产生的额外费用:

节省各类纸张费用;

节省电话、传真、邮递的费用;

节省打印、复印费用;

节省对数据收发、录用人员的管理费用。

第三,由于实行了无纸化和全自动操作,大大降低了人工处理过程中由于人为操作、纸张丢失等造成的出错率。出错率降低后,基本实现了无错化处理。

试分析:

(1) 美的公司实施 EDI 之前和之后美的的业务流程有什么样的变化?

(2) EDI 应用对美的公司全面提升竞争力有着怎样深远的作用?

(3) EDI 这个项目的成功实施及后期应用的深化在于做好哪些方面工作?(拓展思考)

项目二　销售时点信息系统(POS)应用

教学要点

1. 能够完成 GS1 系统成员的申请注册工作;

2. 能够完成商品条码的申请注册工作;
3. 对物流仓储及配送点的 POS 设备的认知;
4. POS 系统的具体业务操作流程。

教学方法

可采用讲授、情境教学、案例教学和分组讨论等方法。

一、销售时点信息系统的概念

(一)情境设置

在商业环境中,例如大型超市,若没有销售时点信息 POS 系统,那么在结账的时候收银员要对每一件商品进行核查,还要确定价格,收、找钱,可以想象:各个收银台所排的队伍一定非常长,人们的抱怨声不断,甚至超市会失去许多顾客光临。然而,有了销售时点信息 POS 系统,一切就不一样了,商品信息迅速被识别、收集、整理、反应在显示屏上,队伍有条不紊地通过收银台。那么这种方便的东西到底是什么呢?是怎么产生的?具有哪些特点呢?

(二)技能训练目标

能够对销售时点信息系统 POS 有清晰的了解;能进行 POS 系统的几种实现方式。

(三)相关的理论知识

销售时点信息 POS(Point of Sale/Service)系统是销售点系统的简称。POS 是专门为收款台快速结算设计的,是为货物交易和内部调配货物提供服务和实施管理的信息管理系统。其具体工作内容有:以不同的方式(批发、零售、折扣、调价等)、不同的结算手段(现金、支票、信用卡等)完成商品交易并产生所需要的数据,对商品销售信息进行统计和实施管理,如统计交易次数、时段交易金额、时段各类商品的销售量,自动更新库存量,提供可靠的存货信息,控制各类商品的库存量并管理商品的订货等。

POS 系统利用光学式自动读取设备,按照商品的最小类别读取实时销售信息以及采购、配送等阶段发生的各种信息,并通过通信网络将其传送给计算机系统进行加工、处理和传送的系统。POS 系统分为:金融 POS 和商业 POS 两大不同的系统。

1. 金融 POS 的分类

(1)消费 POS;

(2)转账 POS;

(3)财务 POS;

(4)外卡 POS;

(5)支票 POS。

2. 商业 POS 系统

(1)独立的收款机 POS 系统。由于收款机本身具有商品交易处理、商品信息储存和管理的功能,因此,一般小型商店均采用基于 PC 机的收款机建成 POS 系统。

(2)收款机与 PC 机组成的 POS 系统。该系统是可进行大量事务处理的 POS 系统,如商业营业、仓库管理等。多台收款机通过通信线路与 PC 机相联结而成的收款机网络,一般用于中小商场。

(3)收款机、网络、计算机组成的 POS 系统。这种 POS 系统由一组收款机与一台 PC 机相联,而 PC 机又通过网络与主计算机相联。这里的 PC 机仅起管理作用,即收款机运行时所需要的信息先由主机系统下卸到 PC 机,然后由 PC 机下卸到收款机,收款机则将商品交易的信息传送到 PC 机,PC 机再通过网络传送到主机系统,由主机系统去完成各种商品的进、销、存的处理与分析。该种 POS 系统可以与银行连通组成金融商业 POS 系统,使用户可以很顺利地使用信用卡进行结算。这种 POS 系统一般适用于大型商场。此外,可在这种 POS 系统基础上发展起来 EDI 电子自动订货、供货系统。

3. 商业 POS 系统的组成

商业 POS 系统由硬件平台、操作系统和应用软件(POS 软件)组成。

图 3-12 收款机

(1)硬件平台

POS 的硬件平台一般有两种:

①X86 架构的:Intel 的移动 CPU、AMD 的移动 CPU 和 VIA 的嵌入式 CPU。

②RISC 架构 32 位 CPU:ARM 内核的系列 CPU 以及 Xscale 系列 CPU 为主。

POS 系统的基本要件——收款机(图 3-12),收款机支持商品销售功能、商品管理功能、人员管理功能以及简单的销售统计分析功能。收款机的结构类型一般有两种,即专用收款机和基于 PC 机的收款机。收款机常用的外部设备有条形码阅读器、打印机、信用卡阅读器。现代大型商场将自己的 POS 系统与信用卡公司以及银行的服务系统相联,就可运用信用卡阅读器解读小信用卡中的信息并对此进行处理,从而实现货币的电子化,而不必用现金进行交易。台式 POS 系统硬件的标准配置,如图 3-13 所示。

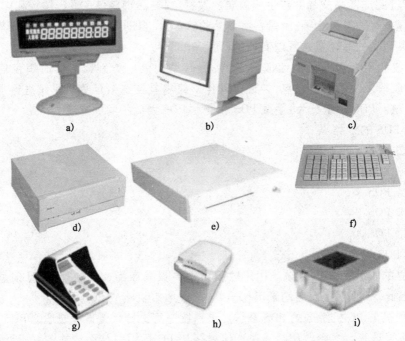

图 3-13 台式 POS 系统硬件

a)客户显示器;b)操作员显示器;c)票据打印机;d)收款机主机;e)钱箱;f)POS 键盘;g)密码键盘;h)IC 卡读写器;i)条码阅读器

POS 系统在无线的情况下,可以用移动 POS 机(手机式、携便式),如图 3-14 所示。

POS 系统基本要件——后台 MIS 系统(图 3-15)。后台 MIS 系统又称管理信息系统。它负责整个商场进、销、调、存系统的管理以及财务管理、库存管理、考勤管理等。它可根据商品进货信息对厂商进行管理,又可根据前台 POS 提供的销售数据,控制进货数量,合理周转资金,还可分析统计各种销售报表,快速准确地计算成本与毛利,也可以对售货员、收款员业绩进行考核,是员工分配工资、奖金的客观依据。因此,商场现代化管理系统中前台 POS 与后台 MIS 是密切相关的,两者缺一不可。

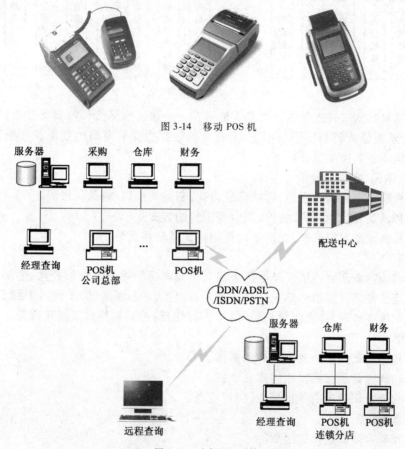

图 3-14　移动 POS 机

图 3-15　后台 MIS 系统

在后台的 MIS 系统中,服务器、网络和各工作站(PC 机)构成一大硬件体系,公司总部和连锁店以及配送中心之间的网络是以 DDN、ADSL、ISDN 等接入方式连接。

(2)操作系统

DOS 或 Windows XP,Win7 系统;Windows Embedded XP 或 WEPOS（Windows Embedded for Point of Sale）系统,WEPOS 系统是 POS 系统的主流;Windows CE 系统,在行业市场会有大的作为;Linux 系统,在 POS 中已得到了初步的应用,将得到更多的应用。

(3)软件系统

主要是总部与配送后台的衔接 POS 软件管理系统;UnifiedPOS 将成为 POS 系统软硬件之间的统一接口,软硬件之间可以平滑移植;商务佳连锁超市管理系统 V80 等。总地说来,POS 系统软件如图 3-16 所示。

4.POS 系统的具体业务操作流程

POS 系统是物流管理信息系统的基础,是以商品条码为基础的销售点自动化管理系统。它可以实时采集各种商品的销售信息,对经营商品实施单品管理。

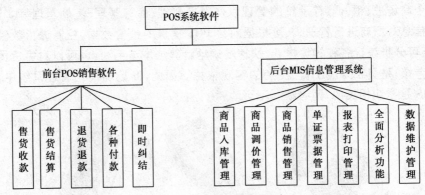

图 3-16　POS 系统软件构成

POS 系统对商品流转业务的管理主要体现在——通过核算员和收银员在流转的各个环节,将必要的票据登录到 POS 系统中去,所登录的数据主要有商品的数量及金额,另外还有一些指标。具体业务操作流程如下:

(1)商品编码、定价和登录

①了解和确定商品编码规范,包括商品内码、商品类别码、商品条形码。

②了解和确定商品的进价、售价、调价等定价的方式。

③了解和确定商品定价单、调价单的单据格式及使用规范。

(2)进货

①了解和确定商品到货情况及处理流程。一般商品到货分为全部进仓、全部进柜、部分进仓部分进柜三种情况。每种情况又有货单与货同到、货到单未到、单到货未到三种状态。

②了解和确定验收单、进账单(货到单未到时使用)的单据格式及使用规范。

(3)调拨

①了解和确定商品部内发生的商品调拨。

②了解和确定商品部间发生的商品调拨。

③了解和确定调拨单的单据格式、使用规范。

(4)退货及换货

①了解和确定商品退货的过程。

②了解和确定商品换货的过程。

③了解和确定退货/换货验收单的单据格式和使用规范。

(5)仓储

①了解和确定商品的移仓(支货)的过程。

②了解和确定商品的移仓(退仓)的过程。

③了解和确定商品的提货及退仓的过程。

④了解和确定移仓单的单据格式、使用规范。

(6)零售

①了解和确定商品零售的过程。

②了解和确定收款单、解款单的单据格式及使用规范。

(7)报损、报溢、报废

①了解和确定商品的报损、报溢过程。

②了解和确定商品溢耗损报核单、财产损溢审批单的单据格式及使用规范。
（8）盘点
①了解和确定商品盘点过程。
②了解和确定盘点表格式及使用规范。
（9）进货退补价
①了解和确定进货后，发生退补价时的处理流程。
②了解和确定进货退补价单的单据格式及使用规范。
（四）技能训练准备
（1）学生每5人为一个小组，每个小组选一名组长。
（2）准备若干张卡片。
（3）教师现场指导。
（4）训练时间安排：0.3学时。
（五）技能训练步骤
（1）以每位学生为单位，在实训室对POS机的各部件进行识别。
（2）各组通过卡片问询法，回答出POS机的部件的功用和POS系统建立的要素。
（3）以组为单位完成基本的POS操作。
（4）每组派一位代表陈述相关问题。
（六）技能训练注意事项
（1）全神贯注，操作认真。
（2）各小组要充分发挥积极性。
（七）技能训练评价
请完成技能训练后填写表3-3。

技能训练评价表　　　　　　　　　　　　　　　　　　　表3-3

专业		物流管理	班级		学号		姓名	
考评地点		实训室						
考评内容		POS机的整体了解，以及POS系统建立的要素						
考评标准		内　　容					分值(分)	评分(分)
	学生自评	参与度	是否积极参与学习？是否积极进入角色？是否积极动手实践？是否积极探知知识点和思考工作方法？是否积极参加研讨？是否积极提出建议？				10	
		卡片填写	是否独立完成？				20	
	小组互评	协作力	信息传递是否准确？传递是否及时？交流是否融洽？				10	
		代表描述	口头表达是否顺畅？				20	
	教师评价	小组动员能力	是否积极？				10	
		角色完成质量	是否操作认真？问题汇总是否科学？内容回答是否有依据、准确？是否正确、按时完成项目？				10	
		工作汇报	是否如实描述？内容是否全面？				20	
			总　　评				100	

(八)技能训练活动建议

建议组织学生到不同类型超市进行实地参观、调研不同类型 POS 系统的硬件、软件构成。

二、POS 系统的功能模块

(一)情境设置

去附近大型超市进行一次购物体验,观察营业员的操作,并识别仪器。思考 POS 系统不同类型的功能模块是否一致。

(二)技能训练目标

能够准确区分 POS 系统的功能模块设置,能够熟悉 POS 的使用环境要求。

(三)相关理论知识

1. POS 系统操作的人员分配

POS 系统对商品流转业务的管理主要体现在:对于商品流转各个环节与商场管理密切相关的纯人为活动。例如,商品部的哪些人具有采购权,哪些环节可以和厂家谈判签订合同等,POS 系统不能进行控制和管理。这就需要人工辅助计算机完成。下面一些环节由不同岗位的员工完成。

商品进、销、调、存各环节涉及的主要终端操作人员。

进货:商品库核算员、仓库核算员;

销售:POS 系统终端收银员;

调拨:商品部核算员;

仓储:商品部核算员、仓库核算员。

对核算员的要求:熟悉商品流转业务,有一定的计算机和财务知识。严格执行商场管理规程及操作规程,充分理解商品流转各环节的票据含义。

对收银员的要求:责任心强,对收款机操作熟练迅捷,能够处理一些简单的销售业务问题(如收款方式、付款方式、币种识别等)。

2. POS 系统的功能模块

POS 系统是典型的管理信息系统,其开发主要包括后台数据库的建立和维护以及前端应用程序的开发两个方面。系统设计最核心的问题是系统总体功能结构的确定和模块的实现。功能模块的结构化系统设计,就是自上向下地将系统划分为若干个子系统,而子系统又划分为模块,层层划分直到每一个模块能够作为计算机可执行的单独程序为止。POS 系统的功能模块及介绍见表 3-4。

3. POS 系统的使用环境要求

POS 系统在使用过程中,对于环境有一定的要求,如工作温度、环境湿度、环境灰尘等。以下是 POS 机使用环境的相关说明。

(1) 工作温度

POS 机理想的工作温度应在 10~35℃,温度太高或太低都会影响配件的寿命。高温会对 POS 机的 CPU、显示器、主板等对温度敏感的配件造成伤害。比如 CPU,一般最高工作温度不要超过 80℃。如果 CPU 长期工作在超高温度下,不但会使使用寿命缩短,甚至有可能烧毁。所以,给 CPU 散热是一件大事。另外,最好安装测温报警软件,在夏天使用时,要注意室内通风和降温。

POS 系统功能模块 表 3-4

子系统名称	功能模块	详细功能
订单管理	采购订单处理	采购订单的业务操作
	销售订单处理	销售订单的业务操作
	在途查询处理	按照供应商、订单号码、日期等多种条件查询采购或销售订单在途情况
库存管理	入库处理	包含入库单据制作、查询、打印等功能
	出库处理	包含出库单据制作、查询、打印等功能
	调拨处理	机构、仓库间调拨处理
	盘点处理	库存盘点,包含盘点单据、复盘单据、盘点审核等
往来账务	结算处理	往来单位结算,包含结算单据处理、查询、打印等功能
	应收应付处理	和往来单位进行业务数据勾兑
	预收/费用处理	往来单位预付款和业务费用单据处理
价格体系	促销处理	分销网络促销单据处理、查询、打印等
	变价处理	商品价格变更处理
	客价设置	往来单位所处价格等级管理
	价格等级	包含商品价格分级、等级调整等
CRM/OA	业务活动	员工与客户交往记录
	跟单管理	签约客户跟踪
	事务处理	包含员工任务分配、待办事项等处理
	报表统计	对所有活动记录进行统计
查询统计	业务查询	系统中所有业务查询
	统计分析	系统中所有汇总统计报表
基础信息	商品资料	商品基本档案管理
	往来单位资料	往来单位档案管理
	机构资料	分支机构基本档案管理
	仓库资料	本机构仓库基本档案管理
系统管理	系统设置	系统全局变量设置
	权限管理	操作员权限管理
	结转处理	将系统所有业务转入下一记账月度

(2) 环境湿度

对 POS 机而言,相对湿度在 30%~80% 比较适宜。如果湿度太高,不但影响 POS 机性能的发挥,甚至会因为潮湿引起短路等危险情况,严重的会烧毁 POS 机。所以,在空气过于潮湿(尤其是南方)或者连续下大雨的情况下,开机要慎重。另外,千万不要用湿手触摸 POS 机,或者使用蘸水的布擦拭 POS 机(尤其是 POS 机连线的地方)。反过来,太干燥也不好,因为容易产生静电,同样对 POS 机有害。

(3) 环境灰尘

由于 POS 机机箱并不是完全密封的,而且当 POS 机工作时产生静电具有吸尘的功效,所以 POS 机容易沾染灰尘。当灰尘附在集成电路板表面时,会造成散热不畅,严重时会导致主板电路短路,当然,最怕灰尘的当属光驱和显示器。由于光驱是精密仪器,激光头一旦污染,光驱读盘效果就会大打折扣,甚至失去读盘能力。而对显示器,小小的灰尘可能令显示器内部高电压打火,有烧毁的危险。此外,像键盘、鼠标、电源风扇等多数配件都害怕灰尘。

(4)振动与撞击

POS机应避免振动或撞击。POS机配件中,最怕振动的是硬盘与光驱,当然,显示器屏幕更是绝对不能"冲撞"的。硬盘、光驱的工作原理很相似,都是通过磁头(激光头)来读取转动的盘片,因此一旦出现剧烈的振动或撞击,可能就会使正在工作的磁头(激光头)碰到盘面上,轻则划伤盘片,损害磁头(激光头),重则整个硬盘或者是光驱彻底损坏。

(5)静电

静电是精密电路板的致命杀手,POS机中电路最集中的是主板。由于静电有积累的特性,当积累到一定程度时,就会出现瞬间的局部高压放电,巨大的能量足以烧毁主板。正规的品牌机一般都有防静电设计,能够承受一定限值(15kV)的静电冲击。在比较干燥的环境中使用,解决静电最简单的办法就是经常给POS机放电,即拿金属物体接触一下就好了。

(6)无线电干扰

无线电干扰往往被许多人忽略,其实它对POS机同样有危害,对主板上的一些电路也会起到干扰作用。有的机器莫名其妙的死机可能就与抗干扰能力不够有关。特别是CRT显示器,由于CRT显示器是靠电磁场工作的,当外界有较强的无线电信号时(如在POS机旁边打手机),显示器磁场就会受到严重干扰,令图像画面出现剧烈抖动。

4. POS系统的操作

(1)前台POS系统

前台POS系统实现了门店的销售收银及前台的销售管理。前台POS系统功能主要包括盘点、赠送、退货、改口令、刷会员卡、查会员、营业员、屏保、重打小票、打印开关、查商品、挂单取单、改数量、改金额、开钱箱、删除、开新单、折扣、抹零、储值卡付款、信用卡付款、人民币付款、美元付款、港币付款、支票付款等。

(2)后台管理系统

后台管理系统实现了进、销、调、存、盘等综合管理,后台的功能结构如图3-17所示。

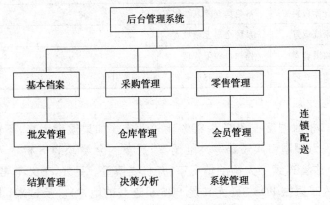

图3-17 后台功能结构图

①基本档案操作:系统启用前,必须先建立基本档案。基本档案包括供应商、商品分类、商品档案、操作员档案、部门档案、员工档案、专柜档案、综合档案、品牌档案、仓库机构、仓库库位、商品陈列、商品检测、商品组合、商品价格调整等。

操作步骤 1：基本档案→ 操作员档案。
操作界面见图 3-18。

图 3-18　操作员档案界面

前台收银员的权限设置信息见图 3-19。

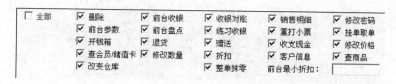

图 3-19　前台收银员的权限设置

操作说明：
编码：在编码栏中输入，编码可由任意的数字或字符组成，最长不超过 4 位，为了便于收银员录入，建议使用数字。
名称：在名称栏中输入收银员的名称。
密码：输入收银员的操作密码，并且不能为空，最多为 10 位数字或字符。
操作步骤 2：基本档案→ 综合档案。
操作界面见图 3-20。

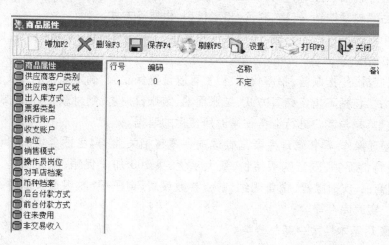

图 3-20　商品属性操作界面

打开综合档案窗口，点击左边相应的设置内容，点击"新增"按钮(或者按"F2"键)增加一条空记录，输入相应的区域编码和区域名称，点击"保存"按钮(或者按"F4"键)保存输入的信息。

②采购管理操作：采购管理主要是处理与采购相关的业务，包括供应商、采购询价单、采购订货单、采购入库单、购销结算单、采购退货单、采购永续订单、赠送入库单、采购合同、库存、仓库。

操作步骤：基本档案→供应商档案。
操作界面见图3-21。

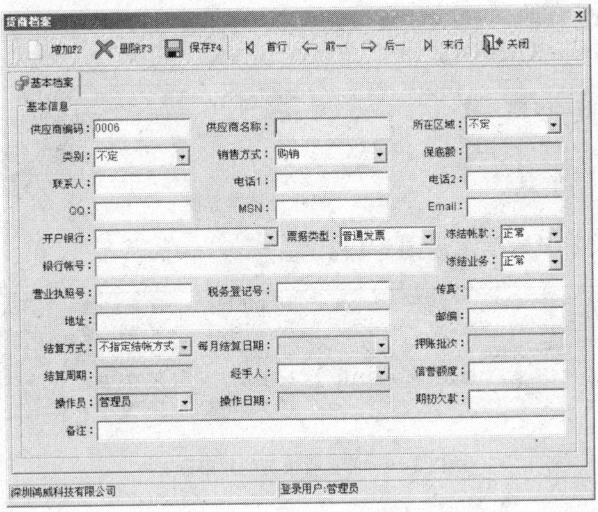

图3-21　货商档案操作界面

操作流程：
在供应商档案窗口，点击"新增"按钮（或者按"F2"键）增加一条空记录，输入基本信息和结算信息，点击"保存"按钮（或者按"F4"键）保存输入的信息，完成一条供应商资料档案的录入。

"基本信息"包括供应商编码，供应商类型，供应商名称、区域、地址、电话等基本资料。

"销售方式"包括购销、代销、联营、扣率代销、租赁等方式。

"区域"中可选择已有的区域，还可在下拉栏中选择新增项目，新增一个区域（使用方法参照建立区域档案）。

"联营保底额"是指联营、扣率代销、租赁可以设置保底额，确定商铺的最低销售金额。

"结算方式"包括不指定结算方式、结账周期、结账日期、货到付款、压批结账。

"票据类型"是与商户进行业务往来时所使用的票据。

③零售管理操作：零售管理主要是管理前台零售相关业务，包括全场折扣促销、零售特价促销、会员特价促销、限量购买特价、量大从优、买100加1促销、赠品促销、类别品牌促销、正在促销商品、实时监控、销售明细、前台参数设置、电子秤、收银员交款单、前台操作日志、毛利分析、实时库存等。

操作步骤1：基本档案→商品分类。
操作界面见图3-22。

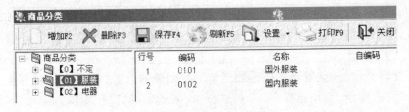

图3-22　商品分类操作界面

操作流程：新增→输入类别编码→输入类别名称→保存。

操作说明：增加大类时，直接点击"新增"按钮，按流程操作即可；如增加中类或小类时，则必须在左侧选择大类或中类后再点击"新增"按钮（在当前类别下建立新的中类或小类）；小类下不可再建立下级类别。

操作步骤2：档案→商品档案。

操作界面见图3-23。

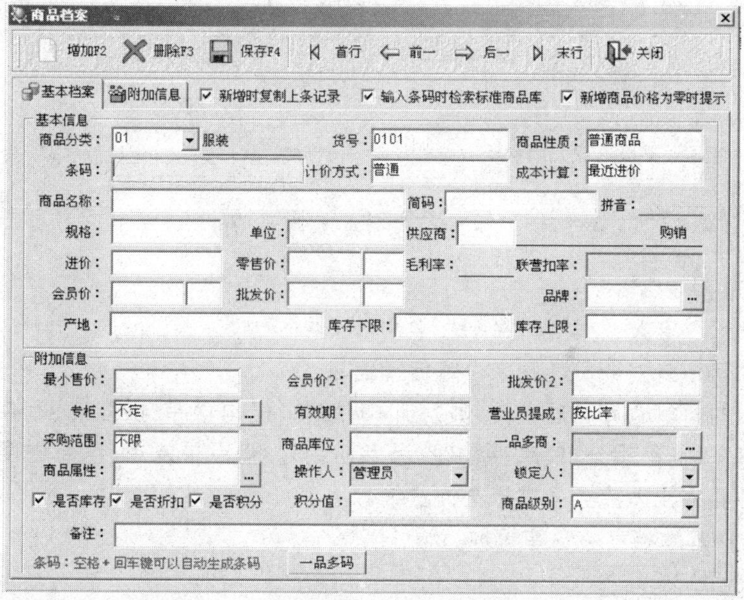

图3-23 商品档案操作界面

建立商品档案流程：

把"区域档案"、"供应商档案"、"类别品牌档案"和"包装单位档案"（参考建立基本字典信息中）录入完毕后，就可以录入"商品基本档案"了。

建立新商品档案的流程可分为输入商品基本资料、输入商品价格信息、输入商品供应商信息和输入商品其他资料。

④客户销售操作：批发管理主要是处理与后台批发相关的业务，包括客户、客户报价单、客户订货单、客户销售单、客户退货单、客户结算单。

操作步骤1：零售→零售特价单。

操作界面见图3-24。

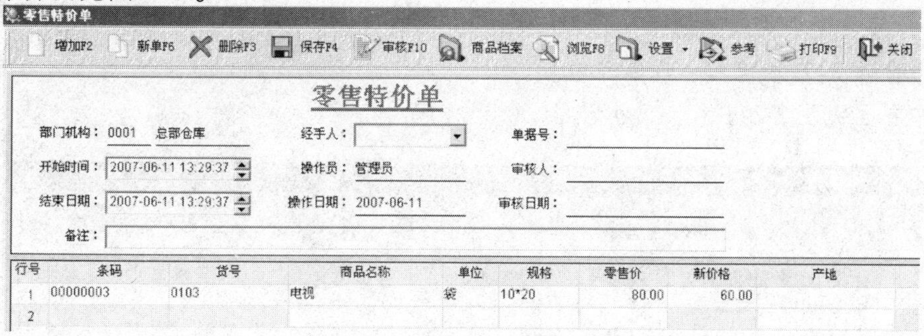

图3-24 零售特价单操作界面

录入商品资料:输入商品编码或通过商品按钮选择商品(参见"商品按钮使用说明")。
普通零售价:选择商品后,系统会根据选择的机构自动取商品的机构中的零售价。
起止日期:促销起止日期。

操作步骤2:零售→会员特价单。

操作流程与界面见图3-25。

图3-25 会员特价单操作界面

会员类型:可以针对会员类别来设置促销信息。

⑤仓库管理操作:仓库管理主要包括店内调拨单、机构仓库、供应商、库存调整单、仓库库位、商品组装单、商品拆分单、库存管理、盘点初始化、盘点录入单、盘点进度报表、盘点审核单等业务,并可对出入库业务进行查询及统计。

操作步骤1:基本档案→仓库机构。

操作界面见图3-26。

图3-26 公司机构操作界面

操作说明:

仓库编码:此编码对于连锁店来说,是指机构代码。最多可输入2位字符。

属性:属性项中按实际情况可选择仓库或机构的类型。

操作步骤2:基本档案→仓库库位。

操作界面见图3-27。

图3-27 仓库库位操作界面

操作步骤 3：基本档案→商品陈列。

操作界面见图 3-28。

图 3-28 商品陈列操作界面

操作说明：

先选择仓库库位，再选择这个库位下陈列的商品。

⑥会员管理操作：会员管理是对卖场会员的管理，包括设置会员类别、批量制卡、会员卡发行、会员卡档案、金卡维护、密码修改、会员特价单、储值卡充值、会员礼品档案、会员卡积分冲减、礼券面值、礼券限用商品、礼券档案、礼券销售明细、礼券发放等，并对会员的消费情况进行查询及统计。

操作步骤：会员管理→会员类别。

操作界面见图 3-29。

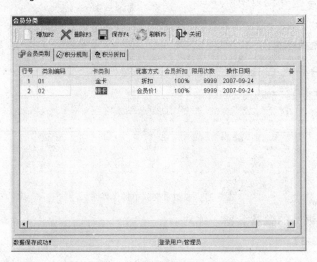

图 3-29 会员分类操作界面

会员卡类设置：会员卡的类型分为 IC 卡或磁卡，如果会员卡的类型是 IC 卡，需要定义卡号前缀或后缀、读卡器类型、读卡器接口、IC 卡类型等。目前系统支持的是有些公司的读写器和 SLE4442 卡。会员卡业务规则设置包括会员前台消费是否打印卡号、前台会员号是否可见、会员卡是否在各分店通用、分店上传会员信息时是否即时更新会员档案、是否启用储值消费功能等。

积分设置：是否记录会员消费额与积分；是否每单按整数累加积分；消费特价商品是否记积分；会员优惠价商品是否记积分；设置商品是否积分。

⑦结算管理操作：结算管理主要用于对供应商和客户往来款项的管理，业务单据包括供应商结算单、客户结算单、代销账款单、联营账款单，以及与账款相关的业务的查询与统计，并提供与其他财务软件的财务接口（定制功能）。

操作步骤：采购→采购结算单。
操作界面见图 3-30。

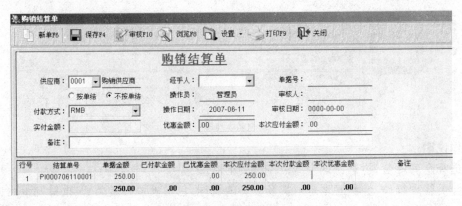

图 3-30 购销结算单操作界面

操作流程：此结算单只对经营方式为购销供应商进行结算。

⑧专柜租赁操作：专柜租赁主要是对商场的专柜与租赁供应商的各项业务及账款进行管理。主要包括费用项目、专柜合同、专柜结算、变动费用录入、专柜费用单、专柜结算单等。

操作步骤 1：零售→收银员缴款单。
操作界面见图 3-31。

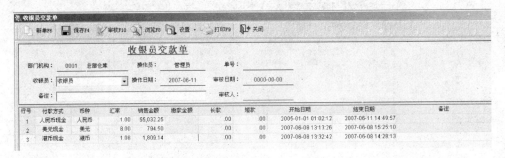

图 3-31 收银员交款单操作界面

操作步骤 2：收银员的缴款金额→比对。
操作界面见图 3-32。

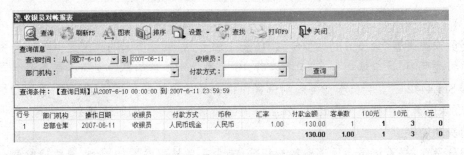

图 3-32 收银员对账报表操作界面

操作步骤 3：零售→前台销售日结。
操作界面见图 3-33。
也可在"系统维护→数据→综合数据日结"中打开预先作 POS 日结的选项。

⑨系统参数操作:系统参数主要包括操作员档案、功能权限、数据权限、系统密码、操作日志、系统参数、条码打印、标签打印、开业清库等。

操作步骤:零售→实时库存。

操作界面见图 3-34。

图 3-33　前台日结操作界面

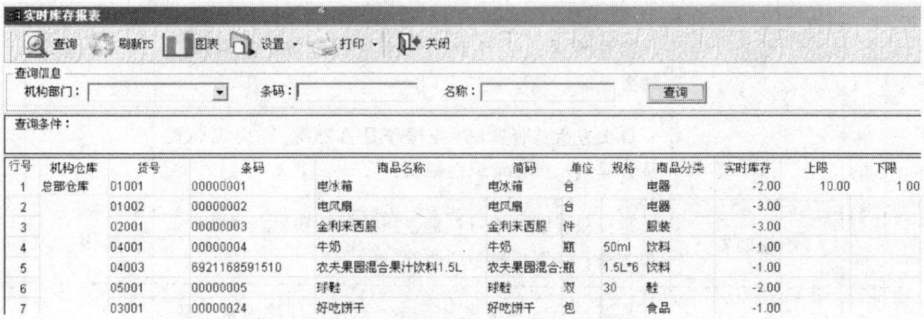

图 3-34　实时库存报表操作界面

商品输入栏:只限于输入商品编码。

方式选择框:用于选择按类别或品牌两种方式查询,选择后,可在右侧选择类别或品牌。

(四)技能训练准备

(1)学生每 5 人为一个小组,每个小组选一名组长。

(2)准备若干张卡片(或者进入实训室在 POS 机上操作)。

(3)教师现场指导.

(4)训练时间安排:1 学时。

(五)技能训练步骤

(1)以每位学生为单位,在卡片上写出要操作 POS 机的内容和注意事项(或进入实训室按工位安排操作工作)。

(2)以对抗方式通过卡片向对方组提问,围绕操作的问题提问(或者在 POS 机上按步骤一一操作)。

(3)以组为单位完成对方提问(或者对某公司的员工档案建立、综合档案建立、货品分类、商品定价、供应商管理等操作)。

(4)每组派一位代表陈述训练结果。

(六)技能训练注意事项

(1)严格按程序操作,认真回答卡片上的问题。

(2)对回答的问题进行打分(对操作 POS 机的结果进行打分)。

(3)回答的问题内容要准确。

(七)技能训练评价

请完成技能训练后填写表 3-5。

技能训练评价表　　　　　　　表 3-5

专业	物流管理	班级		学号		姓名	
考评地点	多媒体教室(或实训室)						
考评内容	POS 系统应用的功能、环境和操作程序						
考评标准			内　　容			分值(分)	评分(分)
考评标准	学生自评	参与度	是否积极参与学习?是否积极进入角色?是否积极动手实践?是否积极探知知识点和思考操作步骤?是否积极参加研讨?			10	
考评标准	学生自评	工作报告	是否独立完成?是否如实撰写?撰写是否详尽?是否具有专业性?图表是否合理清晰?			15	
考评标准	小组互评	协作力	信息传递是否准确?交流是否融洽?协调是否默契?			5	
考评标准	小组互评	岗位技艺	口头表达是否顺畅(或操作是否熟练)?岗位职责是否详细?有无常识性错误?			10	
考评标准	小组互评	组织能力	是否积极参与学习?是否积极探知知识点和思考工作方法?是否积极参加回答(操作)?			10	
考评标准	教师评价	工作思路	是否对 POS 系统流程清晰?是否对环境因素了解?操作是否准确?			10	
考评标准	教师评价	角色完成质量	是否认真填写卡片?卡片问题汇总是否科学?问题确定是否有依据、准确?是否按时完成项目?是否正确完成项目?			10	
考评标准	教师评价	操作技能	是否按要求完成操作?内容是否熟悉?步骤叙述(操作)有无差错?			30	
			总　　评			100	

(八)技能训练活动建议

建议倡导学生到附近超市进行实地考察、调研,了解各类 POS 系统的运行。

思考练习

一、判　断　题

1. POS 系统一般分为:独立的收款机 POS 系统;收款机与 PC 机组成的 POS 系统;收款机、网络、计算机组成的 POS 系统这三种。　　　　　　　　　　　　　　　(　　)

2. POS 系统由硬件平台、操作系统和应用软件(POS 软件)组成。　　　　(　　)
3. POS 系统的软件安装应包含:安装操作系统、安装数据库服务器(SQL Server)、安装 POS 前台和后台管理程序。　　　　　　　　　　　　　　　　　　　　(　　)
4. POS 系统设计最核心的问题是硬件平台的搭建。　　　　　　　　　　(　　)
5. POS 机理想的工作温度应在 5~45℃,温度太高或太低都会影响配件的寿命。
　　　　　　　　　　　　　　　　　　　　　　　　　　　　　　　(　　)
6. POS 机最容易沾染灰尘;最怕灰尘的是光驱。　　　　　　　　　　　(　　)
7. POS 系统启用前,不必先建立基本档案。　　　　　　　　　　　　　(　　)
8. 建立新商品档案的流程可分为输入商品基本资料、输入商品供应商信息资料即可。
　　　　　　　　　　　　　　　　　　　　　　　　　　　　　　　(　　)

二、简 答 题

1. POS 系统的功能模块一般分为哪几种?
2. POS 系统设备的标准配置有哪些?
3. 商务 POS 系统分为哪几种?
4. 会员管理要进行哪些方面的设置?

三、案例分析题

深圳某快递物流公司手持 POS 机案例

1. 物料管理

现代化生产物料配套的是否协调极大地影响了产品生产效率,杂乱无序的物料仓库、复杂的生产备料及采购计划的执行几乎是每个企业所遇到的难题。深圳某快递公司应用手持 POS,成功提高了经营效率。

手持无线 POS 机技术的解决思想:

(1)通过将物料编码并且写入无线 POS 机标签,不仅便于物料跟踪管理,而且也有助于做到合理的物料库存准备,提高生产效率,便于企业资金的合理运用。对采购的生产物料按照行业及企业规则建立统一的物料编码,从而杜绝因物料无序而导致的损失和混乱。

(2)对需要进行标识的物料写入其无线 POS 机标签,以便于在生产管理中对物料的单件跟踪,从而建立完整的产品档案。

(3)利用无线 POS 机技术、对仓库进行基本的进、销、存管理,从而有效地降低库存成本。

(4)通过产品编码,建立物料质量检验档案,产生质量检验报告,与采购订单挂钩建立对供应商的评价。

(5)利用无线 POS 机标签 UID 号码的全球唯一性,可以对单件产品进行身份识别防伪溯源,有效地分辨产品真伪。

2. 出库治理

无线 POS 机出库治理是产品无线 POS 机应用的基础,它建立产品识别码。在出库中应用产品识别码自动监控出库,自动采集出库测试数据,自动采集出库质量检查数据,进行产品完工检查,建立产品识别码和产品档案。

（1）制定产品识别码格局。根据企业规则和行业规则确定产品识别码的编码规则,保证产品规则化、唯一标识。

（2）建立产品档案：通过产品标识无线POS机在出产线上对产品进行跟踪,并采集出产产品的部件、检修等数据作为产品,出产批次计划经审核后,建立产品档案。

（3）通过出产线上的信息采集点来控制出产的信息以及出产进度,调整出产进度"瓶颈"。

3. 仓库治理

（1）货物库存治理中仓库治理系统可以在无线POS机标签中写入货物的品名、型号、规格、产地、牌名、制作人、经销商等产品信息,并且利用无线POS机技术对仓库治理的各项功课进行自动化操纵。

（2）仓库库位治理是对存货空间的治理。仓库分为若干个库房；每一库房分若干个库位。库房是仓库中独立和封锁的存货空间,库房内空间细划为库位,细分能够更加明确定义存货空间。仓库治理系统是按仓库的库位记实仓库货物库存,在产品入库时,将库位无线POS机号与产品无线POS机号逐一对应,在出库时,按照库位货物的库存时间可以实现提高先进物品先出或批次治理的信息。

（3）无线POS机仓库治理包括货物单件治理。其不光治理货物品种的库存,而且还治理货物库存的详细每一单件。采用产品标识无线POS机记实单件产品所经由的状态,从而实现对单件产品的跟踪治理。

试问：

（1）POS机能解决哪些物流方面的问题？

（2）货物库存治理中仓库治理系统可以在无线POS机标签中写入什么信息？

（3）POS机在出库治理中能做些什么？

任务四　自动定位跟踪技术应用

内容简介

自动定位跟踪技术广泛应用于物流产业中,遥感技术(RS)、地理信息系统(GIS)、卫星定位系统(GPS)的功能对物流行业起到了革命性的作用。遥感系统(RS)电磁波遥感技术是利用各种物体/物质反射或发射出不同特性的电磁波进行遥感的。而地理信息系统(GIS)管理的对象是多种地理空间实体数据及其关系,包括空间定位数据、图形数据、遥感图像数据、属性数据等,用于分析和处理在一定地理区域内分布的各种现象和过程,解决复杂的规划、决策和管理问题。卫星定位系统(GPS)是伴随着美国 GPS 卫星定位系统对民用领域开放过后随之发展起来的。利用独特的卫星定位得到一系列数据,再通过 GPS 车载终端上的 GSM 网络通信传输数据到用户手中。

教学目标

(1)通过实例演示、图片对比,了解遥感、地理信息系统、卫星定位系统的概念,理解这些技术的工作原理及特点;

(2)通过讨论或实训,理解遥感技术、地理信息系统、卫星定位系统的应用领域;

(3)借助必要的遥感图片,使学生掌握遥感图片的解译标志,并能够判读简单的遥感、地理图片。

案例导入

东软公司 GPS-GIS 系统以通用 GIS 软件为平台,整体软件按照数据层、平台层和应用层开发,其中数据层以通用数据库为主体,以业内流行的 Oracle 数据库、SQL 数据库以及 IBM 公司的 DB2 数据库为主流数据库,数据层采集和整理系统的 GIS-GPS 数据资源平台层主要负责开发 GIS 接口层、数据交换平台、报表管理平台、GPS 接口层核心框架,实现从数据层数据到应用层数据的转换,为应用层物流应用系统提供必要的资源服务。

GPS-GIS 系统与物流管理软件相结合,适用于大型码头、集装箱运输等大型物流企业的车辆监控与调度,实时跟踪货物的运输,以确保物流的安全,即时调度物流车辆,加强对车辆的管理力度,物流车辆安装 GPS 卫星定位系统,根据客户和经营用车需求,GIS 系统自动查找最近空车,并通过对讲机/手机等方式与驾驶员进行语音/短消息通信,通知驾驶员跟进。每辆车都配报警按钮,在车辆遭遇意外事件或者货物被盗抢时向中心报警,中心接到报警作相应提示启动声光报警,而电子地图则以醒目的颜色显示报警车辆的位置及其详细资料,中心则根据车辆信息在电子地图上显示车辆位置及详细资料加以处理。特种车辆调度和监控车辆 GPS 监控/调度系统是运用车辆专用的 GPS 定位一体化的通信设备(车台)、无线通信接收和发射设备及网络设备和 GIS 软件,实现对车辆进行实时监控的一体化系统,是充分利用 GPS-GIS 手段对车辆进行监控的重要和先进的技术手段。主要是对物流车辆及特殊车辆进行跟踪、动态监视和调度指挥,实时在监控中心 GIS 地图上根据接收的车辆 GPS 信息跟踪显示多辆运输车辆行驶路线。

引导思路

(1) 遥感、地理信息系统、卫星定位系统三种定位技术是怎样运作的?
(2) 物流企业怎样将这些定位技术加以应用?

项目一　遥感技术(RS)应用

教学要点

(1) 能够完成 RS 系统成员的申请注册工作;
(2) 能够认识遥感技术的应用领域;
(3) 能对遥感图片进行简单判读。

教学方法

可采用讲授、情境教学、案例教学和分组讨论等方法。

一、情　境　设　置

物流企业对自己的配货车辆的运行情况采用一种技术进行形象化处理,知道货物的到达方位,这些都需要大量翔实的图片,企业对这种技术的工作原理、工作流程和特点应有所了解。在物流领域通过大量技术图片的具体应用,让大家体会到此技术的实用性。

二、技能训练目标

能够根据物流企业的战略目标、企业的状况、目标市场的特点来确定物流市场调研的内容。

三、相关理论知识

(一)遥感技术概要

1. 遥感

遥感,顾名思义,就是遥远地感知。传说中的"千里眼"、"顺风耳"就具有这样的能力。人类通过大量的实践,发现地球上每一个物体都在不停地吸收、发射和反射信息和能量,其中有人类已经认识到的形式——电磁波,并且发现不同物体的电磁波特性是不同的。遥感就是根据这个原理来探测地表物体对电磁波的反射和其发射的电磁波,从而提取这些物体的信息,完成远距离识别物体的任务。即不直接接触物体本身,从远处通过仪器(传感器)探测和接收来自目标物体的信息(如电场、磁场;电磁波、地震波等),经过信息的传输及其处理分析,来识别物体的属性及其分布等特征。

2. 遥感技术

遥感技术(Remote Sensing,RS)是指从高空或外层空间接收来自地球表层各类地理的电磁波信息,并通过对这些信息进行扫描、摄影、传输和处理,从而对地表各类地物和现象进行远距离控测和识别的现代综合技术,可用于植被资源调查、农作物产量估测、病虫害预测、物流道路通畅与拥堵的感测等方面。

航空遥感(Aerial Remote Sensing)又称机载遥感,是指利用各种飞机、飞艇、气球等作为传感器运载工具在空中进行的遥感技术,是由航空摄影侦察发展而来的一种多功能综合性探测技术,如图4-1所示。其工作原理是:由航空多谱段扫描仪可获得多光谱航空相片,其信息量大大多于单波段航空相片。航空侧视雷达从飞机侧方发射微波,在遇到目标后,其后向散射的返回脉冲在显示器上扫描成像,并记录在胶片上,产生雷达图像。图4-2是拍摄的汶川地震灾区遥感图。当时,对地震震中汶川的灾情了解很少,而航空遥感飞机相当于"数码相机",能够通过高空作业,对当地灾情进行连续实时拍摄。

图4-1 飞机运载传感器工具在空中进行的遥感

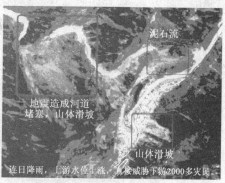

图4-2 拍摄的遥感图

(1)遥感技术组成

遥感平台:装载传感器的运载工具。分为近地面平台、航空平台、航天平台。

传感器(核心):是记录地物或反射电磁波能量的装置。

地面指挥系统:指挥和控制传感器与平台并接收其信息的指挥部,现代遥感的指挥系统一般由计算机系统来执行。

遥感技术包括传感器技术,信息传输技术,信息处理、提取和应用技术,目标信息特征的分析与测量技术等。

遥感技术依其遥感仪器所选用的波谱性质可分为:电磁波遥感技术,声纳遥感技术,物理场(如重力和磁力场)遥感技术。电磁波遥感技术是利用各种物体/物质反射或发射出不同特性的电磁波进行遥感的。按照感测目标的能源作用可分为:主动式遥感技术和被动式遥感技术。按照记录信息的表现形式可分为:图像方式和非图像方式。按照遥感器使用的平台可分为:航天遥感技术,航空遥感技术、地面遥感技术。按照遥感的应用领域可分为:地球资源遥感技术,环境遥感技术,气象遥感技术,海洋遥感技术等。

常用的传感器有:航空摄影机(航摄仪)、全景摄影机、多光谱摄影机、多光谱扫描仪(Multi Spectral Scanner,MSS)、专题制图仪(Thematic Mapper,TM)、反束光导摄像管(RBV)、HRV(High Resolution Visible range instruments)扫描仪、合成孔径侧视雷达(Side-Looking Airborne Radar,SLAR)。

常用的遥感数据有:美国陆地卫星(Landsat)TM 和 MSS 遥感数据,法国 SPOT 卫星遥感数据,加拿大 Radarsat 雷达遥感数据。遥感技术系统包括:空间信息采集系统(包括遥感平台和传感器),地面接收和预处理系统(包括辐射校正和几何校正),地面实况调查系统(如收集环境和气象数据),信息分析应用系统。

(2)遥感应用。

陆地水资源调查、土地资源调查、植被资源调查、地质调查、城市遥感调查、海洋资源调查、测绘、考古调查、环境监测和物流规划管理等。目前,主要的遥感应用软件是 PCI、ER-Mapper 和 ERDAS。

3.遥感技术的发展趋势

(1)进行地面遥感、航空遥感和航天遥感的多层次遥感试验,系统地获取地球表面不同比例尺,不同地面分辨率的影响数据。

(2)传感器的研制正向电磁波谱全波段覆盖的方向发展;其遥感的方式向立体遥感、全息遥感的方向发展;器件向固体化、小型化、高分辨率、高灵敏度、高光谱方向发展。

(3)遥感图像处理实现光学—电子计算机混合处理及实时处理,实现自动分类。

(4)加强地物波普形成机制和遥感信息传输理论研究,建立地物波普与影像特征的关系模型,以实现遥感分析解译的定量化和精确化。

(5)3S 奇数结合,构成一体化的技术体系,广泛应用于军事侦查,地图测绘,资源调查,资源开发与利用,环境监测及农业生产管理方面,并向更多的科学领域内推广应用,为有关部门提供辅助决策手段。

4.遥感数据的类型

按平台可分为:地面遥感、航空遥感、航天遥感数据;按电磁波段可分为:可见光遥感、红外遥感、微波遥感、紫外遥感数据等;按工作方式可分为:主动遥感、被动遥感数据。

遥感传感器由信息收集、探测系统、信息处理和信息输出 4 部分组成(图 4-3)。

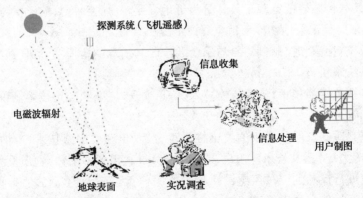

图 4-3 遥感传感器的组成

(二)遥感技术基本原理

遥感技术主要是通过探测系统中的传感器收集不同的电磁波信息,根据电磁波在真空或物质中传播的交变电磁场产生的遥感波段,即地物反射的光谱曲线不同,分析出不同的地物种类,从而进行分析、判断。常用的波段有:紫外线、可见光、红外线、微波。那遥感技术所使用的电磁波段又由以下几个方面所确定。

1. 电子波谱

电子波谱为按照电磁波波长的长短(或频率的大小),依次排列成的图表。

地物的发射光谱:地物的发射率随波长变化的规律,称为地物的发射光谱。地物发射率的不同是红外遥感技术的重要依据。

地物的反射遥感光谱:地物的反射率随入射波长变化的规律,叫地物的反射光谱。按地物反射率与波长之间的关系绘成的曲线(横坐标为波长值,纵坐标为反射率)称为地物反射光谱曲线,如图4-4所示。

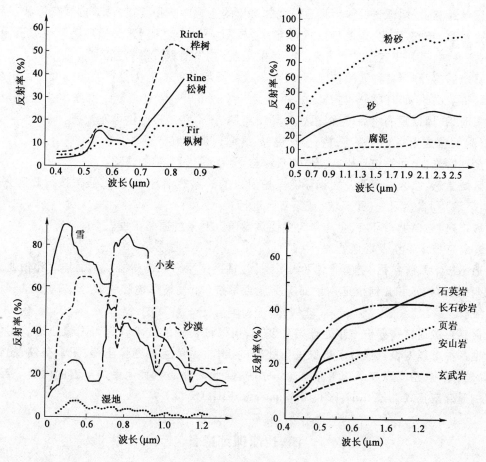

图4-4 地物反射的光谱曲线图

2. 遥感技术分类

(1)遥感技术可利用的电磁波的光谱段分类可分为可见光反射红外遥感、热红外遥感、微波遥感三种类型。

可见光反射红外遥感,主要指利用可见光(0.4~0.7μm)和近红外(0.7~2.5μm)波段的遥感技术统称,前者是人眼可见的波段,后者即是反射红外波段,人眼虽不能直接看见,但其信息能被特殊遥感器所接收。它们的共同特点是,其辐射源是太阳,在这两个波段上只反映地物对太阳辐射的反射,根据地物反射率的差异,就可以获得有关目标物的信息,它们都可以用摄影方式和扫描方式成像。

热红外遥感,指通过红外敏感元件,探测物体的热辐射能量,显示目标的辐射温度或热场图像的遥感技术的统称。热红外遥感指8~14μm波段范围。地物在常温(约300K)下热辐射的绝大部分能量位于此波段,在此波段地物的热辐射能量大于太阳的反射能量。热红外遥感具有昼夜工作的能力。

微波遥感,指利用波长 1~1000mm 电磁波遥感的统称。通过接收地面物体发射的微波辐射能量,或接收遥感仪器本身发出的电磁波束的回波信号,对物体进行探测、识别和分析。微波遥感的特点是对云层、地表植被、松散沙层和干燥冰雪具有一定的穿透能力,又能全天候工作。

(2)在研究对象上遥感技术可进行资源遥感与环境遥感。

资源遥感:以地球资源作为调查研究的对象的遥感方法和实践,调查自然资源状况和监测再生资源的动态变化,是遥感技术应用的主要领域之一。利用遥感信息勘测地球资源,成本低,速度快,有利于克服自然界恶劣环境的限制,减少勘测投资的盲目性。

环境遥感:利用各种遥感技术,对自然与社会环境的动态变化进行监测或做出评价与预报的统称。由于人口的增长与资源的开发、利用,自然与社会环境随时都在发生变化,利用遥感多时相、周期短的特点,可以迅速为环境监测、评价和预报提供可靠依据。

(3)根据应用空间尺度可进行全球遥感、区域遥感和城市遥感。

全球遥感:全面系统地研究全球性资源与环境问题的遥感的统称。

区域遥感:以区域资源开发和环境保护为目的的遥感信息工程,它通常按行政区划(国家、省区等)和自然区划(如流域)或经济区进行。

城市遥感:以城市环境、生态作为主要调查研究对象的遥感工程。

3.遥感技术系统及图像处理

遥感技术系统包括:空间信息采集系统(包括遥感平台和传感器),地面接收和预处理系统(包括辐射校正和几何校正),地面实况调查系统(如收集环境和气象数据),信息分析应用系统。

遥感影像通常需要进一步处理方可使用,用于该目的的技术称之为图像处理。图像处理包括各种可以对像片或数字影像进行处理的操作,这些包括图像压缩、图像存储、图像增强、处理、量化、空间滤波以及图像模式识别等,除此之外还有其他更加丰富的内容。目前,主要的遥感应用软件是 Ilwis、PCI、ERMapper 和 ERDAS。

四、技能训练准备

(1)从"谷歌地图"(Google Earth)上截取两幅遥感图片,然后再准备普通照片图。

(2)卡片若干张。

(3)教师现场指导。

(4)训练时间安排:1 学时。

五、技能训练步骤

(1)以每位学生为单位,通过遥感图片的观摩,在卡片上写出遥感图片在各领域的具体应用。

(2)简单介绍遥感技术的特点。

六、技能训练注意事项

(1) 认真思考,认真填写卡片。
(2) 卡片汇总后要进行归类。
(3) 调研内容的确定要有依据、要准确。

七、技能训练评价

请完成技能训练后填写表 4-1。

技能训练评价表   表 4-1

专业	物流管理	班级		学号		姓名	
考评地点	多媒体教室						
考评内容	遥感技术认知						
考评标准			内　　容			分值(分)	评分(分)
	学生自评	参与度	是否积极参与学习?是否积极主动反应?是否积极探知知识点和思考工作方法?是否积极参加回答?			10	
		制作卡片	是否独立完成?是否有专业性?图表是否合理清晰?			15	
	小组互评	协作能力	信息传递是否准确?传递是否及时?交流是否融洽?			15	
		岗位描述	是否口头表达顺畅?岗位职责是否详细?是否具有可执行性?是否具有有效性?			10	
		辨别能力	是否积极参与学习?是否积极探知知识点和思考工作方法?是否积极参加研讨?			10	
	教师评价	思维敏捷	流程设置是否清晰?思辨性强弱与否?			15	
		角色完成质量	对卡片问题回答是否科学?回答是否准确?			10	
		认真聆听	神情是否专注?对问题是否积极回应?态度是否端正?			15	
			总　　评			100	

八、技能训练活动建议

建议组织学生观看遥感技术方面的视频。

思考练习

1. 什么是遥感技术,其原理是什么?
2. 地物的反射遥感光谱有哪些特性?

3. 遥感技术有哪些方面的应用？物流产业方面应用有哪些？

4. 遥感影像就像我们生活中拍摄的照片一样，遥感像片同样可以"提取"出大量有用的信息。从一个人的照片中，我们可以辨别出人的头、身体及眼、鼻、口、眉毛、头发等信息。遥感影像一样可以辨别出很多信息，如水体（河流、湖泊、水库、盐池、鱼塘等）、植被（森林、果园、草地、农作物、沼泽、水生植物等）、土地（农田、林地、居民地、厂矿企事业单位、沙漠、海岸、荒原、道路等）、山地（丘陵、高山、雪山）等；从遥感影像上能辨别出较小的物体如：一棵树、一个人、一条交通标志线、一个足球场内的标志线等。这是怎样进行的呢？

项目二　地理信息系统（GIS）应用

教学要点

（1）能够完成 GIS 系统成员的申请注册工作；
（2）能够完成商品条码的申请注册工作；
（3）拟定一份物流市场调查计划；
（4）设计制作一份调查表。

教学方法

可采用讲授、情境教学、案例教学和分组讨论等方法。

一、情 境 设 置

随着现代物流业的快速发展，物流信息量迅速增加，对配送系统的要求也更高。而传统的配送系统管理的信息化程度较低，缺乏可视性；对海量数据分析、处理及决策支持能力较差；另外，决策时所依赖的配送模型过于理想化，较少考虑实际因素的变化，实操性较差。因此，要提高配送系统决策的科学性、可视性和信息化程度，就要采用什么样的技术与物流配送系统的集成则能较好地实现这一目标呢？

二、技能训练目标

能够根据物流企业的战略目标、企业的状况来确定 GIS 的应用。

三、相关理论知识

1. 地理信息系统（GIS）构成及特点

地理信息系统（GIS）是一个能够获取、存储、管理、查询、模拟和分析地理信息的计算机系统，是一切综合处理和分析大量地理数据的通用地理信息技术。它按照地理特征的关联，将多方面的数据以不同层次联系起来构成现实世界模型，在此模型上使用空间查询和空间分析进行管理，并通过空间信息模拟和分析软件包进行空间信息的加工、再生，为空间辅助决策的分析打下基础。

GIS 主要组成部分包括数据库与数据管理系统、空间数据处理、空间数据分析、规划、管理和决策模型、信息显示与制图输出等,主要功能包括空间及属性数据的采集、编辑,数据处理、存储与组织,空间查询与分析以及电子地图信息的显示与输出等。

与一般的管理信息系统相比,GIS 具有如下特征:

(1)高效的空间数据存储和组织模式,实现空间数据与属性数据的统一管理。

(2)电子地图实现数据可视化,直观性和交互性较强。

(3)有很强的空间数据的处理和分析能力,独有的空间分析决策功能。

一般 GIS 具有制图、编辑、查询、统计等基本功能,有的 GIS 系统还提供了更为强大的 GIS 分析功能,如网络分析、拓扑分析、叠加分析等,其中,网络分析包括最佳路径分析,车辆轨迹追踪分析等部分。如 ArcGIS 软件就具有良好的系统开放性,还采用了工业标准的 COM 体系结构,可与其他系统实现真正的无缝集成,提高配送系统决策的科学性、可视性和信息化程度。

2. GIS 的应用系统主要组成部分

(1)GIS 使用的硬件系统。硬件系统是指操作 GIS 所需的一切计算机资源。目前的 GIS 软件可以在很多类型的硬件系统上运行,从中央计算机服务器到桌面计算机,从单机到网络环境。一个典型的 GIS 硬件系统除计算机外,还包括数字化仪、扫描仪、绘图仪、磁带机等外部设备(如图 4-5 所示)。

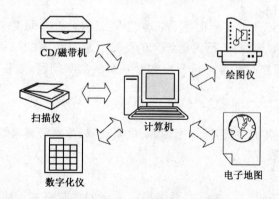

图 4-5　基本型 GIS 硬件配置示意图

(2)GIS 使用的软件系统。软件是指 GIS 运行所必需的各种程序,主要包括计算机系统软件和地理信息系统软件两部分。地理信息系统软件提供存储、分析和显示地理信息等功能。主要的软件部件有:输入和处理地理信息的工具;数据库管理系统工具;支持地理查询、分析和可视化显示的工具;简捷易操作的图形用户界面,如图 4-6 所示。

(3)数据。数据是一个 GIS 应用系统最基础的组成部分。一个 GIS 应用系统必须建立在准确合理的地理数据基础上。数据的来源有室内数字化和野外采集,以及从其他数据转换而来。

数据包括空间数据和属性数据,空间数据是 GIS 的操作对象,是现实世界经过模型抽象的实质性内容,它具体表现了地理空间实体的位置、大小、形状、方向以及几何拓扑关系。

(4)人员。人员是地理信息系统中重要的构成要素。GIS 不同于一幅地图,它是一个动态的地理模型,仅有系统软硬件和数据还不能构成完整的地理信息系统,需要人进行系统组织、管理、维护和数据更新、系统扩充完善以及应用程序开发,并采用空间分析模型提取多种信息。因此,操作管理人员的专业素质是 GIS 应用的关键。一个 GIS 的实施维护团队应该包含有项目负责人、信息技术专家、应用专业领域技术专家、程序员和操作员等。

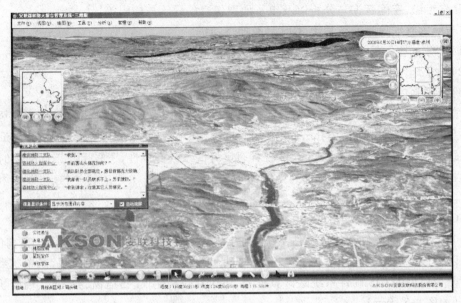

图 4-6　GIS 软件操作界面

(5) 方法。这里的方法主要是指空间信息的综合分析方法,即常说的应用模型。它是在对专业领域的具体对象与过程进行大量研究的基础上总结得出的规律的表示。GIS 应用就是利用这些模型对大量空间数据进行分析综合来解决实际问题,如基于 GIS 的矿产资源评价模型、灾害评价模型等。

3. GIS 工作过程

GIS 需经过 5 个方面的过程,即数据输入、数据编辑、数据存储与管理、空间查询与分析、可视化表达与输出,如图 4-7 所示。

(1) 数据输入

在地理数据用于 GIS 之前,数据必须转换成适当的数字格式。数据输入是建立地理数据库必需的过程。是将地图数据、物化遥感数据、统计数据和文字报告等输入并转换成计算机可处理的数字形式的过程。从图纸数据转换成计算机文件的过程叫做数字化。对于大型的项目,现代 GIS 技术可以通过扫描技术来使这个过程全部自动化,对于较小的项目,需要手工数字化。目前,许多地理数据已经是 GIS 兼容的数据格式。这些数据可以从数据提供商那里获得并直接装入 GIS 中。

(2) 数据处理

对于一个特殊的 GIS 项目来说,可能要将数据转换或处理成某种形式以适应现有的系统。地理信息适用于不同的比例尺,在这些信息被集成以前,必须转变成同一比例尺。这可以是为了显示的目的而做的临时变换,也可以是为了分析所做的永久变换。GIS 技术提供了许多工具来处理空间数据和去除不必要的数据。

(3) 存储和管理

对于小的 GIS 项目,把地理信息存储成简单的文件就足够了。但是,当数据量很大而且用户数很多时,则使用数据库管理系统(DBMS),来帮助存储、组织和管理数据。有许多不同的 DBMS 设计,但在 GIS 中,关系数据库管理系统的设计是最主要的。在关系数据库系统设计中,概念上数据都被存储成一系列的表格。不同表格中的共同字段可以把它们连接起来。

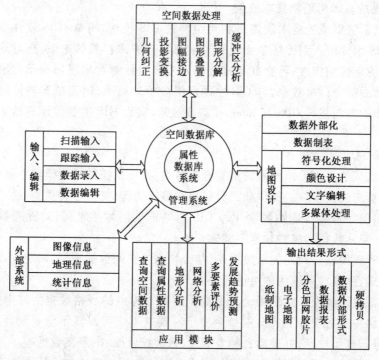

图 4-7　GIS 工作过程图

(4) 查询和分析

GIS 提供简单的鼠标点击查询功能和复杂的分析工具,为管理者和类似的分析家提供及时的信息。在分析地理数据用于寻找模式和趋势,或提出"如果……怎么样"设想时,GIS 技术就能派上用处了。现代的 GIS 具有许多有力的分析工具,但是有两个是特别重要的。

①接近程度分析:例如用户想了解类似这样的问题,在这片水域周围 100m 范围内有多少房子等,GIS 技术使用一个叫做缓冲的处理方法,来确定特征间的接近关系。

②覆盖范围分析:不同数据层的综合方法叫做覆盖。简单地说,它可以是一个可视化操作,但是分析操作需要一个或多个物理连接起来的数据层。覆盖或空间连接,例如可以将税收数据与土地、斜坡、植被或土地所有者等集成在一起。

(5) 结果可视化输出

所有查询和分析的结果最终都以地图信息的形式输出。图片对于存储和传递地理信息是非常有效的。制图已经有上千年的历史,GIS 为扩展这种制图艺术和科学提供了崭新的工具。地图显示可以集成在报告、三维观察、照片图像和多媒体的输出中。

4. GIS 在物流配送系统中的应用

物流活动作为物体在空间上的移动,是时间和空间的集合。因此,与空间有关的地理信息系统(GIS)便有了用武之地。GIS 应用于物流配送环节主要是利用 GIS 强大的地理数据功能来完善物流分析技术,其作用表现在处理相关空间问题的分析、检索、处理和决策上。例如:物流配送的可视化表达、配送中心选址、配送点布局、最佳配送路径选择等方面的决策、物流配送的动态监测等。对于配送系统来说,GIS 技术的融入,能更容易地处理物流配送中货物的运输、仓储、装卸、运送等各个环节,并对配送系统中的运输路线选择、仓库位置的选择、仓库的容量设置、合理装卸策略、运输车辆的调度和投递路线的选择等进行有效的管理和决策分析。

(1) 系统集成基本思路及集成框架

在应用中,系统集成的基本思路是利用组件式 GIS 技术,将 ArcGIS 软件中与物流配送密切相关的 GIS 组件引入到传统的物流管理信息平台中来。具体来说,先对采集的地理空间数据和物流信息数据集成;再在此基础上加入 GIS 组件对数据进行显示、分析,完成配送网络的规划;然后结合订单数据,与 GIS 中的网络分析功能集成,完成车辆调度及配送路线的优化;进一步的方向是将 GPS 和 Internet 集成进来,实现 GIS 的物流配送的实时监控和网络化。

(2) 系统集成功能模块

根据系统集成的基本思路和系统集成框架结构,集成系统的功能模块主要如下:

①数据采集与转换模块。提供地图数字化和编辑功能,支持多种类型、格式的地图数据和模型的转换,例如将纸质地图数字化为 GIS 能够识别的数字地图,对遥感数据进行转换等,并提供地图空间数据和属性数据的编辑功能。

②数据库管理模块。利用关系数据库,结合特殊的空间数据模型,对空间及属性数据进行统一存储管理,是集成系统中的关键模块之一。

③电子地图显示模块。实现由录入的数据或数据库中的表格数据生成电子地图,并对配送网络及网络中的各要素进行分层综合显示。要求不仅可以显示全要素地图,也可以根据用户需要,进行分层显示,并输出各种专题图、各类统计图、图表及数据等。

④查询统计模块。提供属性—空间的逻辑查询和空间—属性的空间要素查询功能。可对数据库进行查询操作,也可直接对地图进行查询操作。提供空间要素的统计功能。具体包括数量、距离、面积、密度、流量等方面。提供客户订单和货物定位查询,结合 GPS 功能和 WebGIS 功能为客户提供在线查询。

⑤ GIS 空间分析模块。支持物流作业的地理空间数据的分析,如多层叠加分析、地图数据与属性数据共同分析、路径分析、动态监测分析等,并能提供相应的统计分析专题图。

⑥网络配送规划决策模块。该模块是专门针对配送系统特点而设立的,其辅助决策功能表现在以下几个方面:

a. 配送中心的选址与物流网点布局决策。配送中心的选址规划问题用于确定一个或多个设施的位置或对现存设施的进行增点布局,使得总成本最小。

b. 最优路径选择。最优路径选择在物流配送中用于解决配送网络两个节点之间的最短路径问题及最佳游历方案选优。其中,最短路径问题还可以转化为最快路径问题、最低费用问题等;物流配送中较常见的节点最佳游历问题要求解决由配送中心出发遍历指定的若干中间配送节点而达终点的最佳路径。

c. 网络流分析与配送区域划分规划。用于解决多个配送中心之间的配送服务区域的划分问题和网络物流量平衡问题。要求合理划分配送中心的服务范围,确定其供应半径,实现宏观供需平衡,并能根据配送系统中现有客户分布及订单货物分布,发掘潜在的客户,进一步拓展市场。

(3) 物流配送动态监测及配送效果评价

通过 GIS 进行配送车辆的实时监控和调度,并能对配送完成情况进行分析、评价,还要求能提供客户所需的货物定位在线查询功能。

（4）GIS 在物流系统中的物流分析。

主要是利用 GIS 强大的地理数据功能来完善物流分析技术。一个完整的 GIS 物流分析软件通常集成有车辆路线模型、最短路径模型、网络物流模型、分配集合物流模型和设施定位模型。

①车辆路线模型用于解决一个起始点、多个终点的货物运输中，如何降低物流作业费用、车辆车次的调配和保证服务质量等问题。

②最短路径模型用于解决寻求最有效的分配货物路径问题，也就是物流网点布局问题。例如需要将货物从 N 个仓库运往到 M 个商店，而它们的需求量固定，因此需要研究由哪个仓库提货送往哪个商店的运输成本最小。

③分配集合物流模型可以根据各个要素的相似性把同一层上的所有或部分要素分为几个组，用以解决服务范围和销售市场范围的问题。例如某一企业要设立多个分销点，要求这些分销点要覆盖某一地区，而且要使每个分销点的顾客数目大致相同。

④设施定位模型用于研究一个或多个设施的位置。在物流系统中，仓库和运输线路共同组成了物流网络。仓库处于网络的节点上，节点决定着线路的设置。运用该模型可以较好地解决在既定区域内设立仓库的数量、每个仓库的位置、每个仓库的规模以及仓库之间的物流关系等，以使实际供求需要及经济效益都得到满足。

四、技能训练准备

（1）学生每 5 人为一个小组，每个小组选一名组长。
（2）卡片若干张。
（3）教师现场指导。
（4）训练时间安排：1 学时。

五、技能训练步骤

（1）以每位学生为单位，在卡片上写出要回答的问题。
（2）各组通过卡片问询法，收集要询问的哪些问题，问题汇总后交给老师用于提问。
（3）以组为单位完成老师所提问题。
（4）每组派一位代表陈述结果。

六、技能训练注意事项

（1）网上或书上拟定题目，认真填写卡片。
（2）卡片汇总后要进行归类。
（3）问题内容的确定要注意物流与 GIS 技术相结合。

七、技能训练评价

请完成技能训练后填写表 4-2。

技能训练评价表 表4-2

专业		物流管理		班级		学号		姓名	
考评地点		多媒体教室							
考评内容		地理信息系统的物流应用							
考评标准			内 容					分值(分)	评分(分)
	学生自评	参与度	是否积极参与收集？是否积极动手实践？是否积极探知知识点和思考工作方法？是否积极参加研讨？是否积极提出建议？					10	
		工作结果	是否独立完成？撰写内容是否简洁？是否具有专业性？图表是否合理清晰？					15	
	小组互评	协作力	信息传递是否准确？传递是否及时？交流是否融洽？					15	
		岗位描述	是否口头表达顺畅？GIS与物流的探讨是否有效？					10	
		组织能力	是否积极参与学习？是否积极探知知识点和思考工作方法？是否积极参加研讨？					10	
	教师评价	提供资料	阐述是否清晰？收集题目是否新颖？是否图文并茂？					15	
		角色完成质量	填写卡片是否认真？卡片问题汇总是否科学？是否按时完成项目？是否正确完成项目？是否采取合理工作方法？					10	
		工作结果	阐述内容是否全面？专业性强弱与否？图表是否合理清晰？是否具有独创性？					15	
			总 评					100	

八、技能训练活动建议

建议有条件的学校组织学生到实训室进行模拟操作。

思考练习

1. 什么叫遥感平台？按其高度不同可以分为哪几种？
2. GIS主要组成部分包括哪些？
3. GIS工作过程是怎样的？
4. 试叙述GIS系统集成基本思路及集成框架？
5. GIS在物流中有哪些应用？
6. 什么叫地物反射光谱？在物理分析中,有哪些功能模块？各模块能解决什么问题？

项目三 全球定位系统（GPS）应用

教学要点

（1）能够完成GPS系统成员的申请注册工作；

（2）能够掌握 GPS 在货物运输系统中的应用；
（3）基本弄清 GPS 的基本工作原理。

教学方法

可采用讲授、情境教学、案例教学和分组讨论等方法。

一、情 境 设 置

物流公司在经营中有几台车，当货物在配送中要适时监控货物运行情况是非常不便的。尤其是物流公司的货物从月台出来经场区到达各自配送点的过程中，车辆是否按时到达？是否中途出现交通堵塞？是否驾驶员因各种原因偏离行驶路线？这些都无从知晓，更无法直观查见。为加大整个业务活动的有效运转，形成产业化经营，会使用 GPS 定位系统来进行动态的管理，装备车载 GPS 终端随时随地可以查看任何一辆运载货车的运营状况，并且为物流企业节约 40% 的运营成本。

二、技能训练目标

能够根据物流企业的实际状况，选择不同的 GPS 系统。

三、相关理论知识

1. GPS 定义

全球定位系统(Global Positioning System, GPS)利用卫星星座(通信卫星)、地面监控部分和信号接收机对对象进行动态定位。GPS 能对静态、动态对象进行动态空间信息的获取，不受天气和时间的限制，快速、精度均匀地反馈空间信息。

在 GPS 技术出现之前，远程导航与定位主要用于无线导航系统，而最早的卫星定位系统是美国在 1958 年研制的子午卫星导航系统(NNSS)，它在 1964 年正式投入使用。由于该系统卫星数量较少(一般是 5~6 颗)，运行高度较低(平均在 1 000km 左右)，从地面站观测到卫星的时间间隔较长(平均 1.5 h 反馈一次信息)，因而无法提供连续的实时三维导航，而且精度较低。为满足军事部门和民用部门对连续实时和三维导航的迫切要求，1973 年美国国防部制订了 GPS 计划，第二代卫星导航系统便应运而生了。

GPS 运营中心的 GPS 产品，其主要功能如下：
(1)车辆实时监控。
(2)车辆轨迹实时记录。
(3)车辆轨迹回放；日程表查询；监听功能(需自配可通话 SIM 卡)；油控系统。
(4)行驶记录保存。
(5)超速报警统计查询。
(6)车辆行驶线路规划。
(7)超出预定线路报警。
(8)行驶里程统计。
(9)车辆启动、停车位置查询。

（10）车辆停车记录报表下载生成 Excel 电子表格。

（11）电子栅栏设置。

（12）速度曲线统计。

（13）设备在线时间统计。

2. GPS 技术的主要特点

（1）全球、全天候工作。GPS 能为用户提供连续、实时的三维位置、三维速度和精密时间，且不受天气的影响。

（2）定位精度高。系统单机定位精度优于 10m，采用差分定位，精度可达厘米级和毫米级。

（3）功能多，应用广。GPS 不仅在测量、导航、测速、测时等方面得到了广泛的应用，而且随着人们对 GPS 认识的加深，其应用领域还将不断扩大，如应用在汽车自定位、跟踪调度、陆地救援、内河及远洋船舶最佳航程和安全航线的实时调度，还有大地测量、工程测量、航空摄影测量、地壳运动监测、工程变形监测、资源勘察、地球动力学等各行各业中。

3. GPS 工作原理及系统组成

简单地说，GPS 的工作原理是利用了我们熟知的几何与物理上一些基本原理。首先，假定卫星 A 的位置为已知，而又能准确测定我们所在地点 D 至卫星 A 之间的距离，那么地点 D 一定是位于以卫星 A 为中心、所测得距离为半径的圆球上；又测得地点 D 至卫星 B 的距离，则地点 D 一定处在前后两个圆球相交的圆环上；还可测得其与卫星 C 的距离，就可以确定地点 D 只能是在 3 个圆球相交的两个点上（如图 4-8 所示）。根据一些地理知识，我们可以很容易排除其中一个不合理的位置。当然也可以再测量地点 D 至另一个卫星的距离，也能进行精确地定位。由此我们可以得出，要实现精确定位，就要解决两个问题：一是要确知卫星的准确位置；二是要准确测定卫星至地球上我们所在地点的距离。

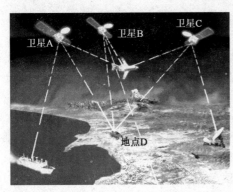

图 4-8　卫星定位原理示意图

GPS 系统包括以下三大部分：GPS 卫星星座（空间部分）、地面支撑系统（地面监控部分）、GPS 接收机（用户部分）。

（1）GPS 卫星星座（空间部分）

GPS 卫星星座由 21 颗工作卫星和 3 颗在轨备用卫星组成，记作（21＋3）GPS 星座，卫星高度为 20000km，运行周期 12h。24 颗卫星均匀分布在 6 条升交点相隔 60600 的轨道面上，轨道倾角为 55°。每个轨道平面内各卫星之间的升交角距相差 90°，轨道平面的卫星数量随着时间和地点的不同而有所变化，最少时可观测到 4 颗，最多时可以见到 11 颗。具有这种轨道参数的卫星，其发射的信号能覆盖地球面积的 38%。卫星运行在轨道的任何位置上，对地面的距离和信号波覆盖面积基本不变，且在信号波覆盖区域内，用户接收到的卫星信号强度近似相等，这对提高定位精度十分有利。这种特性使得 GPS 在全球任何地方、任何恶劣的气候条件下，都能为用户提供全天候服务。

（2）地面支撑系统（地面监控部分）

对于导航定位来说，GPS 卫星是动态已知点。卫星的位置是依据卫星发射的星历——

描述卫星运动及其轨道的参数计算得出的。每颗 GPS 卫星所播发的星历是由地面监控系统提供的。卫星上的各种设备是否正常工作,以及卫星是否一直沿着预定轨道运行,都要由相应的地面设备进行监测和控制。地面监控系统另一重要作用是保持各卫星处于同一时间标准。

这就需要地面站监测出各卫星的时间,求出钟差,然后由地面注入站发给卫星,卫星再通过导航电文发送给用户设备。

地面监控部分由分布在全球的若干个跟踪站所组成的监控系统构成。根据其作用的不同,这些跟踪站又被分为主控站、监控站和注入站。主控站的项目是根据各监控站对 GPS 的观测数据,计算出卫星的星历和卫星钟的改正参数等,并将这些数据通过注入站传输到卫星中去。主控站还对卫星进行控制,向卫星发布指令,纠正卫星的轨道偏离,而当工作卫星出现故障时,由主控站发出指令调度备用卫星,替代失效的工作卫星工作。另外,主控站还负责监测整个地面监测系统的工作,检验传输给卫星的导航电文是否正确,监测卫星是否将导航电文正确发送给用户等(如图 4-9 所示)。

(3)GPS 接收机(用户部分)

用户部分包括用户组织系统和根据要求安装的相关设备,其中心设备是 GPS 接收机。GPS 接收机是一种特制的无线电接收机,用来接收导航卫星发射的信号,并以此计算出定位数据。GPS 接收机能够捕获到按一定卫星高度截止角所选择的待测卫星的信号,并跟踪这些卫星的运行,对所接收到

图 4-9　GPS 地空数据修正

的 GPS 信号进行变换、放大和处理,以便测量出 GPS 信号从卫星到接收机天线的传播时间,解译出 GPS 卫星所发送的导航电文,实时地计算出监测站的三维位置,甚至三维速度和时间。完整的 GPS 用户设备由接收机硬件和机内软件以及 GPS 数据的后期处理软件构成。

GPS 的定位方式有多种,根据定位的模式可分为绝对定位和相对定位。绝对定位也叫单点定位,通常是指在协议地球坐标系中直接确定监测站相对于坐标系原点(地球质心)绝对坐标的一种定位方法。利用 GPS 进行绝对定位的基本原理是以 GPS 卫星和用户接收机天线之间的距离(或距离差)观测量为基础的,并根据已知的卫星瞬时坐标来确定用户接收机天线所对应的点位,即监测站的位置。相对定位在两个或若干个测量站上,设置 GPS 接收机,同步跟踪观测相同的 GPS 卫星,测定它们之间的相对位置。相对定位是用几点同步观测 GPS 卫星的数据进行定位,因此能有效地消除或减弱许多相同的或基本相同的误差,如卫星钟的误差、卫星星历的误差、卫星信号在大气中的传播延迟误差和 SA 的影响等,从而获得很高的相对定位精度,因此在大地控制网、精密工程测量、地球动力学、地震监测网和导弹火箭等外弹道测量等方面都有广泛应用。

而根据定位时接收机的运动状态,GPS 又可分为静态定位和动态定位两种方式。静态定位指的是 GPS 接收机在捕获和跟踪 GPS 卫星的过程中固定不动,接收机高精度地测量 GPS 信号的传播时间,利用 GPS 卫星运行轨道的已知位置,计算出接收机天线所在位置的三维坐标。所谓动态定位是在进行定位时设定 GPS 接收机的天线在整个观测过程中的位置是变化的,是接收机对物体运动轨迹的测定。

4. GPS 的使用方法

(1) 有地图使用

GPS 技术与详细地图配合使用时效果最好，但由于国内各个地区的大比例尺地图十分难得，GPS 使用效果受到一定限制。对 GPS 精确地图的线路规划比较烦琐，首先要制定行程计划，按照线路的复杂情况和里程建立一条或多条线路(Route)，划定路线特征点的坐标，输入 GPS 建立线路的各条"腿"(Legs)，并把一些单独的标志点作为路标(Landmado Waypoint)输入 GPS。

运输工具在移动过程中带上电子地图，一是可利用 GPS 来确定自己在地图上的位置，二是能够按照导向功能指示的目标方向，配合地图找出前进目标。另外，在使用过程中，最好能记录各规划点的实际坐标，之后针对规划线路制订出实际线路，即可为原路返回时提供定位便利，又可将其保存起来反复使用。

(2) 无地图使用

①坐标定点。这种方式常用于确定岩壁坐标、探洞口坐标或其他如线路起点、转折、宿营点的坐标。用法较简单，规划一个坐标即可，但所要找的地点坐标必须已经以路标(Landmado Waypoint)的形式存在于 GPS 的内存中，可以是以前保留下来的数据，或是手动输入、计算机上的路标数据。按下相应的功能控键，从列表中选择相应的目的路标，通过导向界面显示出当前地点离目标的距离、速度、目标方向角等。

②路线导向。使用时，系统会通过终端显示，引导用户移动到第一个坐标的位置，到达后，系统又立即显示下一个坐标的规划线路。如果在移动过程中，用户偏离了路线，则一旦回到路线上来，系统又将正确显示当前位置的下一个坐标。

③路线回溯。路线回溯功能是将用户之前使用过的规划线路存储起来，在用户原路返回时进行线路引导和定位。

5. GPS 技术在运输系统中的应用

随着我国物流业的发展，货物运输量日益增多，对车辆和货物的经营管理和合理调度就成为物流运输管理系统中的一个重要问题。过去，用于交通管理系统的设备主要是无线电通信设备，由调度中心向车辆驾驶人员发出调度命令，驾驶人员只能根据自己的判断说出车辆所在的大概位置，而在陌生地带或夜间则无法确认自己的方位，有时还会迷路。因此，从调度管理和安全管理方面，其应用受到限制。GPS 技术的出现给车辆、船舶等交通工具的导航定位提供了具体的实时的定位功能。通过车载 GPS 接收机，驾驶员能够随时知道自己的具体位置。通过车载电台将 GPS 定位信息发送给调度指挥中心，中心的管理人员便可及时掌握各车辆的具体位置，并在大屏幕电子地图上直观地显示出来。

(1) 车辆 GPS 定位管理系统

车辆 GPS 定位管理系统主要是由车载 GPS 自主定位，结合无线通信系统，对车辆进行调度管理和跟踪。已经开发使用的系统有：车辆全球定位报警系统、警用 GPS 指挥系统等，它们分别用于城市公共汽车调度管理，风景旅游区车船报警与调度，海关、公安、海防等部门对车船的调度与监控。

车辆 GPS 定位属于单点动态导航定位，其定位量级约为 100m。为了提高定位精度，可采用差分 GPS 技术。

(2) 应用差分 GPS 技术的车辆管理系统

若采用一般差分 GPS 技术，每辆车上都应接收差分改正数，这样会造成系统过于复杂，所以实际应用中多采用集中差分技术。

在车辆管理系统中,每一辆车都装有GPS接收机和车载电台,监控中心设在基准站位置,坐标精确已知。基准站内安置GPS接收机,同时安装通信电台、计算机、电子地图、大屏幕显示器等设备。工作时,各车辆上的GPS接收机将其位置、时间和车辆编号等信息一同发送到监控中心。监控中心将车辆位置与基准站GPS定位结果进行差分得出差分改正数,对车辆位置进行改正,计算出精确坐标,经过坐标转换后显示在大屏幕上。

这种集中差分技术可以简化车辆上的设备。车载部分只接收GPS信号,不必考虑差分信号的接收。而监控中心集中进行差分处理,显示、记录和存储数据。通信方式可采用原有的车辆通信设备,只要增加通信转换接口即可。

差分GPS设备能够实时地提供精确的位置、速度和航向等信息,因此车载GPS差分设备还可以对车辆上的各种传感器,如计程仪、车速仪、磁罗盘等进行校准。

6. 网络GPS

网络GPS是把Internet技术与GPS技术相结合,在互联网界面上显示GPS动态跟踪信息,以实现实时监控动态调度的功能。

网络GPS是在互联网上建立起来的一个公共GPS监控平台(如图4-10所示),它综合了Internet与GPS的优势与特色,解决了单纯使用GPS技术所存在的投资费用高、跟踪信息显示有地域限制等问题,并进一步增加了权限保密措施。

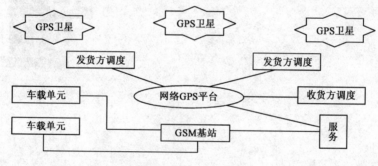

图4-10　网络GPS系统

网络GPS的主要功能如下:

(1)实时监控功能。可在任意时刻通过发出指令查询运输工具所在的地理位置和相关信息,如经度、纬度、运行速度等,并通过电子地图直观地显示出来,如图4-11、图4-12所示。

(2)双向通信功能。网络GPS的用户可使用GSM的语音功能与驾驶操作人员进行通话,或使用本系统安装在运输工具上的液晶显示终端进行汉字消息收发对话。驾驶操作人员可通过按下相应的功能控键,将通话信息反馈到网络GPS设备中,质量监督员即可在工作站的信息处理终端上确认其工作的正确性,了解并控制整个运输作业的准确性。

(3)动态调度功能。调度人员能在任意时刻通过调度中心发出文字调度指令,并得到确认信息。另外,还可实行运输工具待命计划管理。系统操作人员通过运输工具在途信息的反馈,可以提前设定做好待命计划,提前下达运输项目,减少等待时间,减少空车时间和空车距离,加快运输工具的周转速度以及充分利用运输能力。

(4)数据存储、分析功能。通过网络GPS可实现路线规划及路线优化,事先规划车辆的运行路线、运行区域,并将该信息记录在数据库中,以备以后查询、分析使用,如图4-13所示。

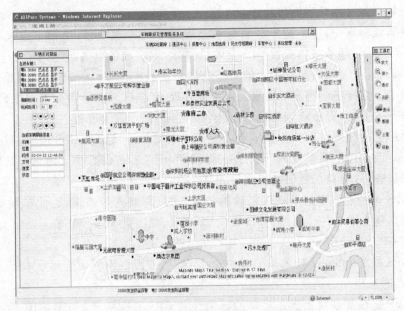

图 4-11　GPS 全球卫星定位监控中心示意图 1

图 4-12　GPS 全球卫星定位监控中心示意图 2

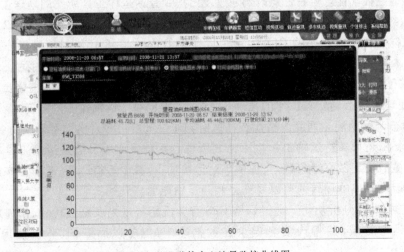

图 4-13　GPS 监控中心油量监控曲线图

7. 北斗卫星导航系统

北斗卫星导航系统(BeiDou Navigation Satellite System)是中国正在实施的自主研发、独立运行的全球卫星导航系统。与美国 GPS、俄罗斯"格罗纳斯"、欧洲"伽利略"系统并称全球四大卫星导航系统。

北斗卫星导航系统由空间端、地面端和用户端三部分组成。空间端包括 5 颗静止轨道卫星和 30 颗非静止轨道卫星。地面端包括主控站、注入站和监测站等若干个地面站。用户端由北斗用户终端以及与美国 GPS、俄罗斯"格洛纳斯"、欧洲正在建设的"伽利略"等其他卫星导航系统兼容的终端组成。

中国此前已成功发射四颗北斗导航试验卫星和十颗北斗导航卫星(其中,北斗－1A 已经结束项目),将在系统组网和试验基础上,逐步扩展为全球卫星导航系统。

北斗卫星导航系统建设目标是建成独立自主、开放兼容、技术先进、稳定可靠覆盖全球的导航系统,促进卫星导航产业链形成,形成完善的国家卫星导航应用产业支撑、推广和保障体系,推动卫星导航在国民经济社会各行业的广泛应用(如图 4-14 所示)。

图 4-14　北斗导航运作示意图

北斗卫星导航系统有如下四大亮点:

(1)混合轨道。北斗导航轨道是个特殊的混合轨道,可提供更多的可见卫星的数目,卫星数量一多,导航定位的精度就越高,能支持更长的连续观测的时间和更高精度的导航数据。北斗卫星导航系统开放服务可以向全球免费提供定位、测速和授时服务,定位精度 10m,测速精度 0.2m/s,授时精度 10ns。

(2)通信功能。和美国 GPS、俄罗斯"格罗纳斯"相比,北斗系统用户终端增加了"短报文通信"功能,可双向报文通信,用户最多可传送 120 个汉字的短报文信息,解决了何人、何事、何地的问题。把短信和导航结合,是北斗卫星导航系统的独特发明,将给用户和企业带来更加良好的应用前景。

(3)位置报告。用户与用户之间可以实现数据交换。比如物流公司监控,把车上所有货物的信息通过传感器发到信息中心,就可以用北斗链路完成信息收集以后进行发射。只要到了信息中心,可以自动算出发射时间和位置,信息量比 GPS 强得多。

(4)模式兼容。北斗全球定位系统功能具备与 GPS、GALILEO 广泛的互操作性。北斗多模用户机可以接收北斗、GPS、GALILEO 信号,并且实现多种原理的位置报告,稳定性更高。

四、技能训练准备

(1)学生每 5 人为一个小组,每个小组选一名组长。
(2)准备若干张卡片(有条件的学校可进入实训室让学生进行 GPS 模拟操作)。
(3)教师现场指导。
(4)训练时间安排:2 学时。

五、技能训练步骤

(1)以每位学生为单位,在卡片上写出要询问的问题(在实训室电脑上使用)。
(2)各组通过卡片问询法,收集要回答的问题,问题汇总后放置好,以备提问。
(3)以组为单位完成询问的所有问题。
(4)每组抽取一位代表回答其他组提出的问题。

六、技能训练注意事项

(1)以服务为指导思想,认真填写卡片。
(2)卡片汇总后要进行筛选。
(3)回答的问题内容确定有依据、要准确。

七、技能训练评价

请完成技能训练后填写表 4-3。

技能训练评价表　　　　表 4-3

专业	物流管理	班级		学号		姓名	
考评地点	多媒体教室						
考评内容	GPS 与物流管理结合内容的确定						
考评标准			内　　容			分值(分)	评分(分)
	学生自评	参与度	是否积极参与学习?是否积极进入角色?是否积极动手操作?是否积极探知知识点和思考工作方法?是否积极参加研讨?是否积极提出建议?			10	
		考察(实训)报告	是否独立完成?是否如实撰写?撰写的操作步骤是否详尽?图表是否合理清晰?			15	
	小组互评	协作力	信息传递是否准确?传递是否及时?交流是否融洽?			5	
		岗位描述	是否操作顺畅?岗位职责是否详细?是否具有可执行性?是否具有有效性?			10	

续上表

考评标准		内 容	分值(分)	评分(分)
小组互评	组织能力	是否积极参与学习?是否积极探知知识点和思考工作方法?是否积极参加研讨?	10	
教师评价	工作(操作)流程计划	流程设置是否清晰?是否具有可执行性?是否具有有效性?	20	
	角色完成质量	卡片是否填写认真?卡片问题汇总是否科学?(操作步骤是否准确?)是否按时、正确完成项目?是否采取合理工作方法?	15	
	考察(实训)报告	是否独立完成?是否如实撰写?(是否撰写详尽的操作步骤?)是否具有专业性?图表是否合理清晰?	15	
总 评			100	

八、技能训练活动建议

建议组织学生到不同类型的物流企业进行参观、调研。

思考练习

一、填 空 题

1. 目前卫星定位系统除 GPS 外还有_____、_____、_____。
2. GPS 系统包括_____、_____、_____三大部分。
3. 网络 GPS 是把_____与_____相结合,在互联网界面上显示 GPS 动态跟踪信息,以实现实时监控动态调度的功能。
4. 车辆 GPS 定位管理系统主要是由车载 GPS 自主定位,结合_____系统,对车辆进行调度管理和跟踪。

二、简 答 题

1. GPS 运营中心的 GPS 产品,其 GPS 功能主要有哪些?
2. 试述 GPS 技术的主要特点。
3. 北斗导航能与 GPS 兼容吗?

三、分 析 题

1. 根据图 4-15 所示,请回答 GPS 运作的基本原理。
2. 一个有 30 辆车的物流公司车队。据测算每月每辆车因驾驶员各种原因所产生的油耗致使公司损失高达 2000 元左右，绕路行驶报销过路过桥费用每月 1000 元左右，这其中不包含每辆车绕路行驶所耗油量的费用及绕路对车辆本身的磨损费用。这样算下来一辆物流车辆因以上两大原因造成公司的损失高达 3000 元/月，每年损失达 4 万元。该公司 GPS 监控调度系统采用后，针对驾驶员各种原因油耗，而着手解决，采取油箱加装耗油量传感器进行控制。GPS 监控系统的建立使一个有 30 辆车的物流车队每年节省费用高达 120 万元。请就该物流公司的这一措施加以评述。

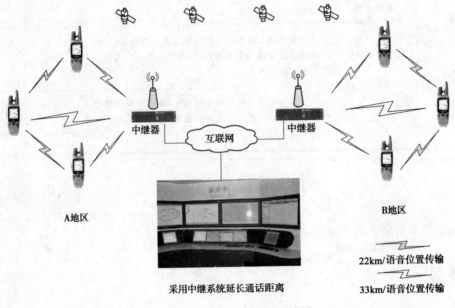

图 4-15　GPS 卫星定位系统示意图

任务五　物流自动化技术应用

内容简介

物流自动化是充分利用各种机械和运输设备、计算机系统和综合作业协调等技术手段，通过对物流系统的整体规划及技术应用，使物流的相关作业和内容省力化、效率化、合理化，快速、准确、可靠地完成物流的过程。物流自动化重要的方面是要考虑在哪一个环节自动化，以及用什么样的方法进行自动化等。

教学目标

1. 知识目标
(1) 物流信息系统的基本概念、特征以及功能；
(2) GIS、GPS 技术在物流中的应用；
(3) EDI 系统的功能以及操作；
(4) Bar Code 的应用以及 RFID 的应用；
(5) 自动化立体仓库及 AGV 小车的应用。
2. 技能目标
(1) 各物流岗位的协作能力；
(2) 各物流系统信息软件的操作能力；
(3) 利用自动化立体仓库进行仓储管理的能力；
(4) 利用 AGV 小车进行流通加工的能力。

案例导入

海尔集团的自动化仓储技术发展

海尔集团公司分析发现在整个生产过程中，最受制约的就是仓储，即原材料和零部件的仓储和配送，所以海尔选择了这个突破口，在青岛海尔信息园里面建了一座机械化的立体库，在黄岛开发区建了一座全自动的立体库。在国内人们因为人工成本便宜、地价也相对较低而质疑立体库的效益。但海尔的事实是，黄岛立体库长 120m、宽 60m，仓储面积 5400m^2，立体库有 9168 个标准托盘位，托盘是 1.2m×1m 的；立体库的建筑高度是 16m，放货的高度可到 12.8m，每天进出的托盘达到 1200 个，实际进出能力是 1600 个。该立体库取代了原来 65000m^2 的外租库，而且由于使用了计算机系统，管理人员从原来的 300 多人降为 48 人。通过减少外租库的租金、外租库到车间的来回费用以及节省的工人工资加起来一年是 1200 万元。第二个作用是降低了物料的库存。因为海尔在计算机系统里都设定了，比如说只允许放 7 天的料，超过 7 天不让进，相对来说使整个库存量下降。当时空调事业部就是一个典型的例子，从 9 月到 12 月库存量降了 1.4 亿。第三个作用是深化了企业物流系统的规划。因为立体库使用后是两翼推动，一是海尔要求所有的分供方按照标准化的模式送货，二是采用标准化的托盘和标准的周转箱。

引导思路

（1）物流自动化技术有哪些？
（2）物流自动化技术有哪些功能？
（3）物流自动化技术对物流的促进作用有哪些？

项目一　自动化立体仓库技术应用

教学要点

（1）了解自动化立体仓库系统的组成；
（2）掌握 WMS 系统操作，条码制作，RFID 读写；
（3）熟练操作堆垛机，完成全自动出入库；
（4）了解出库分拣方式。

教学方法

（1）讲授、情境教学、定岗实操练习和分组讨论等方法；
（2）设定自动化立体仓库各操作岗位；
（3）学生通过岗位手册熟悉操作流程、岗位技能及设施设备的功能和操作技巧；
（4）学生各小组通过所给的入库单和出库单策划出入库流程，并形成 1~3 条备选方案；
（5）各小组对备选方案逐条讨论并实操验证，并最终得出最优方案；
（6）各小组方案对比，讨论并总结。

一、情　境　设　置

正泰集团公司是中国目前低压电器行业最大销售企业。主要设计制造各种低压工业电器、部分中高压电器、电气成套设备、汽车电器、通信电器、仪器仪表等，其产品达 150 多个系列、5000 多个品种、20000 多种规格。请为正泰集团公司设计一个自动化立体仓库方案。

二、技能训练目标

能够根据自动化立体仓库的特点和功能，掌握全自动出入库的操作并制定相应的操作方案。

三、相关理论知识

自动化立体仓库又称立库、高层货架仓库、自动化仓库。它是一种用高层立体货架存储物资，用自动控制的巷道堆垛起重机及其他机械进行搬运存取作业，用计算机控制管理的仓库。

自动化立体仓库由仓库建筑物、自动控制与管理系统、高层货架、巷道式堆垛机、出入库输送机等设备构成,还有与之配套的供电系统、空调系统、消防报警系统、称量计量系统、包装系统、网络通信系统等。图5-1为自动化立体仓库结构示意图。

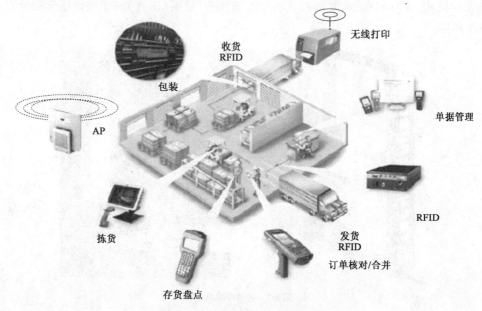

图5-1 自动化立体仓库结构示意图

自动化立体仓库从建筑形式上看,可分为立体式和整体式两种。整体式库房的库架合一,货架直接用作仓库建筑物的承重结构,仓库建筑物与高层货架互相连接,形成一个不可分开的整体。分离式仓库是货架分离的仓库结构形式,货架根据需要和库房构造进行安装,不需要时可以拆掉。

1. 自动化立体仓库的构成

(1) 高层货架

按照建筑材料不同,可分为钢结构货架、钢筋混凝土结构货架等;按照货架的结构特点,可分为固定式货架和可组装、拆卸的组合货架;按照货架的高度区分,小于5m的为低层货架,5~15m的为中层货架,15m以上的为高层货架,自动化立体仓库货架一般由钢材或钢筋混凝土制作。高层货架如图5-2所示。

图5-2 高层货架图

（2）巷道堆垛机

巷道式堆垛机是在高层货架的窄巷道内作业的起重机。在高层货架的巷道内来回穿梭运行，将位于巷道口的货物存入货格，或者相反，取出货格内的货物运送到巷道口。巷道堆垛机由运行机构、起升机构、装有存取货机构的载货台、机架（车身）和电气设备五部分组成，如图5-3所示。

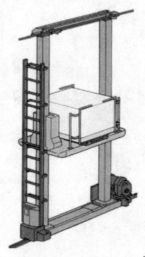

图5-3 巷道堆垛机

（3）AGV小车

AGV是一种移动式机器人，也有叫自动导向搬运车。它是由机械部分和电子部分组成。机械部分包括AGV本体、货叉、控制箱、驱动轮、从动轮、保险杠、电池箱和充电连接器（图5-4）。电子部分包括AGV控制器（图5-5），伺服驱动器，输入/输出分配板，POS位控板，电源和传感器。

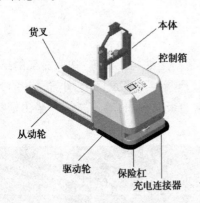

图5-4 自动导向搬运车的结构图　　图5-5 自动导向搬运车操作面板及主画面

（4）WMS系统

WMS，即仓库管理系统，是一个实时的计算机软件系统，它能够按照运作的业务规则和运算法则，对信息、资源、行为、存货和分销运作进行更完美地管理，使其最大化满足有效产出和精确性的要求。

2.自动化立体仓库的优缺点

（1）优点

①仓库作业全部实现机械化和自动化，节省人力，提高作业效率。

②大幅度增加仓库高度,充分利用仓库面积与空间,减少占地面积,降低土地购置费用。

③采用托盘或货箱储存货物,货物的破损率显著降低。

④利用管理,货位集中便于控制,借助计算机能有效的利用仓库储存能力,便于清点盘货,合理减少库存,节约流动资金。

⑤能适应黑暗、有毒、低温等特殊场合的需要。

(2)缺点

①结构复杂,配套设施多,需要的基建和设备投资高。

②货架按精度要求高,施工比较困难,且施工周期长。

③储存货物的品种受到一定限制,对长、大、笨重货物以及要求特殊保管条件的货物必须单独设立储存系统。

④对仓库管理人员和技术人员要求较高,须经过专门培训才能胜任。

⑤工艺要求高,包括建库前的工艺设计和投产使用中按工艺设计进行作业。

⑥弹性较小,难以应付储存高峰的需求。

⑦必须注意设备的保管、保养,并与设备提供商保持持久联系。

四、技能训练准备

(1)学生每5人为一个小组,每个小组选一名组长并设置岗位。

①理货员(1名)。

②入库操作员(1名)。

③全自动立体仓库操作员(2名)。

④出库操作员(1名)。

(2)准备若干张卡片。

(3)教师现场指导。

(4)训练时间安排:2学时。

五、技能训练步骤

(1)以每组为单位,在卡片上写出要操作的内容。

①理货员对待入库商品进行理货操作,按入库商品类目进行分理。

②入库操作员手动将全自动堆垛机复位。

③全自动立体仓库操作员用仓储管理软件录入理货员分理好的商品的入库信息,并为该单商品安排入库货位。

④入库操作员将需入库商品重新整理并贴上条码,放在入库传送带上。

⑤立体仓库操作员向堆垛机发出入库堆垛命令,堆垛机自动运行将入库传送带上的商品堆到指定货物。

⑥出库操作员向立体仓库操作员发出出库单,立体仓库操作员根据出库单从在库商品中安排出库。

⑦立体仓库操作员发出出库指令,自动堆垛机根据指令,将商品出库。

⑧出库操作员在出库传送带分拣道口接收出库货物,并准备传入下一个操作流程。

(2)所用设备。

实训相关设备如图5-6。

(3)入出库订单。

实训所需入出库订单如表5-1、表5-2所示。

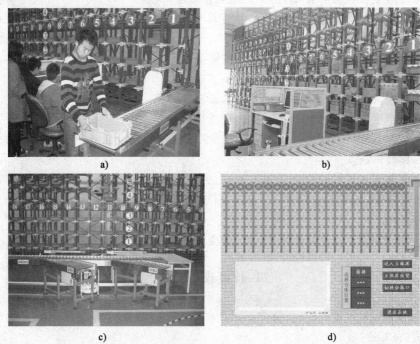

图 5-6 实训相关设备图
a)入库传送带；b)全自动堆垛机；c)出库分拣道口；d)出入库操作软件

入 库 订 单　　　　　　　　　　　　　　　　表 5-1

序　号	品　名	数　量	条　码
1	矿泉水	2瓶	6 93461 31000 1
2	方便面	3包	8910286 64949
3	茉莉清茶	3瓶	PHOTOSHOP BY AMY

出 库 订 单　　　　　　　　　　　　　　　　表 5-2

序　号	品　名	数　量	条　码
1	方便面	3包	8910286 64949
2	矿泉水	2瓶	PHOTOSHOP BY AMY
3	茉莉清茶	3瓶	0 123456 789005

六、技能训练注意事项

（1）要认真填写卡片，一丝不苟。
（2）卡片汇总后要进行排序、归类，清楚每一流程的顺序。
（3）操作过程要有计划、有安排，做到环环相扣，有条不紊。
（4）操作结束要有总结、探讨和交流。

七、技能训练评价

请完成技能训练后填写表5-3。

技能训练评价表　　　　　　　　　　　　表5-3

专业	物流管理		班级		学号		姓名	
考评地点	多媒体教室							
考评内容	物流市场调研内容的确定							
考评标准			内　　容				分值（分）	评分（分）
	学生自评	参与度	是否积极参与学习？是否积极进入角色？是否积极动手实践？是否积极探知知识点和思考工作方法？是否积极参加研讨？是否积极提出建议？				10	
		工作报告	是否独立完成？是否如实撰写？撰写是否详尽？是否具有专业性？图表是否合理清晰？				15	
	小组互评	协作力	信息传递是否准确？传递是否及时？交流是否融洽？				5	
		岗位描述	是否口头表达顺畅？岗位职责是否详细？是否具有可执行性？是否具有有效性？				10	
	教师评价	组织能力	是否积极参与学习？是否积极探知知识点和思考工作方法？是否积极参加研讨？				10	
		工作流程计划	流程设置是否清晰？是否具有可执行性？是否具有有效性？				10	
		角色完成质量	是否卡片填写认真？卡片问题汇总是否科学？调研内容确定是否有依据、准确？是否按时完成项目？是否正确完成项目？是否采取合理工作方法？				10	
		工作汇报	PPT是否如实描述？内容是否全面？编排是否美观？是否具有专业性？图表是否合理清晰？是否具有独创性？				15	
		工作报告	是否独立完成？是否如实撰写？撰写是否详尽？是否具有专业性？图表是否合理清晰？				15	
			总　　评				100	

八、技能训练活动建议

建议组织学生到不同类型的物流企业进行参观、调研,有实操条件的可加强实操。

思考练习

1. 什么是自动化立体仓库?
2. 自动化立体仓库由哪几部分构成?
3. 自动化立体仓库有哪些优点?
4. 自动化立体仓库各岗位应如何配合能提高出入库效率和准确率?
5. 自动化立体仓库的商品识别方式有哪两种?
6. 全自动堆垛机如何复位?

项目二 自动导向搬运车技术应用

教学要点

(1)了解自动导向搬运车的用途;
(2)掌握自动导向搬运车的操作;
(3)掌握自动导向搬运车的手动走位和编程走位;
(4)掌握自动导向搬运车的送料和取料。

教学方法

(1)可采用讲授、情境教学、案例教学和分组讨论等方法;
(2)拟定流通加工订单;
(3)由自动导向搬运车给流通加工线上供料;
(4)最后用自动导向搬运车从流通加工线上取加工产品。

一、情 境 设 置

20世纪90年代中期,昆明船舶设备集团公司在吸收应用国际先进AGV导航技术的基础上,成功地自行开发研制了多种激光导引运输车,并将它应用到云南红河卷烟厂辅料库、成品库、烟叶配方库等自动化物流系统中,成功地将自动化技术人性化地延伸到实际生产的各个环节。请根据该情况分析AGV技术对于提高企业内物流运作效率的重大意义。

二、技能训练目标

能够根据AGV及AGVS功能特点来掌握自动导向搬运车技术在AS/RS系统中的作用及意义。

三、相关理论知识

1. 自动导向搬运车的概念

自动导向搬运车又称为 AGV（Automatic Guided Vehicle），是一种以电池为动力,装有非接触式导向装置的无人驾驶自动运输车（见图5-7）。其主要功能是,在计算机控制下,通过复杂的路径将物料按一定的停位精度输送到指定的位置上,如图5-7所示。

图5-7 自动导向搬运车

2. AGV的发展状况

世界上第一台 AGV 是由美国 Barrett 电子公司于20世纪50年代初开发成功的,它是一种牵引式小车系统,可十分方便地与其他物流系统自动连接,显著地提高劳动生产率,极大地提高了装卸搬运的自动化程度。1954年英国最早研制了电磁感应导向的 AGVS,由于它的显著特点,迅速得到了应用和推广。1960年欧洲就安装了各种形式、不同水平的 AGVS 220套,使用了1300多台 AGV。1976年,我国起重机械研究所研制出第一台 AGV,建成第一套 AGVS 滚珠加工演示系统,随后又研制出单向运行载重500kg 的 AGV,双向运行载重500kg、1000kg、2000kg 的 AGV,开发研制了几套较简单的 AGV 应用系统。1999年3月27日,由昆明船舶设备集团有限公司研制生产的激光导引无人搬运车系统在红河卷烟厂投入试运行,这是在我国投入使用的首套激光导引无人搬运车系统。

3. AGV 在 AS/RS 中的作用

控制台通过计算机网络接受立体仓库管理系统下达的 AGV 输送项目,通过无线局域网通讯系统实时采集各 AGV、拆箱机器人的状态信息。根据需求情况和当前 AGV 运行情况,将调度命令传递给选定的 AGV。AGV 完成一次运输项目,在托盘回收站待命,等待下次项目。

各立体库出货口和拆箱机器人处均有光导通信装置。对运行中的 AGV,控制台将通过无线局域网通信系统与 AGV 交换信息,实现 AGV 间的避碰调度、工作状态检测、项目调度。在立体仓库和拆箱机器人处通过光导通信与 AGV 交换项目和状态,完成移载。

自动导航系统完成 AGV 的导引。充电系统由充电器和充电控制器组成,完成在线快速自动充电。AGV 接受控制台的项目,完成运输。地面移载设备可实现 AGV 的自动移载、加载、交换空托盘。

4. AGV 的结构组成

AGV 由以下各部分组成:车体、蓄电池、车上充电装置、控制系统、驱动装置、转向装置、精确定位装置、移载机构、通信单元和导引系统。AGV 结构组成如图5-8所示。

（1）车体

车体由车架和相应的机械装置所组成，是 AGV 的基础部分，是其他总成部件的安装基础。

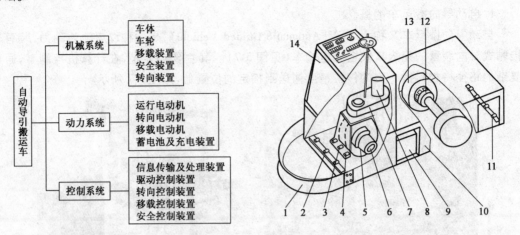

图 5-8　AGV 结构图

1-安全挡圈；2、11-认址线圈；3-失灵控制线圈；4-导向探测器；5-转向轮；6-驱动电机；7-转向机构；8-导向伺服电机；9-蓄电池；10-车架；12-制动器；13-驱动车轮；14-车上控制器

（2）蓄电和充电装置

AGV 常采用 24V 或 48V 直流蓄电池为动力。蓄电池供电一般应保证连续工作 8h 以上的需要。

（3）驱动装置

AGV 的驱动装置由车轮、减速器、制动器、驱动电机及速度控制器等部分组成，是控制 AGV 正常运行的装置。其运行指令由计算机或人工控制器发出，运行速度、方向、制动的调节分别由计算机控制。为了安全，在断电时制动装置能靠机械实现制动。

（4）导向装置

接受导引系统的方向信息通过转向装置来实现转向动作。

（5）车上控制器

接受控制中心的指令并执行相应的指令，同时将本身的状态（如位置、速度等）及时反馈给控制中心。

（6）通信装置

实现 AGV 与地面控制站及地面监控设备之间的信息交换。

（7）安全保护装置

安全系统包括对 AGV 本身的保护、对人或其他设备的保护等方面。采用多重安全保护，包括主动安全保护装置和被动安全保护装置。

（8）移载装置

与所搬运货物直接接触，实现货物转载的装置。

（9）信息传输与处理装置

主要功能是对 AGV 进行监控，监控 AGV 所处的地面状态，并与地面控制站实时进行信息传递。

四、技能训练准备

(1)学生每 5 人为一个小组,每个小组选一名组长并设置岗位。
①AGV 电脑操作员(1 名)。
②流水线操作员(1 名)。
③AGV 手动操作员(1 名)。
④流水线各工位加工员(2 名)。
(2)准备若干张卡片。
(3)教师现场指导。
(4)训练时间安排:2 学时。

五、技能训练步骤

(1)以每组为单位,在卡片上写出要操作的内容。
①手动启动 AGV,并将 AGV 复位到 8 号车位。
②AGV 电脑操作员编写路径分别为 12 个加工工位送料。设定小车路径为:8 号车位→7 号车位→6 号车位→5 号车位→4 号车位→3 号车位→2 号车位→1 号车位,并在每个工位停留一定时间,以便每个工位加工员按需取料。
③送料完成后,AGV 电脑操作员直接控制小车从 1 号车位逆时针回到 8 号车位。
④流水线操作员把加工箱放在流水线上并把操作流水线从 1 号工位向 12 号工位开始运行。
⑤1 号工位加工员根据加工单对流水线上商品进行加工操作,加工完成后,按下按钮放行,加工箱沿流水线来到 2 号工位,3 号~12 号工位加工员依次进行加工操作。
⑥加工完毕,加工成品沿流水线回到 8 号车位,再将加工成品放上小车。
⑦AGV 电脑操作员操纵 AGV 从车位 8 运行到车位 1,准备进入下一流程的入库点。
(2)所用设备。
实训所用设备如图 5-9 所示。
(3)加工订单。
实训所需加工订单如表 5-4、表 5-5 所示。

加 工 订 单 1　　　　　　　　　表 5-4

序 号	品　名	数　量	加工情况标记 （加工完成后请在对应框里打上"√"）		
1	茉莉清茶	3 瓶	√	√	√
2	矿泉水	2 瓶	√		√
3	方便面	3 包	√	√	√

加工订单 2 表 5-5

序号	品名	数量	加工情况标记 （加工完成后请在对应框里打上"√"）		
1	果粒橙	3 瓶	√	√	√
2	面纸	2 包	√	√	
3	方便面	2 包	√	√	

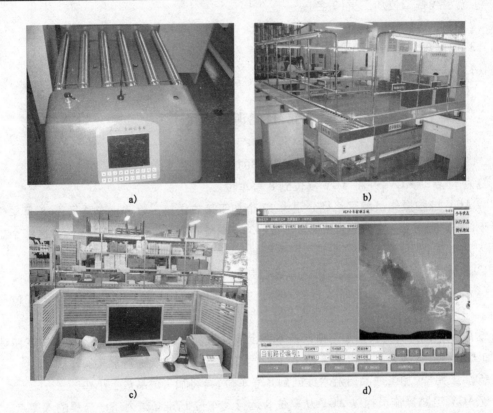

图 5-9　AGV 实训相关设备
a) AGV；b) 流水加工线；c) AGV 电脑控制台；d) AGV 控制软件

六、技能训练注意事项

(1) 要认真填写卡片，一丝不苟。
(2) 卡片汇总后要进行排序、归类，清楚每一流程的顺序。
(3) 操作过程要有计划、有安排，做到环环相扣，有条不紊。
(4) 操作结束要有总结、探讨和交流。

七、技能训练评价

请完成技能训练后填写表 5-6。

技能训练评价表　　　　　　表 5-6

专业	物流管理	班级		学号		姓名	
考评地点	多媒体教室						
考评内容	物流市场调研内容的确定						
考评标准			内　　容			分值(分)	评分(分)
	学生自评	参与度	是否积极参与学习？是否积极进入角色？是否积极动手实践？是否积极探知知识点和思考工作方法？是否积极参加研讨？是否积极提出建议？			10	
		工作报告	是否独立完成？是否如实撰写？撰写是否详尽？是否具有专业性？图表是否合理清晰？			15	
	小组互评	协作力	信息传递是否准确？传递是否及时？交流是否融洽？			5	
		岗位描述	是否口头表达顺畅？岗位职责是否详细？是否具有可执行性？是否具有有效性？			10	
		组织能力	是否积极参与学习？是否积极探知知识点和思考工作方法？是否积极参加研讨？			10	
	教师评价	工作流程计划	流程设置是否清晰？是具有否可执行性？是否具有有效性？			10	
		角色完成质量	是否卡片填写认真？卡片问题汇总是否科学？调研内容确定是否有依据、准确？是否按时完成项目？是否正确完成项目？是否采取合理工作方法？			10	
		工作汇报	PPT是否如实描述？内容是否全面？编排是否美观？是否具有专业性？图表是否合理清晰？是否具有独创性？			15	
		工作报告	是否独立完成？是否如实撰写？撰写是否详尽？是否具有专业性？图表是否合理清晰？			15	
		总　　评				100	

八、技能训练活动建议

建议组织学生到不同类型的物流企业进行参观、调研,有实操条件的可加强实操。

思考练习

1. AGV 在流通加工生产线的辅助作用有哪些？
2. AGV 如何手动走位。
3. AGV 如何编程走位。
4. AGV 如何送料和取料。
5. AGV 和 AGVS 是如何联系的？

任务六　物流信息系统应用

内容简介

随着现代物流的快速发展,市场对物流企业提出了高效、准确、实时性的要求,尤其是在运输环节、仓储环节、货运代理环节。将物流信息系统运用在这些环节,就产生了基于运输作业流程、仓储作业流程和货代作业流程与管理的信息管理系统:TMS、FMS。这些系统在基本信息设置、作业设置、单据处理、信息查询与统计等方面有非常强大的功能,大大提高作业质量。

教学目标

1. 知识目标

(1) 掌握运输管理系统的概念、功能和特点;

(2) 掌握仓储管理系统的概念、功能和特点;

(3) 掌握货代管理系统的概念、功能和特点。

2. 技能目标

(1) 能够使用 TMS、FMS 软件,熟悉各种软件的业务流程;

(2) 能够使用各种现代先进的物流业务软件分析和处理具体的问题。

案例导入

S 公司物流运输革新

S 公司从 1989 年—1993 年实施了物流运输工作合理化革新的第一个五年计划。这期间,为了减少成本和提高配送效率进行了"节约成本 200 亿"的全面提高物流劳动生产率的活动,最终降低了成本,缩短了前置时间,减少了 40% 的存货量,并使 S 公司获得全国物流大奖。

1994 年—1998 年实行第二个五年计划,将销售、配送、生产和采购有机地结合起来。S 公司扩展和强化物流网络,同时建立一个全球性的物流链使产品的供应线路最优化,并设立全球物流网络上的集成订货——交货系统,从原材料采购到交货给最终客户的整个路径上实现物流和信息流一体化,客户能以最低的价格得到最高质量的服务,从而对企业更加满意。

S 公司物流工作合理化革新小组在实物运输、现场作业和信息系统三个方面进行物流革新。

(1) 实物运输革新措施。为了及时地交货给零售商,配送中心考虑货物数量和运输所需时间的基础上确定出合理的运输路线。同时,一个高效率的调拨系统也被开发出来,这方面的革新加强了支持销售的能力。

(2) 现场作业革新措施。为使进出工厂的货物更方便快捷地流动,公司建立了一个高效率的交货点查询管理系统,可以查询货物的进出库频率,高效地配置资源。

（3）信息管理系统革新措施。S公司在局域网环境下建立了一个通信网络,并开发了一个客户服务器系统,公司集成系统的1/3将投入物流中使用。由于将生产配送和销售一体化,整个系统中不同的职能部门将能达到信息共享。客户如有涉及物流的问题都可以通过运输管理系统、实时订单跟踪系统得到回答。

引导思路

（1）TMS、FMS软件能够实现哪些功能？
（2）TMS、FMS有什么特点呢？

项目一 运输管理系统（TMS）应用

教学要点

1. 利用网络,收集物流企业常用的运输管理系统；
2. 通过实际使用,了解物流运输系统可以实现的功能；
3. 小组讨论,了解物流运输系统的特点。

教学方法

可采用讲授、多媒体情境教学、案例教学和分组讨论等方法。

一、情 境 设 置

国内的运输业务,特别是项目物流,实在是纷繁复杂、模式多样。客户希望不断地降价,又想保证运输质量。物流公司该怎么办呢？可以考虑上一套TMS。如果一个TMS系统完成基本业务只是最低要求,既然有了基本业务的数据,那么可以顺水推舟地利用这些数据进行KPI的考核,例如利用OTD模型、成本模型和质量模型对各个角色进行KPI考核,这样可以提高系统的使用价值,但是这方面仍然有价值可以挖掘,既然有了KPI考核,为什么不继续根据这些考核结果和历史数据利用数据挖掘技术进行分析,改善企业的管理薄弱环节呢。运输中不仅仅节省油耗才会降低成本,提高客户满意度,比如精确的预报,同样都可以提高服务质量,这也是TMS系统的价值之一。

除此之外,企业物流往往牵扯到多级承运商之间的计费问题,独立的计费平台可以针对每个承运商的应收应付配置自己的计费规则,然后针对相同的计费源进行计费,完成全自动的系统计费和成本分摊。

另外,如果把TMS和GPS、GIS地理信息系统（Geographic Information System）厂商合作,可以加强可视化物流,利用短信平台对运输情况进行预报,这都是TMS可以挖掘的价值。

看来TMS确实可以实现很多功能,那么具体有哪些呢？具有哪些特点呢？

二、技能训练目标

能够准确说明 TMS 的功能,掌握 TMS 的基本概念。

三、相关理论知识

1. 运输管理系统概念

运输管理系统,英文缩写 TMS,是一种"供应链"分组下的操作软件。它能通过多种方法和其他相关的操作一起提高物流的管理能力;包括管理装运单位,指定企业内、国内和国外的发货计划,管理运输模型、基准和费用,维护运输数据,生成提单,优化运输计划,选择承运人及服务方式,招标和投标,审计和支付货运账单,处理货损索赔,安排劳力和场所,管理文件和管理第三方物流。

运输是物流运作的重要环节,在各个环节中运输时间及运输成本占有相当比重,对运输实现有效的管理,是现代物流管理中的重要内容。现代运输管理是对运输网络和运输作业的管理,在这个网络中传递着不同区域的运输项目,管理人员承担着资源控制、状态跟踪、信息反馈等诸多项目。实践证明,通过人为控制运输网络中的信息和运输作业,存在着效率低、准确性差、成本高、反应迟缓等问题,无法满足客户需求。随着市场竞争的加剧,对于物流服务的质量要求越来越高,尤其是运输环节。

2. 运输管理系统的作用

运输管理系统是一套基于运输作业流程的管理系统,该系统以运输项目、货物、商务三大线索设计开发。运输项目是该管理系统的核心,系统通过对运输项目中的接收、调度、货物配载、运输状态跟踪过程确定项目的执行状态;货物是系统管理的对象,本套软件通过对进入系统的货物的品质、状态的管理能够实时反馈货物所处的状态,即实现动态跟踪功能;商务是伴随着运输项目发生的应收应付费用,通过对应收应付的管理及运输项目对应的收支的核算,能够统计分析出实际发生的费用和每笔业务的成本利润明细。见表6-1。

运输管理系统的作用 表6-1

统一的调度管理平台	专门设立集卡调度中心和整车零担调度中心,使调度管理更具针对性; 智能化调度提醒,实现人性化的调度,全面提升企业车辆利用效率; 专门设置值班调度,整合 GPS、SMS 数据,实时跟踪货物流向,及时调整并处理非正常业务运作; 通过符合运作要求的调度机制,根据不同区域、车型要求、报关要求、货物属性、特殊业务类型等多种角度,支持调度进行合理排班; 灵活的排班方式,支持订单拆分,支持委派车处理,支持集中的派车单管理
基于网络的一体化业务	建立快速、准确的订单处理机制,网上 EC 订单处理与内部 TMS 无缝连接; 统一委托受理平台,订单审核机制,保障业务数据的准确性; 随时获取关键指标:委托处理差错率、委托响应效率; 支持 Excel 等标准文档的信息读入; 自定义的订单处理流程

续上表

功能	说明
集中化的财务管理	统一的合约管理,保证系统自动、准确地生成费用; 加强收付账款管理、完善的费用处理流程、备用金管理; 核销支持多种对冲、应收付等核销方式; 账龄分析、备用金结存情况分析; 统一的财务处理流程
对新技术的充分支持	提供与 GPS、SMS、IC、行车记录仪、门磁、自动加油机、轮胎检测等的接口支持,全面提升企业服务能力,为客户提供更加贴身的信息服务
成本管理和预警管理	TMS 支持对额定费用、三大耗件库存、车辆维修以及进出库等相关成本费用的管理和预警,并且围绕运营业务,实现从维修到仓库进出库、业务到油料的全过程管理; 考核单车、单驾驶员配件、轮胎、事故违章等 KPI 指标; TMS 报表模块提供整体业务运营多角度、多方位的分析报告,并描绘关键指标的直观图示

3.运输管理系统的功能模块(表6-2)

运输管理系统的功能模块　　　　　　　　　　表6-2

功能设置	用户模块	模块功能
系统管理功能设置	用户管理模块	本模块主要是对本套软件的具体使用者进行管理和帮助
	权限角色管理模块	本模块主要是从保护企业的商业机密和数据安全出发,对不同级别的工作人员设置不同的系统操作权限
	数据字典维护模块	本模块主要对系统的设置、各大功能模块的维护和管理,起到保证系统运行的作用
	日志管理模块	本模块主要是对本系统的日常运转进行自动记录,系统管理人员凭权限可以查询到工作人员所进行的具体操作,起到加强企业管理监督的作用
基本信息设置	客户信息管理模块	本模块包括客户信息的录入和更新,系统会根据客户信息进入的时间给客户设定一个专有的编码
	车辆信息管理模块	本模块主要有车辆信息管理和车辆状态管理两大内容
	人员信息管理模块	本模块主要由人员信息管理、人员薪酬管理、操作员管理三大内容
	货物信息管理模块	本模块主要是对货物信息的录入、查询和更改为主要内容
运输作业设置	订单处理模块	本模块提供关于运输订单的生成、录入、修改、执行等一系列功能
	调度配载模块	调度作业是运输的中心作业
	运输跟踪模块	对货品状态的跟踪与及时反馈是体现服务水平获得竞争优势的基本功能
财务管理设置	应收应付管理模块	运输业务涉及的客户比较多,而且往来频繁,对于每个客户及分包方的管理显得尤为重要
	统计报表管理模块	本模块主要有结算报表分析和应收应付分析两大功能

(1)系统管理功能设置

①用户管理模块:本模块主要是对本套软件的具体使用者进行的管理和帮助。只有具

有使用权限的工作人员才可以凭密码登录本系统,进行具体操作。使用完成后,必须进行"注销"操作才能退出系统。

②权限角色管理模块:本模块主要是从保护企业的商业机密和数据安全出发,对不同级别的工作人员设置不同的系统操作权限。只有具有相关权限的人员才可以进行相关操作,充分保证了系统数据的保密性。

③数据字典维护模块:本模块主要对系统的设置、各大功能模块的维护和管理,起到保证系统运行的作用。

④日志管理模块:本模块主要是对本系统的日常运转进行自动记录,系统管理人员凭权限可以查询到工作人员所进行的具体操作,起到加强企业管理监督的作用。

(2)基本信息设置

①客户信息管理模块:本模块包括客户信息的录入和更新,系统会根据客户信息进入的时间给客户设定一个专有的编码。客户信息输入系统后,企业相关人员可以在系统中查询到客户的名称、法人代表、经营范围、编码、地址、电话、传真、E-mail、主页和与本公司交易的历史记录等。用户可以通过客户管理模块来对客户信息进行修改、查询等操作。

②车辆信息管理模块:本模块主要有车辆信息管理和车辆状态管理两大内容。车辆信息管理设置有车辆牌照、车辆型号、载质量、容积、驾驶员姓名等信息。可以看到每辆车每天的出车记录(出车日期、客户名称、工作内容、吨位、单价、目的地、合同金额、已付金额、驾驶员、住勤补助、出差补助、出车小时、运行公里、此次出车工资、搬动费用、其他费用),并生成派车单;在车辆状态管理中,可以显示出车车辆、待命车辆、维修车辆的信息。通过车辆管理模块,用户可以进行添加、查看、修改、查询及报废、故障等处理。

③人员信息管理模块:本模块主要有人员信息管理、人员薪酬管理、操作员管理三大内容。人员信息管理,有调度员、驾驶员、修理工、临时工、搬运工等的个人资料;人员薪酬管理,统计记载有人员工资、奖金、福利等支取状况;操作员管理,是指系统对不同的操作设置不同的操作权限,只有相关人员才有权看到权限范围内的数据,充分保证数据安全。

④货物信息管理模块:本模块主要是对货物信息的录入和查询和更改为主要内容。货物信息管理设置有每一单货物的编号、数量、规格、价值金额、运输时间要求等内容。在系统中,用户可以查询货物的有关信息,能够进行添加、修改、查询等操作。

(3)运输作业设置

①订单处理模块:本模块提供关于运输订单的生成、录入、修改、执行等一系列功能。系统可以自动安排订单处理的提前期,为每一张运输订单设置"订单激活时间",如达到时间的订单将自动处于"激活状态",然后由系统生成运输订单并提示调度人员安排车辆执行。

②调度配载模块:调度作业是运输的中心作业。系统根据货物、客户、车辆的信息,自动提示最佳的运货车辆和运输路线。本系统采用先进技术实现计算机辅助作业,优化车辆资源利用率,自动组合同类作业,确保实现车辆利用效率最大化。

③运输跟踪模块:对货品状态的跟踪与及时反馈是体现服务水平获得竞争优势的基本功能,但对货物有效地运输跟踪是现代物流运输中的难点,也是提高客户服务水平的关键点之一。本系统通过查看运单的执行状态,通过对运单的有效跟踪,可以看到货物的在途状况。系统能够按照不同的要求为客户提供定时的状态信息反馈。

(4)财务管理设置

①应收应付管理模块:运输业务涉及的客户比较多,而且往来频繁,对于每个客户及分

包方的管理显得尤为重要。运输业务的特殊性经常导致与客户之间台账的错误及混乱。系统提供每单业务的详细账单,也能提供针对不同客户及分包方的台账,并设有到期未付账预警功能,可以进行应收账款统计、查询和应付账款统计、查询操作。

②统计报表管理模块:本模块主要有结算报表分析和应收应付报表分析两大功能。结算报表分析对客户、公司自身、车辆三方的经济往来有详细的记录,系统具有查询、统计功能。企业相关人员凭管理权限可以查看这些数据,这样既工作方便又安全可靠。另外,在对车辆的结算报表中可以查看车辆不同运输路线的货运价格。

4. 运输管理信息系统的特点

①TMS 是基于网络环境开发的支持多网点、多机构、多功能作业的立体网络运输软件。

②TMS 是在全面衡量、分析、规范运输作业流程的基础上,运用现代物流管理方法和计算机技术设计的先进的、标准的运输软件。

③TMS 采用先进的软件技术实现计算机优化辅助作业,对于快速发展中的运输企业,本软件可以在网络机构庞大的运输体系中,协助管理人员进行资源分配、作业匹配、货物跟踪等操作。

④TMS 具有实用的报表统计功能,可以为企业决策提供实时更新的信息,大大简化了管理人员的工作量。

四、技能训练准备

(1)学生每 5 人为一个小组,每个小组选 1 名组长。
(2)准备若干张卡片。
(3)教师现场指导。
(4)训练时间安排:1 学时。

五、技能训练步骤

(1)以每位学生为单位,在卡片上写出任意一条 TMS 的功能模块。
(2)各组通过卡片问询法,请同学回答此功能模块的内容。
(3)以组为单位完成内容的确定。
(4)每组派 1 位代表陈述结果。

六、技能训练注意事项

(1)认真填写卡片。
(2)各小组要充分发挥积极性。

七、技能训练评价

请完成技能训练后填写表6-3。

技能训练评价表   表 6-3

专业	物流管理	班级		学号		姓名	
考评地点	教室						
考评内容	运输管理系统学习						
考评标准			内　　容			分值(分)	评分(分)
	学生自评	参与度	是否积极参与学习？是否积极进入角色？是否积极动手实践？是否积极探知知识点和思考工作方法？是否积极参加研讨？是否积极提出建议？			10	
		卡片填写	是否独立完成？			20	
	小组互评	协作力	信息传递准确？传递是否及时？交流是否融洽？			10	
		代表描述	是否口头表达顺畅？			20	
	教师评价	小组动员能力	是否积极？			10	
		角色完成质量	是否认真填写卡片？卡片问题汇总是否科学？调研内容确定是否有依据、准确？是否按时完成项目？是否正确完成项目？是否采取合理工作方法？			10	
		工作汇报	是否如实描述？内容是否全面？			20	
			总　　评			100	

八、技能训练活动建议

建议组织学生到不同物流企业进行参观，实际操作使用 TMS 软件，亲身感受软件可以实现的功能。

思考练习

1. 简述运输管理系统的含义。
2. 简述运输管理系统的功能模块有哪些，其功能分别是什么？
3. 简述运输管理系统的特点。

项目二　仓储管理系统（WMS）应用

教学要点

1. 利用网络，收集物流企业常用的仓储管理系统；
2. 通过实际使用，了解物流仓储系统可以实现的功能；
3. 小组讨论，了解物流仓储系统的特点。

教学方法

可采用讲授、多媒体情境教学、案例教学和分组讨论等方法。

一、情 境 设 置

C 公司坐落在 A 市市级物流园区内,物流中心有新、老两个仓库(3.3 万 m^2),主要承担 600 家供应商的进货仓储管理、100 家直营店和 1700 家加盟店的日常配货管理。

随着经济的发展,零售业在整个社会中的地位是越来越清晰而重要,而物流恰恰是零售业的支柱,货物流动了才能给企业带来效益,在当前零售业利润越来越薄的情况下,企业都把目光投向了仓储与物流管理,哪家企业能将这方面的成本控制到最小,就能在行业中占据领先的地位。因此,建立高效、迅速的现代物流系统,成为建立企业核心竞争力的必需。

C 公司希望通过物流管理信息系统项目,在信息技术支持下,改进物流中心作业模式,优化供应链,从而提高总体市场竞争力。

目前公司信息化建设需要解决的几个主要问题:

1. 收货量波动大

由于 MIS 系统和 WMS 系统里都没有定单管理,供应商可在 3 天内自由选择送货日期,导致每天的收货量难以控制,收货的波峰、波谷无法调节,场地、人员无法做到合理分配。

2. 仓储作业人员效率低

收货入库:速度慢,经常加班。6 万~7 万件收货入库到 21:00 完成。

拣货出库:日均作业量:476 件/人,4 万~5 万件出库要在 22:00 才能完成。

3. 配货差错率高

当前:配货差错率为 4%,配货差错主要表现为门店间串货,物流中心现场有两个人专门处理串货问题。

4. 门店满足率低

由于供应商送货没有严格的控制到某天,所以货品库存不能保持在一个合理的水平,而且库内人员作业效率低,排车花费长时间等诸多问题导致门店的满足率一直徘徊不前。当前门店满足率为 80%。

如果我们要建设仓储管理信息系统需要实现哪些功能呢?目前需要解决公司哪些问题呢?

二、技能训练目标

能够熟练使用 WMS,正确使用系统的每项功能。

三、相关理论知识

1. 仓储管理系统概念

仓储管理信息系统简称 WMS(Warehouse Management System),它是进行库存商品管理和处理的业务操作系统。从具体适用范围上看,他可以对商品存储和出货等进行动态安排,可以对仓储作业流程的全过程进行电子化操作;可以与客户中心建立数据接口使客户可以通过互联网实现商品远程管理,还可以与企业的 ERP 系统实现无缝连接。

仓储在企业的整个供应链中起着至关重要的作用,如果不能保证正确的进货和库存控制及发货,将会导致管理费用的增加,服务质量难以得到保证,从而影响企业的竞争力。传统简单、静态的仓储管理已无法保证企业各种资源的高效利用。如今的仓库作业和库存控制作业已十分复杂化多样化,仅靠人工记忆和手工录入,不但费时费力,而且容易出错,给企业带来巨大损失。

2. 仓储管理系统特点

(1) 功能齐全

系统既能提供仓储信息管理,又能控制电子系统标签,形成了一套基于电子标签辅助拣选仓储信息管理。

(2) 实用性强

系统提供了录入、查询、图像显示、统计和分析功能,对入库货位管理,采用按货物分配原则自动安排存放货位,也可以人工调整,在出库操作时,按先进先出原则自动生成出库单,按路径优化方法控制电子标签的信息显示。

(3) 界面友好

采用类似于资源管理器的界面,方便用户操作,采用数据字典,提高信息录入速度;采用图形化货位状态显示,用户能直观地了解库存状况,利用在线帮助,用户能很快的掌握系统操作。

(4) 安全性高

系统提供了用户管理和权限分配功能,能验证用户身份,为不同级别和业务操作的用户分配权限,系统还提供了数据备份和恢复功能,能够充分保证数据的安全性和稳定性。

3. 仓储管理系统的功能(表6-3)

(1) 基本位置信息管理

系统不仅支持对包括品名、规格、生产厂家、产品型号、生产日期、有效期和箱包装的等商品的基本信息进行设置而且货位管理功能对所有的货位进行编码并存储在系统地数据库中,使系统能有效的追踪商品所处位置,也便于操作人员根据货位号迅速定位到目标货位在仓库中的物理位置。

(2) 上架管理

系统在自动计算最佳上架货位的基础上,支持人工干预,提供已存放同品种的货位、剩余空间,并根据避免储存空间的原则给出建议的上架货位并按优先排序,操作人员可以直接确认人工调整。

(3) 拣选管理

拣选指令中包含位置信息和最优路径,根据货位布局来确定拣选顺序,系统自动在 RF 终端的界面等相关设备中根据项目所涉及的或未给出指导性路径,避免无效穿梭和商品找寻,提高了单位时间内的拣选量。

(4) 库存管理

系统支持自动补货,通过自动补货算法,不仅确保了拣选面存货量,也能提高仓储空间利用率,降低货位蜂窝化现象出现的概率。系统能够对货位通过深度信息进行逻辑细分和动态设置,在不影响自动补货算法的同时,有效提高了空间利用率和控制精度。

4. 仓储管理系统的业务流程

从开始订货,管理员根据需要从外面商家下订单,经双方协商好后制订一张订单表格,将所需的货物信息,录入数据库。

仓储管理系统的功能　　　　　　　　　　　表 6-4

模　　块	详细功能描述
用户管理	用户信息； 权限设置； 使用日志
基础设置	仓库货位设置； 库存报警设置； 货位分配原则； 客户信息管理
订货管理	查询档案信息:可根据货名查询； 增加档案信息:对新的货物信息进行档案新增； 删除档案信息:对货物信息的更改维护； 修改档案信息:对货物信息的更新,维护
入库管理	查询:查询已经入库的信息； 入库:对新购物品进行入库
货物出库管理	货物出库:对现有库存的货物进行数据出库； 出库信息的查询:对已经出库的货物记录查询； 货物信息的修改:对出库后的货物及时更新
货物在库管理	查询:对现存的货物进行查询； 删除:对仓库中的货物、账对数的盘点； 修改:对仓库中的货物、账对数的盘点
查询管理	在本模块中,主要支持管理员对货物的信息核对
系统管理	是针对登录后使用本系统过程中,更换操作员的操作

等发货商将货物送来后,进行核对无误后,将所定货物按规定,存入指定地点,并将订单表和进货表核对,经核对无误后,将其录入数据库中。

货物需要出库,需有出库人,填写出库清单,管理员进行出库信息处理,货物方可以出库,见图 6-1。

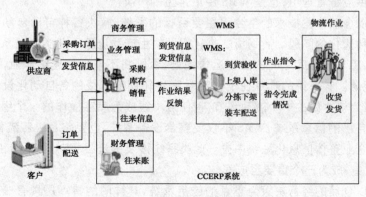

图 6-1　WMS 系统工作流程

5. 仓储管理系统的优缺点
（1）仓储管理系统的优点

在实际应用中,WMS旨在通过对仓储管理提供这一领域的运作效率,减少成本。系统会在下列四个方面给仓库带来切实的效果:

①为仓库作业全过程提供自动化和全面记录的途径;

②改变传统上的固定货位,实现仓库随机储存,从而最大限度利用仓容;

③提高发货的质量和准时性,减少退货和断货,提高顾客的满意程度;

④为仓库的所有活动、资源和库存水平提供及时的正确信息。

(2)仓储管理系统的缺点

WMS属于企业内部供应链执行应用系统范畴,因而有一系列的缺点。最明显的一点是,所有解决方案的市场分割都非常严重,大多数供应商只是为某一特定的用户群服务。结果解决方案都把信息储存在不同的"地窖"里,各个"地窖"之间传递信息,因此没有办法将信息共享来提高运作或服务水平。此外,缺乏信息集成很容易导致整个企业运作的恶化,因为不同的信息系统可能会依赖互不相容甚至是互相矛盾的数据。WMS的应用与许多电子技术相配合,如条码、射频通信等等,离开这些条件WMS难展其效。

6. 仓储管理系统实际应用

仓储管理系统(WMS)是仓储管理信息化的具体形式,它在我国的应用还处于起步阶段。目前在我国市场上呈现二元结构:以跨国公司或国内少数先进企业为代表的高端市场,其应用WMS的比例较高,系统主要应用于国外基本成熟的主流品牌;以国内企业为代表的中低端市场,主要应用国内开发的WMS产品。

下面主要结合中国物流与采购联合会征集的物流信息化优秀案例,从应用角度对国内企业的WMS概况作一个分析。

第一类是基于典型的配送中心业务的应用系统,在销售物流中如连锁超市的配送中心,在销售物流中,如生产企业的零配件配送中心,都能见到这样的案例。北京医药股份有限公司的现代物流中心就是这样的典型。该系统的目标,一是落实国家关于医药物流的物流管理和控制标准GSP等,二是优化流程,提高效率。系统功能包括进货管理、库存管理、订单管理、拣选、复核、配送、RF终端管理、商品与货位基本信息管理等功能模块;通过网络化和数字化的方式,提高库内作业控制水平和项目编排。该系统把配送时间缩短了50%,订单处理能力提高了一倍以上,还取得了显著的社会效益,成为医药物流中的一个典范。此类系统多用于制造业的供应链管理中,也是WMS中最常见的一类。

第二类是以仓储作业技术的整合为主要目标的系统,解决各种自动自动化设备的信息系统之间整合和优化的问题。武钢第二热轧钢厂的生产物流属于此类。该系统主要解决原材料库、半成品库与成品库之间的协调运作问题,否则将不能保持连续作业,不仅降低生产力,还会浪费能源。该系统的难点在于物流系统与轧钢流水线的各自动化设备系统要无缝联结,使库存成为流水线的一个流动环节,也使流水线成为库存操作的一个组成部分。各种专用设备均有自己的信息系统,WMS不仅要整合设备系统,也要整合工艺流程系统,还要融入更大范围的企业整体信息化系统中去。此类系统涉及的流程相对规范、专业化,多出现在大型的ERP之中,成为一个重要组成部分。

第三类是以仓储的经营决策为重点的应用系统,其鲜明的特点是具有非常灵活的计费系统、准确及时的核算系统功能完善客户管理系统,为仓储业经营提供决策支持信息。华润物流有限公司库管理系统就是这样一个案例。此类系统多用于一些提供公仓仓储服务的企业中,其流程管理、仓储作业的技术共性多、特性少,所以要求不高,设和对少数客户提供通用的服务。该公司采用了一套适合自身特点的WMS以后,减少了人工成本,提高了仓库利用率,明显增加了经济效益。

仓库管理系统WMS关注的核心理念是高效的项目执行和流程规划侧率,建立在成熟物流理念的基础之上的,高性能的WMS、高效的管理流程、先进的设备共同铸造成功的仓储管理。

下面通过图6-2反映仓储管理系统的实际应用流程。

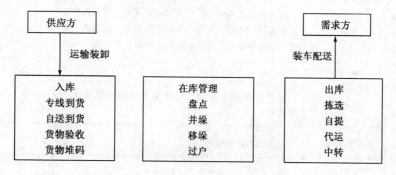

图6-2 仓储管理系统的实际应用流程

四、技能训练准备

(1)学生每5人为一个小组,每个小组选1名组长。
(2)准备若干张卡片。
(3)教师现场指导。
(4)训练时间安排:0.5学时。

五、技能训练步骤

(1)以每位学生为单位,在卡片上写出任意一维条码的构成及适用范围。
(2)各组通过卡片问询法,识别出对方是哪一种物流条码。
(3)以组为单位完成内容的确定。
(4)每组派1位代表陈述结果。

六、技能训练注意事项

(1)认真填写卡片。
(2)各小组要充分发挥积极性。

七、技能训练评价

请完成技能训练后填写表6-5。

技能训练评价表　　　　　　　　　　　表6-5

专业	物流管理	班级		学号		姓名	
考评地点	教室						
考评内容	物流条码概念学习						
考评标准			内　　容			分值(分)	评分(分)
考评标准	学生自评	参与度	是否积极参与学习？是否积极进入角色？是否积极动手实践？是否积极探知知识点和思考工作方法？是否积极参加研讨？是否积极提出建议？			10	
考评标准	学生自评	卡片填写	是否独立完成？			20	
考评标准	小组互评	协作力	信息传递是否准确？传递是否及时？交流是否融洽？			10	
考评标准	小组互评	代表描述	口头表达是否顺畅？			20	
考评标准	教师评价	小组动员能力	是否积极？			10	
考评标准	教师评价	角色完成质量	卡片填写是否认真？卡片问题汇总是否科学？调研内容确定是否有依据、准确？是否按时完成项目？是否正确完成项目？是否采取合理工作方法？			10	
考评标准	教师评价	工作汇报	是否如实描述？内容是否全面？			20	
			总　　评			100	

八、技能训练活动建议

建议组织学生到不同类型物流企业仓储进行参观、调研条形码在仓储管理中的运用。

思考练习

1. 简述仓储管理系统的工作流程。
2. 简述仓储管理系统在管理中的作用。

项目三　货代管理系统（FMS）应用

教学要点

（1）利用网络，收集物流企业常用的货代管理系统；
（2）通过实际使用，了解物流货代系统可以实现的功能；
（3）小组讨论，了解物流货代系统的特点。

教学方法

可采用讲授、多媒体情境教学、案例教学和分组讨论等方法。

一、情境设置

在一家从事国际货运代理的公司,如果没有货代信息系统,那么在处理日常业务的时候全部依赖手工处理各种数据、处理报关报检等单据非常麻烦而且耽误时间。现在我们可以利用货代管理系统,可以很方便地在网上办理报关报检,进行单证管理、费用管理、商务管理。那么货代管理系统可以实现哪些功能呢?

二、技能训练目标

能够熟练使用 WMS,正确使用系统的每项功能。

三、相关理论知识

1. 货运代理管理信息系统概念

货运代理管理信息系统(Freight Management System,FMS),是针对货代行业所特有的业务规范和管理流程,利用现代信息技术以及信息化的理论和方法,开发出能够对货代企业的操作层、管理层和战略决策层提供有效的支持和帮助的管理系统。满足国内一级货代的要求,完成代理货物托运、接取送达、订舱配载、多式联运等多项业务需求,支持航空、铁路、公路和船务运输代理业务。配合物流的其他环节,实现物流全程化管理,实现门到门、一票道底的物流服务。

2. 货代管理系统的特点

(1) 数据输入方面

输入顺序严格按业务流程要求和业务员的操作习惯,极大地减少了重复劳动。如:船务子系统的计划信息录入,我们对委托电内容进行分析后发现,一般委托电都包括船舶规范、委托方、装卸货和预抵时间等信息,计划员习惯在一个视野里一次录入,因此我们在设计的时候就把上述信息集中在一个画面里,做到集中输入,分类查询。大量地采用了快捷键。操作员输入时,如果鼠标、键盘一起使用,就会觉得很麻烦,采用快捷键技术可尽量不用鼠标,保持操作的连续性。尽可能地自动输入缺省值。很多输入项每次输入的内容大都相同,如输入托运单,像承运人、卸货港等内容在一个航次里有很多是相同的,如果每次都输入相同的东西,操作员很容易疲劳,而且毫无意义,所以我们作了一些改进,操作员可随时设置缺省值,然后可自己规定是否启用缺省值,如果启用,那么每次新加的托运单都会把缺省内容填进去。大量运用了代码输入方法。代码的使用可减少输入的内容,减轻劳动强度。如船务的事实记录,可以预先设置好代码,通过输入代码来代替船泊在港的标准动态。

(2) 报表输出方面

输出的报表种类几乎覆盖了所有可能的要求。用户可按自己的要求选择任意尺寸的纸张进行打印,也可以随意选择打印其中的某页和打印份数。

(3) 查询统计

查找快捷。按输入的内容渐进式定位记录,方便用户快速查到自己关心的内容。任意条件的组合条件查询,真正实现了随心所欲的查询。各子系统都提供组合条件查询,方便用户按自己的意愿选择条件进行查询。图形、表格相互对照,相得益彰。各种查询统计功能不仅可提供漂亮的表格,还可提供直观的统计图表,如直方图、饼图等,使您的统计资料更加直观。统计报表覆盖全面、功能强大。提供按各种条件、按各种分类查询数据功能,如船务系统可提供按离港日期以船型分类查询统计代理艘次、净吨、货量等,使领导从各个角度掌握代理业务情况。

(4) 安全性

长密匙加密技术。采用长密钥加密技术,用户口令是加密后存放在数据库里的,密钥可随时更换,即使外人侵入数据库也无法取得口令。授权使用,权限分配集中管理。系统功能分为:编辑、查询、打印三级,系统管理员可根据需要给每个用户分配不同的权限,规定每个用户可使用什么功能,可使用到什么程度。没有分配的功能,用户是不可能看到的。

(5) 易用性

符合 Windows 标准的操作界面,易学易用。联机帮助文档非常完善。HTML 风格联机帮助,图文并茂。

(6) 标准化

系统流程标准化。采用国际标准代码。例如:港口代码等。EDI 标准采用国家港航 EDI 标准。

(7) 其他

模块化设计。远威船代系统采用积木方式,子系统可拆可卸,系统可大可小,可灵活方便的任意组合。记录每个操作员的操作过程。系统将操作员对重要信息的破坏性操作记录在案,如进行修改、删除等操作时,系统会将原始记录复制存档,并记录操作员姓名、操作时间等。数据归档安全可靠。可对一个航次分不同的业务:进口、出口、运费、使费等在不同时间进行数据归档操作,一个子系统进行归档操作不会影响其他业务的进行。

3. 货运代理信息管理系统功能

货运代理信息管理系统是用于处理货运代理业务的软件系统,它适用于以海运为主的货代。该系统通用性强、操作方便,具有对货代业务中可能发生的各种业务情况进行处理的功能。另外,系统还提供了"无限制"提单格式报表:用户可定义、修改、删除提单格式,无需再购买另外的提单格式报表;系统还提供了强大的查询和统计报表功能,用户可按各种组合条件对所需数据进行处理;系统基于大型数据库,运行速度快、数据安全性好。

(1) 公路运输型货代管理信息系统

公路运输型货代业务管理信息系统的主要功能模块包括业务管理、费用管理、基本数据维护、系统维护等。

(2) 海运货代管理信息系统

海运货代管理信息系统覆盖从订舱配载、装箱到开船后的费用结算等完整的业务流程。系统实现了代理与海关、港务局、船公司、订舱客户等多家相关单位的信息交换的电子化。海运货代系统分为基础信息设置、商务管理、单证管理、费用管理、查询统计、报表定制、报价管理、单据格式定制、集装箱管理、报关管理、海关 EDI 接口、财务软件接口等功能。具体如表 6-6 所示。

海运货代管理信息系统　　　　　　　　表6-6

系统模块	系统功能	具体功能描述或说明
基础信息维护	基础信息	本公司基本信息、客户资料、航线信息、港口信息、费用名称、币种信息、计费单位、包装类型、箱型信息、报关单据、运输条款、运费条款、客户类别、快递运输方式、国家信息等
单证管理	船期信息	对船舶表各项内容进行录入、修改、删除、查询和打印等操作
	委托单输入	录入委托单各项内容,包括收、发货人、装货港、卸货港以及货物明细等数据
	订舱数据输入	为网上电子订舱服务;当接受订舱数据后,电子数据自动存入本系统
	装箱单输入	输入装箱数据,并可增加、删除、保存、自动配箱等操作
	运费输入	按委托单录入海运费、包干费数据
	转船处理	将委托单进行两个船名航次的转换
费用管理	费用录入	按委托单录入海运费和包干费的数据
	运费审核	按委托单审核应收、应付费用,审核通过后可打印相应账单
	制作结算单	可根据选定的付费人,统计出该付费人在一定时间范围内所有提单及相应的海运费和包干费数据制作结算单
	发票生成	可利用系统提供的发票生成向导自动生成发票
	发票管理	对发票进行关门、作废、冲销等有关操作
	费用核收	按已入账的发票信息核收费用,当核收费用等于发票金额后,此发票核收完毕
	费用核付	对应付费用的发票进行核付,当核付费用等于发票金额后,此委托单的状态为核收完毕
商务管理	订舱	订舱、在线订舱、EDI订舱、订舱数据审核、订舱更正
	报关	报关处理、拖车调度、拼箱管理、装箱管理
	市场	销售管理、市场动态分析
	客服	客户资料管理和客户服务管理
统计查询	统计	航线货量统计表、船名航次货量统计表、揽货员货量统计、委托人货量统计
系统维护	数据备份	系统中提供数据导出备份功能,并可在数据库配置每天三次的定时备份,使系统更加安全
	权限管理	可按照部门分配权限,同一部门的每个员工也可以分配不同的权限,权限又分为完全控制、只读、禁用三种,有效地控制员工对系统的操作,防止无权限的人员对重要数据进行修改
	数据恢复	系统中提供数据恢复功能,在系统出现问题时可及时利用备份恢复,把损失降到最低

(3)铁路货代管理信息系统

铁路货代管理信息系统包括40多个功能模块,主要包括:发站管理,到站管理,网络到站管理,配送管理,拼箱管理,施封号管理,运价设置,运费批量计算,业务员提成管理,派送员提成管理,经营统计分析,权限管理,车辆调度,车辆管理,各种统计分析报表,财务对账,电子对账,财务结算管理等。

软件采用了领先的软件架构,可以在低带宽互联网上使用,支持条码枪及条形码打印机,可以支持多自营网点,加盟网点管理,支持港台简繁体实时数据转换,报表可自定义设计,全部查询数据可导出到 Excel 电子表格进行二次处理。

系统具有客户端无需维护、扩展功能强、使用简单灵活、支持大数据量处理等优点,适合大中型铁路集装箱、整型货代企业使用。

(4)进出口货代管理信息系统

主要是进口货代业务管理的记录入库,数据浏览,进口报关信息和检验检疫信息的处理。利用先进的计算机技术和现代局域网络快速高效的优势,以及成熟的软件开发工具可以更加方便快捷地对企业进行管理,按照管理信息系统的原理和方法,采用成熟的信息技术和手段,提高公司销售管理水平,优化人力、物力和财力的配置,负责把公司经手需托运的整箱或拼箱货物进行调度、分拨、装卸和运输,使货物能够完整、及时到达目的地。

4. 货运代理管理系统实际应用中的服务对象

(1)为发货人服务

货代代替发货人,在不同货物运输中的任何一项手续,以最快最省的运输方式,安排合适的货物包装,选择货物的运输路线;向客户建议仓储与分拨;选择可靠、高效的承运人,并负责缔结运输合同;安排货物的计量和重量;办理货物保险;货物的拼装;装运前或在目的地分拨货物之前把货物存仓;安排货物到港口的运输,办理海关和有关单证的手续,并把货物交给承运人;代表托运人、进口商承付运费、关税税收;办理有关货物运输的所有外汇交易;从承运那里取得各种签署的提单,并把他们交给发货人。

(2)为海关服务

当货运代理作为海关代理办理有关进出口商品的海关手续时,他不仅代表他的客户,而且代表海关当局。事实上,在许多国家,货运代理得到了当局的许可,办理海关手续,并对海关负责,负责对已发定的单证申报货物确切的金额、数量、品名,以使政府在这些方面不受损失。

(3)为承运人服务

货运代理向承运人及时订舱,议定对发货人、承运人都公平合理的费用,安排适当时间交货,以及以发货人的名义解决和承运人的运费账目等问题。

(4)为航空公司服务

货运代理在空运业上,充当航空公司的代理。在国际航空运输协议以空运货物为目的而制订的规则上,他被指定为国际航空协会代理。在这种关系上,货运代理利用航空公司的货运手段为货主服务,并由航空公司付给佣金。同时,作为一个货运代理,他通过提供适于空运程度的服务方式,继续为发货人或收货人服务。

(5)为班轮公司服务

货运代理与班轮公司的关系,随业务的不同而不同,近几年来由货代提供的拼箱服务,即拼箱货的集运服务已建立了他们与班轮公司及其他承运人之间的较为密切的联系,然而一些国家却拒绝给货运代理支付佣金,所以他们在世界范围内争取对佣金的要求。

5. 系统应用后的效益分析

(1)实现业务数据的实时采集和及时分析,确保业务信息的真实性和准确性;

(2)建立严密的业务流程控制和反馈机制,强化信息管理;

(3)加强各个业务环节的监控,杜绝管理漏洞;

(4)完善商务核算,加强资金管理;

(5)通过业务数据的汇总分析,提供科学决策支持;

(6)提高业务管理水平,增强客户服务满意度;

(7)降低业务工作强度,提高工作效率;

(8)采用 B/S 结构,节约通信成本。

6. 我国货运代理企业发展第三方物流的经营分析

中国加入 WTO 后,使国内市场国际化,会有更多的外资物流供应商进入国内物流市场,对我国第三方物流业形成严峻的挑战。当务之急是利用短暂的 3 年过渡期,采取切实有效的措施,加快我国第三方物流的发展,缩小与发达国家的差距。

(1)加快产权制度改革,激发企业活力

我国现有的第三方物流企业多数是从国有仓储、运输企业转型而来,带有许多计划经济的遗迹,不能适应国际市场竞争。因此,必须建立股权多元化的股份制企业和完善的法人治理结构,理顺权益关系,实现政企分开、所有权和经营权分离,保证企业按市场规则运作,激发企业活力,向现代物流业转化。特别是规模较大的企业,一方面要进行内部的整合,优化内部资源配置,中远集团在整合现有物流资源和中国外轮代理公司业务的基础上,2002 年初成立中远物流公司,重新构建覆盖全球的物流服务网络;另一方面,借助资本市场的力量,进行企业改制上市,吸收和利用社会闲散资金,克服资本金不足的缺陷,促使企业快速成长壮大,促使现代企业制度的建立和运作。

(2)以信息技术应用为核心,加强网点建设

信息化与否是衡量现代物流企业的重要标志之一,许多跨国物流企业都拥有"一流三网",即定单信息流,全球供应链资源网络,全球用户资源网络,计算机信息网络。借助信息技术,企业能够整合业务流程,能够融入客户的生产经营过程,建立一种"效率式交易"的管理与生产模式。在加入 WTO 的新形势下,物流市场从国内扩展到国际,能否有四通八达的网络愈发重要。企业要双管齐下抓网络建设:一方面,要根据实际情况建立有形网络,若企业规模大、业务多,可自建经营网点;若仅有零星业务,可考虑与其他物流企业合作,共建和共用网点;还可以与大客户合资或合作,共建网点。去年,中远集团和小天鹅、科龙联合成立一家物流公司,合理配置异地货源,取得可观效益。另一方面,要建立信息网络,通过因特网、管理信息系统、数据交换技术(EDI)等信息技术实现物流企业和客户共享资源,对物流各环节进行实时跟踪、有效控制与全程管理,形成相互依赖的市场共生关系。

(3)培育具有国际竞争力的物流集团,实行集约化经营

在市场经济中,一切要靠实力说话。只有具备强大的经济实力,才有可靠的资信保证,才能取信于人。中国仓储协会 2001 年调查显示,企业在选择第三方物流企业时最看重的是物流满足能力和作业质量。同时,第三方物流企业只有具备一定规模,才有可能提供全方位的服务,才能实现低成本扩张,实现规模效益。目前,许多第三方物流企业都是计划经济时期商业、物资、粮食等部门储运企业转型而来,都有特定的服务领域,彼此间竞争不大。若要适应入世后激烈竞争的需要,必须打破业务范围、行业、地域、所有制等方面限制,树立全国一盘棋的思想,整合物流企业,鼓励强强联合,组建跨区域的大型集团,而且只有兼并联合,才能合理配置资源和健全经营网络,才有可能延伸触角至海外,参与国际市场竞争。

（4）强化增值服务，发展战略同盟关系

根据物流业的发展趋势看，那些既拥有大量物流设施、健全网络，又具有强大全程物流设计能力的混合型公司发展空间最大，只有这样的企业才能把信息技术和实施能力融为一体，提供"一站到位"的整体物流解决方案。因此，我国物流企业在提供基本物流服务的同时，要根据市场需求，不断细分市场，拓展业务范围，以客户增效为己任，发展增值物流服务，广泛开展加工、配送、货代等业务，甚至还提供包括物流策略和流程解决方案、搭建信息平台等服务，用专业化服务满足个性化需求，提高服务质量，以服务求效益；公司要通过提供全方位服务的方式，与大客户加强业务联系，增强相互依赖性，发展战略伙伴关系。

（5）要重视物流人才培养，实施人才战略

企业的竞争归根到底是人才的竞争。我们与物流发达国家的差距，不仅仅是装备、技术、资金上的差距，更重要的是观念和知识上的差距。只有物流行业从业人员素质不断提高，不断学习与应用先进技术、方法，才能构建适合我国国情的第三方物流业。要解决目前专业物流人才缺乏的问题，较好的办法是加强物流企业与科研院所的合作，使理论研究和实际应用相结合，加快物流专业技术人才和管理人才的培养，造就一大批熟悉物流运作规律并有开拓精神的人才队伍。物流企业在重视少数专业人才和管理人才培养的同时，还要重视所有员工的物流知识和业务培训，提高企业的整体素质。

四、技能训练准备

（1）学生每5人为一个小组，每个小组选1名组长。
（2）准备若干张卡片。
（3）教师现场指导。
（4）训练时间安排：0.5学时。

五、技能训练步骤

（1）以每位学生为单位，在卡片上写出任意一维条码的构成及适用范围。
（2）各组通过卡片问询法，识别出对方是哪一种物流条码。
（3）以组为单位完成内容的确定。
（4）每组派1位代表陈述结果。

六、技能训练注意事项

（1）认真填写卡片。
（2）各小组要充分发挥积极性。

七、技能训练评价

请完成技能训练后填写表6-7。

技能训练评价表　　　　　　　　　　　表 6-7

专业	物流管理	班级		学号		姓名	
考评地点	教室						
考评内容	货运代理管理系统学习						
考评标准			内　　容			分值(分)	评分(分)
考评标准	学生自评	参与度	是否积极参与学习？是否积极进入角色？是否积极动手实践？是否积极探知知识点和思考工作方法？是否积极参加研讨？是否积极提出建议？			10	
考评标准	学生自评	卡片填写	是否独立完成？			20	
考评标准	小组互评	协作能力	信息传递是否准确？传递是否及时？交流是否融洽？			10	
考评标准	小组互评	代表描述	是否口头表达顺畅？			20	
考评标准	教师评价	小组动员能力	是否积极？			10	
考评标准	教师评价	角色完成质量	是否认真填写卡片？卡片问题汇总是否科学？调研内容确定是否有依据、准确？是否按时完成项目？是否正确完成项目？是否采取合理工作方法？			10	
考评标准	教师评价	工作汇报	是否如实描述？内容是否全面？			20	
			总　　评			100	

八、技能训练活动建议

建议组织学生到不同类型物流企业仓储进行参观、调研条形码在仓储管理中的运用。

思考练习

1. 简述货代管理系统的主要功能。
2. 简述我国货运代理企业发展第三方物流的经营分析。

任务七　物流信息综合应用

内容简介

物流管理中,物流信息的共享与交流始终是企业决策者追求的一项目标,随着计算机应用和计算机网络突飞猛进的发展,尤其随着 Internet 的广泛应用,这一共享得到了有效解决。在 Internet 这一全新的信息空间里,人们可以从事各种活动,商业行为作为人类最主要、最基本的行为之一,自然也会渗透到这一空间。任何一笔商业行为,必然包括了物流、资金流和信息流的活动,那么由此便产生了物流的电子商务运用以及电子订货系统的产生和发展。本章将重点讲述电子商务在物流管理中的应用以及电子供货系统的基本概念、组成和主要业务流程等。

教学目标

1. 知识目标

(1) 了解电子商务与物流的关系;
(2) 了解电子商务下物流的特点;
(3) 掌握 EOS 的组成及工作流程;
(4) 了解 EOS 的优点及未来发展趋势。

2. 技能目标

(1) 能够利用电子商务体系对物流企业进行策划;
(2) 能够运用 EOS 系统提高物流企业仓储管理效率。

案例导入

戴尔(Dell)公司的供应链管理

现在,计算机产业的每家企业都以戴尔为楷模。戴尔公司的飞速发展是美国高技术企业经营管理的一个奇迹,被行家视为推动美国个人计算机业发展的一种动力。

市场要求经历了更便宜(成本合理化)、更好(质量管理)、更快(物流管理、时间与速度的竞争)的变化,戴尔经营的最大特色就是强调速度:制造快、销售快、盈利快,也就是"速度决定一切"。时间竞争是以减少非增值时间的方法来寻求企业经营的各种手段。时间竞争者的特征:有能力比竞争对手用更短的时间开发产品与服务;有能力比竞争对手用更短的时间交付产品和服务;有能力比竞争对手更有效地减少内部提前期。所以说,戴尔是一个真正的时间竞争者。在戴尔奇迹的背后,隐含着先进的物流与供应链战略思想及其管理运作方式的支持。

1. 快速发展的关键:直销计算机

戴尔公司的竞争优势主要来自于他的独特经营方式:直销计算机,即顾客通过电话、信件以及 Internet 直接向公司订购计算机,而不经过分销商或代理商的中间渠道。在 20 世纪 90 年代初戴尔开始试行这种销售方式时,人们曾怀疑计算机是否能像服装等日用品那样搞直销,但以后的事实证明戴尔的大胆试验一开始就取得了成功。就是在进入中国市场时,也有人怀疑这种完全美国化的销售模式是否能够实施,但我们看到,虽然戴尔从 1998 年 8 月才开始在中国装配销售计算机,但已跃居到中国十大个人计算机制造商之列。令人印象更加深刻的是,戴尔开始蚕食联想、方正等中国计算机企业最重要的顾客基地——国有企业。戴尔在亚洲其他地区的销量也在大幅增加,他正改变在亚洲销售计算机的方式。归纳起来,戴尔直销模式取得的利益包括:

①取消中间商,节约成本。代理商在销售计算机时,一般要加价,直销则以出厂价销售,能比竞争者以更低的价格性能此销售计算机,从而赢得竞争优势,这是最直接的利益。而且也意味着为顾客节约了资金,并可以按照顾客的具体要求制造计算机,从外部的硬件到内部的软件,完全量身定做。

②最大限度地减少成品库存。直销是在公司接到顾客订单后再将计算机部件组装成整机,而不是根据对市场的预测制订生产计划先批量制成成品,再将产品存放在仓库里等待分销商和顾客的订货。如果每年的库存维持费用是产品价值的 25%,价值 1000 万元的产品库存每年的维持费用将是 250 万元。而且,按订单生产的产品无需储存在供应链的各种仓库里,从而将供应链库存降至最低。同样,按订单生产系统及时从供应商处获得零部件,由此消除了供应链中的零部件库存。不论是谁"支付"了库存的开支,顾客最终都将承担更高的价格。

消除供应链中过剩的库存成本,也给顾客带来了利益。并且,由于微处理器等重要部件性能不断升级,价格不断下降,新型计算机开发周期不断缩短,技术更新很快,售价反而下跌,因此产品库存更易造成损失。对于计算机产业,时间就是金钱。按常规,计算机削价后,公司有责任对代理商库存产品进行差价补偿,代理商退货时,公司按原价支付。对于本公司尚未销出的库存产品,当然要自己背包袱。上述特点使得库存对计算机厂商的压力特别大,但对现做现卖的直销公司来说,就避免了这种压力。

③降低制造成本,及时利用新技术。因为戴尔只是在接到一批订货时才要求供应商及时提供计算机部件,部件的库存也可以降到最低水平。上面已提到计算机部件价格不断下调,更新换代快,如果仓库里没有使用过时技术而必须先卖掉的产品,就可能加快使用新技术的步伐。戴尔公司总结按订单生产方式进行制造带来的利益时谈道,"只是因为我们没有需耗时 100 多天才能处理完的库存,所以我们可能是第一个转而使用新的奔腾处理器的厂家"。

④提高顾客服务水平。公司按照顾客的具体要求组装计算机,并且可在洽谈时主动向顾客提供技术方案,这就密切了供求关系。

⑤加快资金周转。利用代理商销售的各大计算机公司一般经营程序为:对今后市场进行预测,制订生产计划,制造,测试,检验,封机,装箱,入库,根据计划或要求发往分销商。如果顾客向分销商提出具体的技术规格要求,则又需经过开箱,拆机,更换或拆除某些部件,封机,加装软件,测试,检验,装箱,发货。而戴尔则在顾客提出订单后保证做到按顾客对计算机规格的要求在 36h 内装车发货,而交货期通常在 9 天以内。另外,戴尔还狠抓货款回笼这个最后也是最重要的环节,收款快有利于提高资金周转率。戴尔的资金周转比竞争对手快得多,这也是一种优势。

戴尔通过利用上述几方面的效益可以做到比竞争对手更低的价格销售计算机,并不断增加对顾客的吸引力。

2. 直销模式的配套工程:快速制造

为了充分实现直销的竞争优势,戴尔特别强调快速制造这一关键环节,并能够把快速制造与直销很好地结合起来。戴尔一直是 JIT 制造(准时制造)的典范。为了做到这点,戴尔坚持计算机部件供应商把大部分部件存放在离其工厂更近的仓库内。为简化和部件供应商的协调手续,戴尔也尽量减少供应商的数量,专门挑选那些能够满足其部件储存计划要求的合作者。对于电路板等高成本部件,戴尔以前只找一家供应商,以便在大批量采购的条件下实现更大折扣。为了压缩制造时间,它改由离工厂较近地区的供应商提供,优惠条件上的损失由部件供应时间缩短带来的利益得到补偿。

不过,由于按订单制造并直销模式的易仿效性,戴尔的竞争对手们也在采取类似的措施。但是,由于这些竞争者们长期形成的传统的供应链模式的基础,这种改革必然要使原先与分销商建立的关系受到损害,必须协调处理好这种矛盾,而且,也要重新设计计算机零部件供应、整机制造和交货的方式,这些都是竞争者需要认真解决的。

引导思路

(1) 戴尔成功的关键究竟在哪里?
(2) 戴尔电脑直销原理?

项目一 电子商务(EC)技术应用

教学要点

1. 利用网络收集电子商务物流模式资料;
2. 由小组讨论,选择某项物流业务进行电子商务化探讨;
3. 为企业设计制作某一方面的电子物流系统。

教学方法

可采用讲授、情境教学、案例教学和分组讨论等方法。

一、电子商务与物流信息

(一) 情境设置

电子商务的成功实施离不开物流活动的支持,同时电子商务也会对物流网络、物流运输和物流信息管理等各环节产生影响。物流信息在电子商务中具有重要作用。那么如何理解物流与电子商务的关系?

(二) 技能训练目标

能够根据物流企业状况、目标市场的特点来分析物流信息在电子商务中的地位。

(三)相关理论知识

1. 电子商务概念

电子商务(Electronic Commerce,EC)的主要内容包括相互联系的两个方面,一是通信和计算机技术;二是商务和贸易活动。目前关于电子商务的定义,并没有一个统一的认识。1997年11月世界电子商务会议专门对电子商务作出的定义:电子商务是指对整个贸易活动实现电子化,即电子商务是商业和贸易伙伴之间运用现代通信和信息共享技术以达到商贸活动的目的。

(1)电子商务的发展阶段

电子商务的发展,经历了以下四个阶段:

①第一阶段,内部交流。该阶段是发展电子商务的最初阶段。企业通过建立局域网,把硬件资源如计算机、打印机等通过服务群连为一体,并运用办公自动化软件及电子邮件等各种软件工具来传递信息,大大提高了办公效率。并通过研制开发各种应用软件,在企业内部实现了信息与资源的共享。

②第二阶段,内部协同工作。企业的网络应用从基本的信息交流,发展为真正的协同工作。企业员工无论身处何地,只要登录到局域网内,就可随时调用、分享和编辑文件、图像等各种数据信息。员工可以通过网络召开会议、制订日程等。

③第三阶段,外部交流合作。企业通过在Internet上发布主页,把企业的内容和形象发布到互联网,并在网上互动式地交换信息。通过Internet企业发生了战略性转变,使企业向外延伸,与外界建立了广泛的合作交流。企业不仅利用Internet或Intranet向广大用户公布信息,为客户提供信息查询、货物跟踪服务,而且还能与供应商、销售商、服务商等营销伙伴随时随地保持联系并开展合作。

④第四阶段,网络贸易。这是电子商务的高级阶段,网络不再仅仅被用于进行信息发布,而且帮助企业打破时空限制,企业与客户通过Internet或Intranet实现在线交易。同时政府在电子商务法规的制订、商业和银行的高度电子化、电子商务安全技术等,都有序开展并取得很大成效。

(2)电子商务的应用特性

电子商务可以提供网上交易和管理等全过程的服务,涉及企业的人、财、物各方面,企业和企业、企业和消费者及企业内部等全范围的协调和管理。其应用特性可以归纳为以下几点:商务性、服务性、集成性、安全性、协调性。

①商务性是电子商务最基本的特性,即提供买卖交易的服务、手段和机会。企业间的商品采购和销售交易,企业与政府间的各项事务处理等都可经电子商务来完成。

②服务性。在电子商务环境中,客户不再受地域和时间的限制,因此服务质量在某种意义上成为商务活动的关键。

③集成性。电子商务是一种新兴产物,其中运用了大量的新技术,新技术的应用并不意味着旧设备的死亡。电子商务应用的真正价值在于协调新老技术,使用户能更加有效地利用已有的资源和技术。

④安全性。在电子商务中,安全是必须考虑的核心问题。

⑤协调性。商务活动是一种协调过程,它需要雇员和客户、生产方、供货方以及商务伙伴的协调。

(3)电子商务的分类

电子商务按其实质内容划分为三种：

①企业对消费者电子商务(Business-to-Consumer,B2C)。这是指企业与消费者之间进行的电子商务活动。这类电子商务主要是借助 Internet 开展的在线式销售活动。这类销售形式并不要求双方使用统一标准的单据传输。主要是通过网上在线商务模式(Online Business Models)。在线式的零售和支付行为通常只涉及信用卡或其他电子货币。

②企业对企业的电子商务(Business-to-Business,B2B)。这是指企业与企业之间进行的电子商务活动。如工商企业利用计算机网络向它的供应商进行采购，或利用计算机网络进行付款等。虽然目前实施中仍然存在许多困难，但从未来的发展看，B2B 模式将是电子商务主流。目前 B2B 的电子商务模式主要有在线商店模式、内联网模式、中介模式和专业服务模式四种。

③企业内部电子商务。这是指企业内部之间，通过企业内部网的方式处理与交换商贸信息。通过企业内部的电子商务，可以给企业带来的好处包括增加商务活动处理的敏捷性、对市场状况能更快的反应、能更好地为客户提供服务。

2. 物流信息在电子商务中的作用

(1) 物流信息有助于电子商务各活动环节之间的相互衔接

物流信息包含了运输、仓储、配送、流通加工、包装、装卸搬运等多个作业的信息，而物流各环节都是电子商务整个活动中所必不可少的、前后联系的部分。要保证电子商务各环节有计划、精确地衔接，物流信息就是衔接电子商务各个环节的"链条"，是电子商务活动高效运作的重要保证。

(2) 物流信息有助于促进电子商务物流活动的协调和控制

企业要合理地组织电子商务的物流活动，有赖于物流信息的沟通，只有通过高效地物流信息传递、使用和反馈，才能实现整个物流系统高效合理的运作。

(3) 物流信息有助于提高企业电子商务运作的管理和决策水平

物流信息，特别是像客户的需求信息等对企业的库存量有着直接的影响，而库存水平的高低对于企业电子商务运作能否节省库存成本并且满足客户服务有着关键的影响。物流信息中跟产品配送有关的信息，是客户直接评判企业服务水准的依据，并且配送环节也会对产品质量、完整性等产生很大的影响。企业可以充分地利用物流信息来了解客户需求，客户对企业产品的偏好程度及客户对企业服务的认识，有助于认识企业经营电子商务过程中的问题和不足，更好地提高服务水平和开发出客户满意的产品，辅助企业做出更明智的决策。

3. 电子商务物流信息的特点

电子商务环境下的物流信息具有一般物流信息的特点，又由于电子商务活动的特殊性，使得电子商务物流信息具有与一般物流信息所不同的特点。

(1) 物流信息分布范围广、信息量大

伴随着多品种、小批量、多批次和个性化服务的电子商务活动，物流各活动环节产生了大量的库存、运输、分拣、包装、加工和配送信息，并且分布在制造商、仓库、物流中心、配送中心、运输线路中、中间商和用户等处。并且，电子商务活动是全球化的活动，经济全球化要求物流全球化，伴随着电子商务物流活动的物流信息具有全球分布的特点，这对物流信息的管理提出了更高的要求。

(2) 时效性更强

由于电子商务活动中，各作业环节活动频繁，市场状况和客户需求变化多端，物流信息随时随地都在变化,如仓库的存货、在途货物的存放地点等,因此,物流信息具有极强的时效性。为了适应企业电子商务发展的要求,物流信息必须高效地运作,对物流信息处理的及时性有了更高要求。

（3）物流信息更加复杂

电子商务活动中,企业物流活动不仅包括了企业内部的各种管理和作业信息,也包括了大量的企业之间的物流信息和与物流活动有关的各种基础设施、法律法规、技术标准等多方面的信息。并且,物流的作业环节多,涉及的行业多,作业对象也多,因此物流信息的复杂程度也高,这就使得物流信息的采集、加工、研究和管理等工作难度增加。

（4）物流信息标准化程度高

电子商务环境中,物流活动和其他职能活动,特别是其他企业和部门间的活动需要进行大量的信息交换。为了实现电子商务交易过程中系统间信息的高效交换和共享,必须采纳国际或国家对信息标准化的要求,采用统一的商品编码。

（5）物流信息的安全性要求更高

电子商务独特的运作方式对商务活动及物流和配送活动的安全性提出了更高的要求和挑战。物流信息的安全会对买家和卖家都产生很大的影响。如何保证企业在电子商务活动中,确保其交易信息及物流信息等各种数据的可靠性、完整性和可用性,已经成为一个日益突出和亟待解决的问题。

电子商务物流信息的安全性应该满足以下条件：
①数据保密,防止非授权用户获得并使用该数据；
②数据完整性,确保网络中传输的数据没有被篡改；
③身份验证,对信息的发送者和接收者进行确认；
④授权,确保被授权者能够访问网络上的信息和进行操作；
⑤不可否认和不可抵赖,用户不能否认曾经接到的信息,也不能抵赖自己曾经的行为；
⑥用户资源免受病毒侵害。

（四）技能训练准备

(1) 学生每5人为一个小组,每个小组选1名组长。
(2) 准备若干张卡片。
(3) 教师现场指导。
(4) 训练时间安排:2学时。

（五）技能训练步骤

(1) 以每位学生为单位,在卡片上写出电子商务下的物流活动。
(2) 各组通过卡片问询法,确定物流信息与电子商务之间的关系。
(3) 每组派1位代表陈述结果。

（六）技能训练注意事项

(1) 认真填写卡片。
(2) 卡片汇总后要进行整理、归纳。

（七）技能训练评价

请完成技能训练后填写表7-1。

（八）技能训练活动建议

建议组织学生到电子商务实行较好的物流企业进行参观、调研。

技能训练评价表 表7-1

专业	物流管理	班级		学号		姓名	
考评地点	多媒体教室						
考评内容	电子商务与物流信息						
考评标准			内容			分值(分)	评分(分)
	学生自评	参与度	是否积极参与学习?是否积极进入角色?是否积极动手实践?是否积极探知知识点和思考工作方法?是否积极参加研讨?是否积极提出建议?			10	
		卡片撰写	是否独立完成?是否如实撰写?撰写是否详尽?是否具有专业性?			15	
	小组互评	协作力	信息传递是否准确?传递是否及时?交流是否融洽?			15	
		组织能力	是否积极参与学习?是否积极探知知识点和思考工作方法?是否积极参加研讨?			10	
	教师评价	训练流程	是否有条理?是否具有有效性?			10	
		角色完成质量	是否认真填写卡片?卡片问题汇总是否科学?调研内容确定是否有依据、准确?是否按时完成项目?是否正确完成项目?是否采取合理工作方法?			10	
		工作汇报	内容是否全面?编排是否美观?是否具有专业性?图表是否合理清晰?是否具有独创性?			30	
			总 评			100	

二、电子商务技术在物流信息中的应用

(一)情境设置

电子商务物流信息贯穿电子商务的整个活动过程,使现代物流实现了网络化、智能化。我们可以一起思考电子商务对物流运作模式、物流信息管理产生了什么样的影响和变化。

(二)技能训练目标

能够根据物流企业的战略目标、企业的状况、目标市场的特点来确定物流市场调研的内容。

(三)相关理论知识

1.电子商务下物流运作模式

企业物流活动要求以正确的质量水平,在正确的时间将正确的产品交付到正确的地点。利用电子商务进行物流活动的目标是实现产、供、销一体化,通过电子商务有关技术使得商品的生产商、零售商、用户通过 Internet 联系在一起,使企业及时了解产品信息,并按照信息组织对产品生产和对零售商、用户供货,从而提高服务水平,降低物流活动的成本,并使库存水平降到最低,提高企业的经济效益。在电子商务环境中,企业物流的运作模式也将发生很大的变化,主要表现在物流系统结构、物流服务、物流采购和物流存货等方面。

(1)电子商务的物流系统结构

①区域销售代理地位加强。由于网上客户可以直接面对制造商并可换得个性化服务,所以传统物流渠道中的批发商和零售商等中介机构将逐步淡出,但是区域销售代理将受制造商委托并逐步加强其在渠道销售地区市场中的地位,作为制造商产品营销和服务功能的

直接延伸。

②物流设施的布局、结构和项目将面临较大调整。由于网上交易的特点,客户对产品的可得性心理预期加大,对企业交货的能力和速度要求会更高。因此,物流系统中的仓库、配送中心、运输线路等设施的布局、结构和项目都将面临巨大的考验和调整。如,尤尼西斯公司采用 EDI 系统后,其在欧洲的 5 个配送中心和 14 个辅助仓库缩减为一个配送中心。在企业保留若干地区性仓库后,更多的仓库被改造为配送中心。由于库存的控制能力增强,物流系统中仓库的总数将减少。

③数字化产品的物流系统隐形化。随着网络技术和多媒体技术、计算机存储技术的发展,将使那些能够在网上直接传输的有形产品的物流系统隐形化,这类产品主要包括图书、报刊、音乐作品、影视作品及软件等。已经数字化的产品的物流系统逐步与网络重合、同步,并最终被网络系统取代,实现全面的电子商务交易和物流系统的数字化、电子化。

(2)电子商务的物流服务

①企业与客户间的即时互动。电子商务企业网站设计的内容不仅要宣传企业和介绍产品,而且能够与客户就产品销售、在线交易、支付、售后服务等进行一对一的交流,帮助客户拟订产品的可行性方案,协助客户下订单,这也要求得到物流系统中每一个功能环节的即时的信息支持。

②物流客户服务的个性化。当企业对客户需求的响应实现了某种程度的个性化时,企业才能获得更多的商机。可以从多个方面实现服务的个性化,第一,企业网站内容的个性化、主页的结构设计是针对特定顾客群的,便于他们获取信息;第二,企业经营产品或服务的个性化,根据顾客需求的变化进行不同的服务;第三,针对客户追踪服务的个性化,针对客户资料的收集、统计、分析和追踪,及时发现个性化服务需求的信息,满足客户个性化的服务需要。

(3)电子商务的物流采购

企业在网上寻找合适的供应商,理论上具有无限的选择性。这种无限选择的可能性,将可能导致市场竞争的加剧,并带来供货价格降低的采购好处。但是,所有的企业都知道,频繁地更换供应商将增加资质认证的成本支出,并面临更大的采购风险。所以,从供应商的角度看,企业应对竞争的必然策略就是积极地寻求与制造商建立稳定的渠道关系,并在技术或管理、服务等方面与制造商结成更深的战略联盟。同样,制造商也会从物流的概念出发来寻求与合适的供应商建立一体化供应链的合作,供应商和制造商之间将在更大范围内和更深层次上实现资源共享。

电子商务对物流采购成本的影响主要体现在诸如缩短订货周期、减少单证和文案、减少差错和降低价格等方面。近年来,国际上一些大公司已经在使用电子数据交换系统进行采购,以降低采购过程的劳务、印刷和邮寄费用,公司可以节约 5%~10% 的成本。

(4)电子商务的物流存货

电子商务增加了物流系统各环节对市场变化反应的灵敏度,可以减少库存、节约成本,相应的技术手段也由看板管理、物流需求计划转向配送需求计划、自动补货计划等基于对需求信息作出快速反应的决策系统。

从物流的观点看,这实际是借助于信息分配对存货在供应链中进行了重新安排。存货在供应链中的总量是减少的,但结构上将沿供应链向下游企业移动,即经销商的库存向制造商转移,制造商的库存向供应商转移,成品的库存变成零部件的库存,而零部件的库存将变成原材料的库存等。因为存货的价值沿供应链向下游是逐步递减的,所以引发了一个新问题,即上游企业如何与下游企业分享由于减少库存而带来的相对较大的经济利益。物流服务的一体化,不仅是要共享信息,也要分享利益。

2. 电子商务物流信息管理技术

电子商务的发展对物流活动,特别是物流配送产生了强烈的市场需求,使企业越来越重视物流信息的开发和管理、应用技术。而计算机技术、通信技术和网络技术的快速发展以及商业化的投入使用为电子商务环境下的物流信息管理的发展和应用提供了强大的技术支持。物流信息技术在电子商务物流信息管理中得到了大量的使用,如条码技术、无线射频(RFID)技术、电子信息交换(EDI)技术、全球卫星定位系统(GPS)、地理信息技术(GIS)等。快速、精确和全面的物流信息技术开拓了以时间和空间为基础的物流作业,为物流信息技术管理提供了从物流信息采集、加工、传递和反馈的全过程的技术支持。

电子商务环境下的物流信息管理的很多环节都是基于计算机网络进行的,而根据调查,限制电子商务发展的一个主要障碍就是电子商务安全问题,所以,这也是基于电子商务的物流信息管理所面临的主要问题。电子商务物流信息管理的各环节都可能面临一些安全隐患,如客户订单信息可能会被恶意修改、消费者的支付信息可能会被伪造,导致付款后可能不能收到商品等。无论是电子商务的买家还是卖家,都有多方面的物流信息的安全管理和控制需求。

电子商务物流信息管理对安全性有着较高的要求,主要表现为:①物流信息的真实性,即能对物流信息的真实性进行鉴别;②物流信息的机密性,即保证物流信息在互联网中传输时不泄露给非授权者,物流信息在存取和传输过程中不会被非法窃取;③物流信息的可用性,即保证合法用户对物流信息的正常使用不会被不正当地拒绝;④物流信息不可否认要求,建立有效的物流信息管理机制,防止物流活动者否认其行为。

电子商务的物流信息管理常用的安全技术主要有:采用于虚拟专用网的专用网络进行交易,用加密技术防止合法接收者之外的人获取电子商务交易中的物流信息,采用数字签名技术对物流信息进行验证,用户的身份识别技术,认证机构对物流信息进行认证,采用网景公司(Netscape)开发推出的安全套接层(SSL)协议,保证物流信息的完整性等。

3. 电子商务物流信息管理的实现

电子商务的物流信息管理起始于电子商务的交易开始之时,包括企业通过网络发布信息、设计订货系统、接受网上订货信息、客户支付信息的管理、物流各功能环节信息的管理、售后服务信息的管理等。以下以网上物流订货信息管理为例,说明电子商务物流信息管理是如何实现的。

(1) 订单信息

客户通过电子商务网站向企业下订单时,订单信息通常包括采购客户信息、采购商品信息、运送商品的方式信息和支付信息。订单信息常用于市场分析、促销活动的制订、客户关系管理、库存控制等,也可以用来研究和分析生产情况、制订生产计划、确认所提供的产品品种及促销活动的效果等,也可以通过订单信息进一步明确客户需求,更好地与客户进行业务合作等。

企业除了需要对与订单直接相关及订单所必要的信息进行搜集和管理外,还可以要求客户有选择地填写一些附加信息。如,可以询问客户的年龄、性别、收入、职业、对网上购物的认识、兴趣及网上购物不满意的地方。这些信息有助于企业进行市场分析,更好地了解客户的需求,通过更好地满足客户的需求和偏好来提供顾客满意程度更高的产品和服务,客户也就会更多地使用企业的产品和服务,从而提高企业的经济效益。

(2) 订单信息的处理

企业从网站上可以直接接受顾客订单,利用信息技术对订单信息进行分析,提运货、库存控制、结算和销售等所需的信息和决策的依据可以从中获得。如果采用联机信息处理,还可以直接通过网络站点,向后台数据库传输各种信息。

为了保障网上订单的有效性和合法性,以及为了避免日后的纠纷,许多企业做过一些不错的尝试。如,联想电脑公司目前的网上订单仍需要代理商发送传真订单进行确认,即代理商网上提交订单后,联想公司将会针对代理商的订货信息进行货物配备,但同时也需要代理商将此订单传真给联想公司。这样虽然会对效率有所影响,但仍然比传统模式快捷,而且交易的安全性也得到了很好的保证。

(3) 订单跟踪信息管理

电子商务交易过程中,特别是在货物运送中,尽管很多企业尽力防范,但还可能出现客户订购的产品由于种种原因未能按照要求到达的情况,这对于公司的信誉和信用会造成极坏的影响。企业经营规模越大,接受的订单越多,出现这种问题的情况也会越多。出现未能按照客户要求送达产品的原因是多方面的,可能是由于企业的库存准备不足或者是产品尚未到货、供应商在产品发送中出现了疏忽或错误、客户订单被丢失或者忽略、商品运送过程中出现了丢失或者错送的情况等。为了确保客户订单能够按时兑现、出现了问题能够及时妥善解决,企业有必要对物流订货系统中的订单信息进行跟踪和管理。企业可以在客户订货系统中创建追踪客户订单信息的数据库,快速及时地提供有关订单及其状态信息。

客户订单追踪信息可以针对已收到的新订单、延期订单和已实现的订单分别进行管理,允许客户查询订单、处理订单的最新状态和询问有关订单的任何问题,企业要能够及时响应和处理客户对订单的疑问。在物流订货系统中,还要注意客户资料的安全管理问题。企业要尊重客户的资料,只有得到允许才能发布客户的非财务信息,企业有为客户保护资料的义务。

(4) 淘宝网订单信息管理的实施

淘宝网(www.taobao.com)是国内领先的个人交易网上平台,由全球最佳B2B公司——阿里巴巴公司投资创办。淘宝网有一套运行良好的订单信息及时跟踪机制,买家和卖家都可以轻松地获得有关订单的各种信息。

淘宝网规定首先要注册成为会员才可以在淘宝购物,买家可以查看卖家信用度、历史信用评价,轻松辨别卖家信用的好坏。

买家在淘宝网上找到喜欢的"宝贝",点击"立即购买",输入购买的数量、选择运送方式、校验代码、选择收货地址;确认无误后点击"确认无误,够买"。核对拍下的宝贝信息;确认无误后选择付款方式。还可以选用"购物车"程序进行购买。

买家拍下后,卖家可以在已卖出的商品中看到交易状态为"等待买家付款"。

在买家付款前,双方可以用阿里旺旺、站内信件、E-mail等各种实时及非实时的交流工具进行交易管理。卖家还可以进入支付宝交易管理中,重新调整物流的承运商和调整给买家的折扣。修改成功后,系统会发送一封包含本次交易信息修改内容的邮件给买家确认。

当买家付款到支付宝后,系统会通知卖家发货。卖家可以自己找物流承运商发货,核对交易信息无误后，输入承运公司名称和承运单号码，点击"确认发货"。

卖家也可以选择支付宝推荐的物流承运商发货，核对交易信息无误后，输入物流来上门取货的时间及取货地址，点击"通知物流公司上门取货"，系统会根据物流公司的反馈自动确认已发货，买家看到的交易状态会变为"卖家已发货，等待买家确认"。如果系统没有自动确认已发货，卖家可以在"交易管理"中查询本次交易，填入承运单号码，点击"确认发货"。

完成发货后，系统会发送一封包含发货相关物流信息的邮件给买家。

买家确认收到货后，交易状态会显示为"交易成功"，支付宝会将钱打入卖家的"支付宝账户"。

如果交易双方相当信任，可以发起"即时到账交易"，在买家完成付款后直接到达卖家的"支付宝账户"中。此交易过程不受"支付宝交易"保护，交易风险自负。

支付宝作为电子交易中的第三人先收取货款，以促买卖合同生效履行，起到鉴证人和担保人的作用，避免了大部分交钱拿不到货、发货收不到钱的情况，提高了交易成功率。超时规则是为了避免货款不确定的状态。

淘宝认为，网络交易必须能够促进交易效率的提高。为了促进网络交易的高效进行，淘宝网制订了一系列的交易过程的信息处理规则，如自创建交易时起或卖家最后修改时间后7天买家逾期不付款，默认关闭交易；自支付宝收到买家付款一天后卖家逾期不发货，允许买家申请退款；自卖家发货之日3（虚拟物品）/10（快递）/30（平邮）天后买家逾期不确认收货，也没有申请退款，默认完成交易，付款给卖家，如用快递发货10天后，买家仍未确认收到货，也未申请退款，支付宝将自动打款给卖家。此规则适用于支付宝推荐物流之外的所有快递。邮寄方式根据卖家在网上所登记的为准；自买家签收3天后（卖家使用支付宝推荐物流时）买家逾期不确认收货，也没有申请退款，默认完成交易，付款给卖家。

（四）技能训练准备

(1) 学生每5人为一个小组，每个小组选1名组长。
(2) 准备若干张卡片。
(3) 教师现场指导。
(4) 训练时间安排：2学时。

（五）技能训练步骤

(1) 以每位学生为单位，在卡片上写出电子商务物流信息管理需要调研的内容。
(2) 各组通过卡片问询法，收集要调研哪些问题，问题汇总后确定要调研的内容。
(3) 以组为单位完成对某物流公司调研内容的确定。
(4) 每组派一位代表陈述结果。

（六）技能训练注意事项

(1) 一丝不苟，认真填写卡片。
(2) 卡片汇总后要进行归类。
(3) 调研内容确定要有依据、要准确。

（七）技能训练评价

请完成技能训练后填写表7-2。

（八）技能训练活动建议

建议组织学生到不同电子商务物流的企业进行参观、调研。

技能训练评价表　　　　　　表 7-2

专业		物流管理	班级		学号		姓名	
考评地点		多媒体教室						
考评内容		电子商务技术在物流信息中的应用						
考评标准			内　　容			分值(分)	评分(分)	
	学生自评	参与度	是否积极参与学习？是否积极进入角色？是否积极动手实践？是否积极探知知识点和思考工作方法？是否积极参加研讨？是否积极提出建议？			10		
		工作报告	是否独立完成？是否如实撰写？撰写是否详尽？是否具有专业性？图表是否合理清晰？			15		
	小组互评	协作力	信息传递是否准确？传递是否及时？交流是否融洽？			5		
		岗位描述	口头表达是否顺畅？岗位职责是否详细？是否具有可执行性？是否有效性？			10		
		组织能力	是否积极参与学习？是否积极探知知识点和思考工作方法？是否积极参加研讨？			10		
	教师评价	工作流程计划	流程设置是否清晰？是否可执行性？是否具有有效性？			10		
		角色完成质量	是否认真填写卡片？卡片问题汇总是否科学？调研内容确定是否有依据、准确？是否按时完成项目？是否正确完成项目？是否采取合理工作方法？			10		
		工作汇报	PPT 是否如实描述？内容是否全面？编排是否美观？是否专业性？图表是否合理清晰？是否具有独创性？			15		
		工作报告	是否独立完成？是否如实撰写？撰写是否详尽？是否具有专业性？图表是否合理清晰？			15		
			总　　评			100		

思考练习

1. 电子商务按其实质内容可以分为几类？各自特点是什么？
2. 电子商务物流信息管理要解决的关键问题是什么？
3. 电子商务环境下的物流信息管理和一般的物流信息管理有哪些方面的不同？

项目二　电子订货系统（EOS）应用

教学要点

1. 利用网络，收集物流企业 EOS 资料；
2. 由小组讨论，选择某项物流 EOS 业务流程；
3. 对该业务流程进行分析，能给企业带来哪些经济效益。

教学方法

可采用讲授、情境教学、案例教学和分组讨论等方法。

一、EOS 概述

(一)情境设置
随着激烈的市场竞争,减少订货周期,保障货物及时供应进而加速资金周转成了迫切解决的问题,那么零售商和供应商之间应该建立一个什么样的机制来解决这些问题呢?

(二)技能训练目标
熟悉 EOS 的含义、构成,能够用 EOS 去解决实际问题。

(三)相关理论知识

1. EOS 的含义

电子订货系统(Electronic Ordering System,简称 EOS),是指企业间利用通信网络(VAN 或互联网)和终端设备以在线联结(on-line)方式进行订货作业和订货信息交换的系统。

最初把电子订货系统(EOS)引入商业的是连锁店,其目的是追求分店与总店的相互补货业务及管理运行上的合理化。商业活动在目前发生的业务中,补货与进货占了很大的比重,库存减少到多少应进货?进货过早或过迟都会造成损失。为了适应这种繁杂的管理业务,并在短时间内得到及时、准确地处理,既要减少商品在库压力,又要防止缺货,于是就采用了电子订货系统。它利用 POS 系统产生的信息,有计划地、及时地补货和进货,既节省了人力,又减少了信息出错率。

电子订货系统是将厂商、批发商和零售商间所发生的订货数据输入计算机,通过计算机通信网络连接的方式即刻将资料传送至总公司、批发商、商品供货商或制造商处,它涵盖了整个商流。EOS 是许多零售商店和批发店组成的大系统的整体运作方式,它含有多个流程。通过电子批发、订货流程,可以实现对某店与同体系商场、不同体系商场和社会网点之间的商流、信息流的有效结合;通过采购订货流程,可以实现供货商之间的商流、信息流的有效结合;通过物流作业流程,可以实现物流与信息流之间的有效结合;另外,在仓储作业过程中,通过配货中心系统的自动化和智能化,可以降低配货过程的工作量,提高配货效率和配货准确率,合理配货的数量,达到资源优化配置和资产存量盘活的目的。

实施 EOS 系统可以给贸易伙伴带来巨大的经济效益。

(1)实现订货业务的合理化、效率化

相对于传统的订货方式,如上门订货、邮寄订货、电话或传真订货等,EOS 系统可以使用户随时以 EDI 方式与联网的供货方进行订货,大大缩短了订货信息的传递时间,同时也可以实现订货业务的标准化和简单化,减少了商品订单的出错率,节省了人工费,提高了订货效率。

(2)提高商品管理的精度

通过 EOS 系统可以及时补充库存,加速商品的周转,有利于减少企业库存水平和库存资金,提高企业库存管理效率,同时也能防止商品特别是畅销商品缺货现象的出现。

(3)提高物流效率

对于生产厂家和批发商来说,通过分析零售商的商品订货信息,能准确判断畅销商品和滞销商品,有利于企业调整商品生产和销售计划,实现库存、发货作业、运输、配送的系统化管理,从而可以提高物流效率。

由于 EOS 内涵盖了许多先进的管理手段,所以它在国际上使用得非常广泛,并且越来越受到商业界的青睐。特别是在日本,EOS 的应用已相当普及,目前已有日用杂品、家庭用品、水果医药品、玩具、运动用品、眼镜、钟表、成衣等多个专业网络的用户,可通过自己商店内标准的零售店终端机(POS)向网内的批发商订货。而在我国,EOS也已得到了广泛的应用。

2. EOS的组成

电子订货系统采用电子手段完成供应链上从零售商到供应商的产品交易过程。EOS系统分为EOS中心和EOS客户端。因此,一个EOS系统必须有供应商、零售商、网络和计算机系统。批发和零售商、供货商、商业增值网络中心等在商流中的角色和作用如下:

(1)需求方(客户端)采购人员根据管理信息系统(Management Information System,MIS)提供的功能,收集并汇总各机构要货的商品名称、要货数量,根据供货商的可供商品货源、供货价格、交货期限、供货商的信誉等资料,向指定的供货商下达采购命令。采购指令按照商业增值网络中心的标准格式进行填写,经商业增值网络中心提供的EDI格式转换系统而成为标准的EDI单证,经由通信界面将订货资料发送到商业增值网络中心。然后等供货商发回有关信息。

(2)供货方(客户端)根据商业增值网络中心转来的EDI格式转换系统而成为一张标准的商业订单,根据订单内容和供货商的MIS系统提供的相关信息,供货商可及时安排出货,并将出货信息通过EDI传递给相应的批发、零售商,从而完成一次基本的订货作业。

(3)商业增值网络中心(VAN)是整个系统的信息处理中心,主要负责系统的公共基础信息的维护、订货事务处理、交易跟踪处理、意外处理和系统维护等。不参与交易双方的交易活动,只提供用户连接界面,每当接收到用户发来的EDI单证时,自动进行EOS交易伙伴关系的检查,只有互为伙伴关系的才能进行交易,否则视为无效交易。确定有效交易关系后还必须进行EDI单证格式检查,只有交易双方均认可的单证格式,才能进行单证传递,并对每笔交易进行长期保存,供用户今后查询或在交易双方发生贸易纠纷时,可以根据商业增值网络中心所储存的单证内容作为司法证据。

当然,交易双方交换的信息不仅仅是订单和交货通知,还包括订单更改、订单修复、变价通知、提单、对账通知、发票、退换货物等许多信息。

商业增值网络中心(VAN)是公共的信息中心,它是通过通信网络让不同机构的计算机或各种连线终端相通,促进信息的收发,是更加便利的一种共同的信息中心。

3. EOS的发展过程

(1)早期的EOS

早期的EOS是通过电话或传真在零售商和供应商之间传递订货信息。

(2)基于点对点方式的EOS

在这种方式下零售商和供应商的计算机通过专线或电话线直接相连,相互传递订货信息。这种方式要求双方采用的通信协议、传输速率必须相同,并要求对方开机才能建立连接。在供应商很多的情况下,这种方式就不适宜了。

(3)基于增值网的EOS

在这个阶段零售商和供应商之间通过增值网传递订货信息。增值网作为信息增值服务的提供者,用于转发、管理订货信息。增值网有两类,一是地区VAN网络。由许多中小零售商在各地设置区域性的VAN即成立区域性的VAN营运公司,为本地区的零售业服务,支持本地区EOS运行。二是专业VAN网络。在商品流通中,常常是按商品的性质划分专业,如食品、医药品、农副产品、生鲜食品、服装等,因此形成了各个不同的专业。各专业为了达到流通现代化的目标,分别建立了自己的网络体系,形成专业VAN。

基于VAN的EOS一般都通过EDI方式传递订货信息。

(4) 基于 Internet/Intranet 的 EOS

随着 Internet 在全球范围内的普及,利用 Web 技术,通过 Internet 传递订货信息,加速信息传递和共享,是发展趋势。Internet 上亿万用户是巨大的潜在的供应商。

(四) 技能训练准备
(1) 学生每 5 人为一个小组,每个小组选一名组长。
(2) 准备若干张卡片。
(3) 教师现场指导。
(4) 训练时间安排:1 学时。

(五) 技能训练步骤
(1) 以每位学生为单位,在卡片上写出 EOS 的优点。
(2) 各组通过卡片问询法,收集实际供货中出现的问题,问题汇总后确定要调研的内容。
(3) 以组为单位完成物流公司供货调研内容的确定。
(4) 每组派一位代表陈述结果。

(六) 技能训练注意事项
(1) 认真填写卡片。
(2) 卡片汇总后要进行归类。
(3) 调研内容确定要有依据、要准确。

(七) 技能训练评价
请完成技能训练后填写表 7-3。

技能训练评价表　　表 7-3

专业	物流管理	班级		学号		姓名	
考评地点	多媒体教室						
考评内容	EOS 的概述						
考评标准			内　　容			分值(分)	评分(分)
	学生自评	参与度	是否积极参与学习?是否积极进入角色?是否积极动手实践?是否积极探知知识点和思考工作方法?是否积极参加研讨?是否积极提出建议?			10	
		工作报告	是否独立完成?是否如实撰写?撰写是否详尽?是否具有专业性?图表是否合理清晰?			15	
	小组互评	协作力	信息传递是否准确?传递是否及时?交流是否融洽?			5	
		岗位描述	口头表达是否顺畅?岗位职责是否详细?是否具有可执行性?是否具有有效性?			10	
		组织能力	是否积极参与学习?是否积极探知知识点和思考工作方法?是否积极参加研讨?			10	
	教师评价	工作流程计划	流程设置是否清晰?是否具有可执行性?是否具有有效性?			10	
		角色完成质量	是否认真填写卡片?卡片问题汇总是否科学?调研内容确定是否有依据、准确?按时完成项目?是否正确完成项目?是否采取合理工作方法?			10	
		工作汇报	是否 PPT 如实描述?内容全面?编排是否美观?是否具有专业性?图表是否合理清晰?是否具有独创性?			15	
		工作报告	是否独立完成?是否如实撰写?撰写是否详尽?是否具有专业性?图表是否合理清晰?			15	
		总　　评				100	

(八)技能训练活动建议

建议组织学生到不同类型物流的企业进行参观、调研。

二、EOS 业务流程

(一)情境设置

随着激烈的市场竞争,减少订货周期,保障货物及时供应进而加速资金周转成了迫切解决的问题,EOS 系统的出现完美地解决了这一矛盾,那么 EOS 是通过什么样的流程来实现的呢?

(二)技能训练目标

熟练掌握 EOS 业务流程,能够建立简单的 EOS 系统。

(三)相关理论知识

1. 销售订货业务流程

我们可以将基本的批发、订货业务流程中的业务往来划分成以下几个步骤:

(1)各批发、零售商场或社会网点根据自己的销售情况,确定所需货物的品种、数量,同体系商场或机会网点通过网络中心发出 EOS 订货需求。

(2)网络中心将收到的补货、订货需求资料发送至总公司业务管理部门。

(3)业务管理部门对收到的数据进行汇总处理后,通过网络中心向不同体系的商场或社会网点发送批发订单确认。

(4)不同体系的商场或社会网点从网络中心接收到批发订单确认信息。

(5)业务管理部门根据库存情况通过网络中心或实时网络系统向配送中心发出配送通知。

(6)配送中心根据接收到的配送通知安排商品配送,并将配送通知单通过网络中心传送到客户。

(7)不同体系的商场或社会网点从网络中心接收到配送中心对批发订单的配送通知。

(8)各批发、零售商场或配送中心根据实际网络情况将每天进出货物的情况通过实时网络系统,报送总公司业务管理部门,让业务部及时掌握商品库存量。

上述八个步骤组成了一个基本的电子批发、订货流程。通过这个流程,将某店与同体系商场(某店为非独立核算单位)、不同体系商场(某店为独立核单位)和社会网点之间的物流、信息流结合在一起。

2. 采购订货业务流程

一般可以将向供应商采购作业流程中的业务往来划分成以下几个步骤:

(1)业务管理部门根据配送中心商品库存情况,向指定的供应商发出商品采购订单。

(2)网络中心将总公司业务管理部发出的采购订单发送至指定的供应商处。

(3)指定的供应商在收到采购订单后,根据订单的要求通过网络中心对采购订单加以确认。

(4)网络中心将供应商发来的采购订单确认后发送至业务管理部门。

(5)业务管理部门根据供应商发来的采购订单确认,向配送中心发送订货信息,以便配送中心安排检验和仓储空间。

(6)供应商根据采购单的要求,安排发运货物,并在向总公司交运货物之前,通过网络中心向配送中心发送交货通知。

（7）配送中心根据供应商发来的交货通知安排商品检验并安排仓库、库位或根据配送要求进行备货。

上述七个步骤组成了一个基本的采购订货流程，通过这个流程，将某店与供应商之间的物流、信息流结合在一起。

3．物流作业流程

供应商发运作业流程中的业务往来可划分为以下几个步骤：

（1）供应商根据采购合同要求将发货单通过网络中心发给配送中心。

（2）配送中心对接收到的网络中心传来的发货单进行综合处理，或要求供应商送货至配送中心或发送至各批发、零售商场。

（3）配送中心将送货要求发送给供应商。

（4）供应商根据接收到的送货要求进行综合处理，然后根据送货要求将货物送至指定地点。

上述四个步骤完成了一个基本的物流作业流程，通过这个流程，将物流与信息流牢牢地结合在一起。综上所述，某店配销中心管理系统可根据实际情况，参照对物流、信息流的流程分析，并掌握住资金流，组合一个完整而强有力的配销管理系统。

4．仓储作业流程

公司（采购部）向供应商发出订购单，供应商接单后按订单上的商品和数量组织货品，并按订购单指定地点送货。可以向多个仓库送货，也可直接送到指定的商店。下面分析供应商把商品送到某一仓库后发生的商品流动全过程。商品送到某仓库（送/收货单）后，一般卸在指定的进货区，在进货区对新进入的商品进行商品验收手续，验收合格的商品办入库手续，填写收/验/入库单（商品名、数量、存放位置等信息），然后送入指定的正品存放区的库位中，正品存放区的商品是可供配送的，这时总库存增加。对验收不合格的商品，填写退货单，并登录在册，另行暂时存放，适时退回供货商，调换合格商品。调换回的商品同样有收/验/入库的过程。

当仓库收到配货中心配资清单后，按清单要求（商品名、数量、库位等）备货，验证正确后出库待送。若是本地批发，按销货单配货发送，配送信息要及时反馈给配货中心，这时配货中心的总库存量减少。商品送交客户后，也有客户对商品的验收过程。当客户发现商品包装破损、商品保质期已到，送交的商品与要求的商品不符等情况时，客户会退货（退库单），过期的商品暂存待处理区，经检验后做处理，如属错配退回，商品完好，则送回正品存放区（移转单），对质量和包装有问题的商品退回给供应商（退货单），过期和损坏的商品作报废处理（报废单）等。这些商品处理的流动过程也影响到总库存的变化，掌握和控制这些商品的流动过程也就有效地控制和掌握了总库存量。

在库存的管理中也会发现某些商品因储运、移位而发生损伤，有些商品因周转慢使保质期即将到期等情况，这时应及时对这些商品作转移处理，将其移至待处理区（转移单），然后作相应的退货、报废、削价等处理。商品在此流动过程中也会使仓库的总库存量发生变化，因此这些流动过程也必须在配货中心的掌握和控制之中。

配送中心掌握了逻辑上的商品总库存量和物理上的分库商品库存量，在配货过程中如果发现因配货的不平衡引起某仓库某商品库存告急，而另一仓库此商品仍有较大库存量时，配货中心可用库间商品调拨的方式（调拨单）来调节各分库的商品库存量，满足各分库对商品的需求,增加各库配货能力,但并不增加总库存量,从而提高仓库空间和资金的利用率。

配送中心通过网络中心还可掌握本系统中各主体商场、连锁超市的进销调存的商业动态信息。由于商场结构不同、所处区域不同,面对消费对象也不同,因此各商场销售的商品结构也不同。配货中心的计算机系统会对各商场的商品结构作动态的调整(内部调拨),从而达到降低销售库存,加速商品流通,加快资金流转的目的,以较低的投入获得最高的收益。

在商店的配送中心系统中,商品的选配应是自动化和智能化的,这样便可降低配送过程的工作,提高配货效率和配货准确率,减少商品库存数和库存资金,达到资源优化配置和资产存量盘活的目的。

(四)技能训练准备

(1)学生每 5 人为一个小组,每个小组选一名组长。
(2)准备若干张卡片。
(3)教师现场指导。
(4)训练时间安排:1 学时。

(五)技能训练步骤

(1)以每位学生为单位,在卡片上写出某一 EOS 业务流程。
(2)各组通过卡片问询法,总后确定要调研的内容。
(3)以组为单位完成物流公司某一业务流程调研内容的确定。
(4)每组派一位代表陈述结果。

(六)技能训练注意事项

(1)认真填写卡片。
(2)卡片汇总后要进行归类。
(3)调研内容确定要有依据、要准确。

(七)技能训练评价

请完成技能训练后填写表 7-4。

技能训练评价表   表 7-4

专业		物流管理	班级		学号		姓名	
考评地点		多媒体教室						
考评内容		EOS 业务流程						
考评标准			内 容				分值(分)	评分(分)
	学生自评	参与度	是否积极参与学习?是否积极进入角色?是否积极动手实践?是否积极探知知识点和思考工作方法?是否积极参加研讨?是否积极提出建议?				10	
		工作报告	是否独立完成?是否如实撰写?撰写是否详尽?是否具有专业性?图表是否合理清晰?				15	
	小组互评	协作力	信息传递是否准确?传递是否及时?交流是否融洽?				5	
		岗位描述	口头表达是否顺畅?岗位职责是否详细?是否具有可执行性?是否具有有效性?				10	
		组织能力	是否积极参与学习?是否积极探知知识点和思考工作方法?是否积极参加研讨?				10	

续上表

考评标准		内容		分值(分)	评分(分)
考评标准	教师评价	工作流程计划	流程设置是否清晰？是否具有可执行性？是否具有有效性？	10	
		角色完成质量	是否认真填写卡片？卡片问题汇总是否科学？调研内容确定是否有依据、准确？是否按时完成项目？是否正确完成项目？是否采取合理工作方法？	10	
		工作汇报	PPT是否如实描述？内容是否全面？编排是否美观？是否具有专业性？图表是否合理清晰？是否具有独创性？	15	
		工作报告	是否独立完成？是否如实撰写？撰写是否详尽？是否具有专业性？图表是否合理清晰？	15	
		总　评		100	

（八）技能训练活动建议

建议组织学生到不同类型物流的企业进行参观、调研。

思考练习

（1）什么是电子供货系统？

（2）EOS 系统可以给企业带来哪些效益？

（3）简述 EOS 的构成。

任务八 智能技术应用

内容简介

研究人工智能是当前信息化社会的迫切要求。人类社会现在已经进入了信息化时代。信息化的进一步发展,就必须有智能技术的支持。例如,当前迅速发展着的互联网(Internet)、万维网(WWW)和网格(Grid)需要智能技术支持,智能化也是自动化发展的必然趋势。自动化发展到一定水平,再向前发展就必然是智能化。事实上,智能化将是继机械化、自动化之后,人类生产和生活中的又一个技术特征。本章主要介绍人工智能技术、专家系统、智能运输系统的实际应用。

教学目标

1. 知识目标
(1)了解智能技术的发展状况和趋势;
(2)掌握人工智能、专家系统、智能交通系统的概念及其特点;
(3)明确智能技术在实际工作、生活中的应用情况。

2. 技能目标
(1)能运用人工智能技术解决实际问题;
(2)能运用专家系统解决实际问题;
(3)能运用智能交通技术解决实际问题。

案例导入

世界棋王与深蓝的对决

众所周知,世界国际象棋棋王卡斯帕罗夫与美国IBM公司的RS/6000 SP(深蓝)计算机系统于1997年5月3日至5月11日进行了六局的"人机大战",最终"深蓝"以3.5比2.5的总比分将卡斯帕罗夫击败,拉下了这场世人注目的"人机大战"的帷幕。

比赛虽然结束了,但留给人们的思考却仍然在继续着。我们知道,下棋是一个斗智、斗策的过程,不仅要求参赛者具有超凡的记忆能力、丰富的下棋经验,而且还要有很强的思维能力,能对瞬息万变的随机情况迅速地做出反应,及时地采取措施进行有效的处理,否则就会造成一着失误而全盘皆输的可悲局面。

引导思路

1. 对于人类说,这显然是一种智能的表现,但对计算机来说,这又意味着什么?
2. 人们自然会问,计算机作为一种电子数字机器,怎么会有类似于人的智能呢?这正是人工智能这门学科要研究并解决的问题。

项目一 人工智能（AI）技术应用

教学要点

1. 了解人工智能的概念；
2. 理解人工智能的内容和主要研究方法；
3. 掌握人工智能技术的应用。

教学方法

可采用讲授、多媒体情境教学、案例教学和观摩教学等方法。

一、情 境 设 置

可以通过一段视频短片或者案例展示，让同学们看到一个智能化的一个工业场景，那么这些冷冰冰的机器怎么会像人一样自主有序地工作呢？他们是怎么做得像人一样的呢？有什么技术让他们具有人类才有的灵性呢？

二、技能训练目标

理解智能、人工智能的概念；了解人工智能的发展史等。

三、相关理论知识

人工智能（Artificial Intelligence，简称 AI）是当前科学技术发展中的一门前沿学科，同时也是一门新思想、新观念、新理论、新技术不断出现的新兴学科以及正在迅速发展的学科。它是在计算机科学、控制论、信息论、神经心理学、哲学、语言学等多种学科研究的基础上发展起来的，因此又可把它看作是一门综合性的边缘学科。它的出现及所取得的成就引起了人们的高度重视，并得到了很高的评价。有的人把它与空间技术、原子能技术一起誉为20世纪的三大科学技术成就；有的人把它称为继三次工业革命后的一又一次革命，并称前三次工业革命主要是延长了人手的功能，把人类从繁重的体力劳动中解放出来，而人工智能则是延伸人脑的功能，实现脑力劳动的自动化。

本项目单元将讨论智能、人工智能的基本概念，并对人工智能的研究目标、研究内容、研究途径及研究领域进行简要的讨论。

1. 智能人工智能的概念

（1）智能的概念

什么是智能？智能的本质是什么？这是古今中外许多哲学家、脑科学家一直在努力探索和研究的问题，但至今仍然没有完全解决，以致被列为自然界四大奥秘（物质的本质、宇宙的起源、生命的本质、智能的发生）之一。近些年来，随着脑科学、神经心理学等研究的进展，对人脑的结构和功能积累了一些初步认识,但对整个神经系统的内部结构和作用机制,特别是脑的功能原理还没有完全搞清楚,有待进一步探索。在此情况下,要从本质上对智能给出一个精确的、可被公认的定义显然是不现实的。目前人们大多是把对人脑的已有认识与智能的外在表现结合起来,从不同的角度、不同的侧面、用不同的方法来对智能进行研究的,提出的观点亦不相同。其中影响较大的主要有思维理论、知识阈值理论及进化理论等。

思维理论来自认知科学。认知科学又称为思维科学,它是研究人们认识客观世界的规律和方法的一门科学,其目的在于揭开大脑思维功能的奥秘。该理论认为智能的核心是思维,人的一切智慧或智能都来自于大脑的思维活动,人类的一切知识都是人们思维的产物,因而通过对思维规律与方法的研究渴望揭示智能的本质。

知识阈值理论着重强调知识对于智能的重要意义和作用,认为智能行为取决于知识的数量及其一般化的程度,一个系统之所以有智能是因为它具有可运用的知识。在此认识的基础上,它把智能定义为:智能就是在巨大的搜索空间中迅速找到一个满意解的能力。这一理论在人工智能的发展史中有着重要的影响,知识工程、专家系统等都是在这一理论的影响下发展起来的。

进化理论是由美国麻省理工学院(MIT)的布鲁克(R. A. Brook)教授提出来的。1991年他提出了"没有表达的智能",1992年又提出了"没有推理的智能",这是他根据自己对人造机器动物的研究与实践提出的与众不同的观点。该理论认为人的本质能力是在动态环境中的行走能力、对外界事物的感知能力、维持生命和繁衍生息的能力,正是这些能力对智能的发展提供了基础,因此智能是某种复杂系统所浮现的性质。它是由许多部件交互作用产生的,智能仅仅由系统总的行为以及行为与环境的联系所决定,它可以在没有明显的可操作的内部表达的情况下产生,也可以在没有明显的推理系统出现的情况下产生。该理论的核心是用控制取代表示,从而取消概念、模型及显式表示的知识,否定抽象对于智能及智能模拟的必要性,强调分层结构对于智能进化的可能性与必要性。目前这一观点尚未形成完整的理论体系,有待进一步的研究,但由于它与人们的传统看法完全不同,因而引起了人工智能界的注意。

综合上述各种观点,可以认为智能是知识与智力的总和。其中,知识是一切智能行为的基础,而智力是获取知识并运用知识求解问题的能力,即在任意给定的环境和目标的条件下,正确制订决策和实现目标的能力,它来自人脑的思维活动。具体地说,智能具有下述特征:

①具有感知能力。

感知能力是指人们通过视觉、听觉、触觉、味觉、嗅觉等感觉器官感知外部世界的能力。感知是人类最基本的生理、心理现象,是获取外部信息的基本途径,人类的大部分知识都是通过感知获取有关信息,然后经过大脑加工获得的。可以说如果没有感知,人们就不可能获得知识,也不可能引发各种各样的智能活动。因此,感知是产生智能活动的前提与必要条件。

在人类的各种感知方式中,它们所起的作用是不完全一样的。据有关研究,大约80%以上的外界信息是通过视觉得到的,有10%是通过听觉得到的,这表明视觉与听觉在人类感知中占有主导地位。这就提示我们,在人工智能的机器感知方面,主要应加强机器视觉及机器听觉的研究。

②具有记忆与思维的能力。

记忆与思维是人脑最重要的功能,亦是人们之所以有智能的根本原因所在。记忆用于存储由感觉器官感知到的外部信息以及由思维所产生的知识;思维用于对记忆的信息进行处理,即利用已有的知识对信息进行分析、计算、比较、判断、推理、联想、决策等。思维是一个动态过程,是获取知识以及运用知识求解问题的根本途径。

思维可分为逻辑思维、形象思维以及在潜意识激发下获得灵感而"忽然开窍"的顿悟思维等。其中,逻辑思维与形象思维是两种基本的思维方式。

逻辑思维又称为抽象思维,它是一种根据逻辑规则对信息进行处理的理性思维方式,反映了人们以抽象的、间接的、概括的方式认识客观世界的过程。逻辑思维具有如下特点:

a. 依靠逻辑进行思维。

b. 思维过程是串行的,表现为一个线性过程。

c. 容易形式化,其思维过程可以用符号串表达出来。

d. 思维过程具有严密性、可靠性,能对事物未来的发展给出逻辑上合理的预测,可使人们对事物的认识不断深化。

形象思维又称为直感思维,它是一种以客观现象为思维对象、以感性形象认识为思维材料、以意象为主要思维工具、以指导创造物化形象的实践为主要目的的思维活动。形象思维具有如下特点:

a. 主要是依据直觉,即感觉形象进行思维。

b. 思维过程是并行协同式的,表现为一个非线性过程。

c. 形式化困难,没有统一的形象联系规则,对象不同,场合不同,形象的联系规则亦不相同,不能直接套用。

d. 在信息变形或缺少的情况下仍有可能得到比较满意的结果。

由于逻辑思维与形象思维分别具有不同的特点,因而可分别用于不同的场合。当要求迅速作出决策而不要求十分精确时,可用形象思维,但当要求进行严格的论证时,就必须用逻辑思维;当要对一个问题进行假设、猜想时,需用形象思维,而当要对这些假设或猜想进行论证时,则要用逻辑思维。人们在求解问题时,通常把这两种思维方式结合起来使用,首先用形象思维给出假设,然后再用逻辑思维进行论证。

顿悟思维又称为灵感思维,它是一种显意识与潜意识相互作用的思维方式。顿悟思维具有如下特点:

a. 具有不定期的突发性。

b. 具有非线性的独创性及模糊性。

c. 它穿插于形象思维与逻辑思维之中,起着突破、创新、升华的作用。它比形象思维更复杂,至今人们还不能确切地描述灵感的具体实现以及它产生的机理。

d. 最后还应该指出的是,人具有记忆与思维是不可分的,它们总是相随相伴的,其物质基础是由神经元组成的大脑皮质,通过相关神经元此起彼伏的兴奋与抑制实现记忆与思维活动。

③具有学习能力及自适应能力。

学习是人的本能,每个人都在随时随地的进行着学习,既可能是自觉的、有意识的,也可能是不自觉、无意识的;既可以是有教师指导的,也可以是通过自己的实践。总之,人人都在通过与环境的相互作用,不断地进行着学习,并通过学习积累知识、增长才干,适应环境的变化,充实、完善自己。只是由于各人所处的环境不同,条件不同,学习的效果亦不相同,体现出不同的智能差异。

④具有行为能力。

人们通常用语言或者某个表情、眼神及形体动作来对外界的刺激做出反应,传达某个信息,这称为行为能力或表达能力。如果把人们的感知能力看作是用于信息的输入,则行为能力就是用作信息的输出,它们都受到神经系统的控制。

(2)人工智能的概念

顾名思义,所谓人工智能就是用人工的方法在机器(计算机)上实现的智能;或者说是人类实现的。因此又可称之为机器智能。又由于机器智能是模拟人类智能的,因此又可称它为模拟智能。

现在,"人工智能"这个术语已被用作"研究如何在机器上实现人类智能"这门学科的名称。从这个意义上说,可把它定义为:人工智能是一门研究如何构成智能机器(智能计算机)或智能系统,使它能模拟、延伸、扩展人类智能的学科。通俗地说:人工智能就是要研究如何使机器具有能听、会说、能看、会写、能思维、会学习、能适应环境变化、能解决各种面临的实际问题等功能的一门学科。总之,它是要使机器能做需要人类智能才能完成的工作,甚至比人类更高明。

2. 人工智能的应用

人工智能的应用十分广泛,下面我们仅给出其中一些重要的应用领域和研究课题。

(1)难题求解

这里的难题,主要指那些没有算法解,或虽有算法解,但在现有机器上无法实施或无法完成的困难问题,例如智力性问题中的梵塔问题、旅行商问题、博弈问题等,就是这样的难题。又如,现实世界中复杂的路径规划、车辆调度、电力调度、资源分配、项目分配、系统配置、地质分析、数据解释、天气预报、市场预测、股市分析、疾病诊断、故障诊断、军事指挥、机器人行动规划等,也是这样的难题。在这些难题中,有些是组合数学理论中所称的非确定型多项式(Nondeterministic Polynomial,简称 NP)问题或 NP 完全(Nondeterministic Polynomial Complete,简称 NPC)问题。NP 问题是指那些既不能证明其算法复杂性超出多项式界,但又未找到有效算法的一类问题。而 NP 完全问题又是 NP 问题中最困难的一种问题,例如有人证明过排课表问题就是一个 NP 完全性问题。

研究工程难题的求解是人工智能的重要课题,而研究智力难题的求解则具有双重意义:一方面,可以找到解决这些难题的途径;另一方面,发展起来的一些技术和方法可用于人工智能的其他领域。这也正是人工智能研究初期,研究内容基本上都集中于游戏世界的智力性问题的重要原因,例如博弈问题就可为搜索策略、机器学习等研究提供很好的实际背景。

(2)自动规划、调度与配置

在上述的难题求解中,规划、调度与配置问题是实用性、工程性最强的一类问题。规划一般指设计制定一个行动序列,例如机器人行动规划、交通路线规划。调度就是一种项目分派或者安排,例如车辆调度、电力调度、资源分配、项目分配。调度的数学本质是给出两个集合间的一个映射。配置则是设计合理的部件组合结构,即空间布局,例如资源配置、系统配置、设备或设施配置。

从问题求解角度看,规划、调度、配置三者又有一定的内在联系,有时甚至可以互相转化。事实上,它们都属于人工智能的经典问题之一的约束满足问题。这类问题的解决体现了计算机的创造性,所以,规划、调度、配置问题求解也是人工智能的一个重要研究领域。

自动规划的研究始于20世纪60年代,最早的自动规划系统可以说就是Simon的通用问题求解系统GPS和Green方法。1969年斯坦福研究所设计了著名的机器人动作规划系统STRIPS,成为人工智能界的经典自动规划技术。之后,人们又开发了许多非经典规划技术,如排序(或分层)规划技术、动态世界规划、专用目的规划器等。进一步,人们又将机器学习和专家系统技术引入自动规划。在自动配置方面,1982年卡内基梅隆大学为DEC公司开发的计算机自动配置系统XCOM(亦称R1)堪称一个典型代表。

另一方面,迅速发展的约束程序设计特别是约束逻辑程序设计也将为规划、调度和配置技术提供强大的技术支持。

(3) 机器定理证明

机器定理证明也是人工智能的一个重要的研究课题,它也是人工智能最早的研究领域之一。定理证明是最典型的逻辑推理问题,它在发展人工智能方法上起过重大作用。如关于谓词演算中推理过程机械化的研究,帮助我们更清楚地了解到某些机械化推理技术的组成情况。很多非数学领域的项目如医疗诊断、信息检索、规划制定和难题求解,都可以转化成一个定理证明问题。所以机器定理证明的研究具有普遍的意义。

机器定理证明的方法主要有四类:

①自然演绎法,其基本思想是依据推理规则,从前提和公理中可以推出许多定理,如果待证的定理恰在其中,则定理得证。

②判定法,即对一类问题找出统一的计算机上可实现的算法解。在这方面一个著名的成果是我国数学家吴文俊教授1977年提出的初等几何定理证明方法。

③定理证明器,它研究一切可判定问题的证明方法。

④计算机辅助证明,它是以计算机为辅助工具,利用机器的高速度和大容量,帮助人完成手工证明中难以完成的大量计算、推理和穷举。证明过程中所得到的大量中间结果,又可以帮助人形成新的思路,修改原来的判断和证明过程,这样逐步前进直至定理得证。这种证明方法的一个重要成果就是,1976年6月美国的阿普尔等人证明了124年未能解决的四色定理,引起了全世界的轰动。

(4) 自动程序设计

自动程序设计就是让计算机设计程序。具体来讲,就是人只要给出关于某程序要求的非常高级的描述,计算机就会自动生成一个能完成这个要求目标的具体程序。所以,这相当于给机器配置了一个"超级编译系统",它能够对高级描述进行处理,通过规划过程,生成所需的程序。但这只是自动程序设计的主要内容,它实际是程序的自动综合。自动程序设计还包括程序自动验证,即自动证明所设计程序的正确性。这样,自动程序设计也是人工智能和软件工程相结合的研究课题。

(5) 机器翻译

机器翻译就是完全用计算机作为两种语言之间的翻译。机器翻译由来已久,早在电子计算机问世不久,就有人提出了机器翻译的设想,随后就开始了这方面的研究。当时人们总以为只要用一部双向词典及一些语法知识就可以实现两种语言文字间的机器互译,结果遇到了挫折。例如当把"光阴似箭"的英语句子"Time flies like an arrow"翻译成日语,然后再翻译回来的时候,竟然变成了"苍蝇喜欢箭";又如,当把"心有余而力不足"的英语句子"The spirit is willing but the flesh is weak"翻译成俄语,然后再翻译回来时竟然成了"酒是好的,肉变质了",即"The wine is good but the meat is spoiled"。这些问题的出现才使人们发现,机器翻译并非想象的那么简单,并使得人们认识到,单纯地依靠"查字典"的方法不可能解决翻译问题,只有在对语义理解的基础上,才能做到真正的翻译,所以机器翻译的真正实现,还要靠自然语言理解方面的突破。

(6) 智能控制

智能控制就是把人工智能技术引入控制领域,建立智能控制系统。智能控制具有两个显著的特点:第一,智能控制是同时具有知识表示的非数学广义世界模型和传统数学模型混合表示的控制过程,也往往是含有复杂性、不完全性、模糊性或不确定性以及不存在已知算法的过程,并以知识进行推理,以启发来引导求解过程;第二,智能控制的核心在高层控制,即组织级控制,其项目在于对实际环境或过程进行组织,即决策与规划,以实现广义问题求解。

智能控制系统的智能可归纳为以下几方面:

a. 先验智能:有关控制对象及干扰的先验知识,可以从一开始就考虑在控制系统的设计中。

b. 反应性智能:在实时监控、辨识及诊断的基础上,对系统及环境变化的正确反应能力。

c. 优化智能:包括对系统性能的先验性优化及反应性优化。

d. 组织与协调智能:表现为对并行耦合项目或子系统之间的有效管理与协调。

智能控制的开发,目前认为有以下途径:

——基于专家系统的专家智能控制。

——基于模糊推理和计算的模糊控制。

——基于人工神经网络的神经网络控制。

——综合以上三种方法的综合型智能控制。

(7) 智能管理

智能管理就是把人工智能技术引入管理领域,建立智能管理系统。智能管理是现代管理科学技术发展的新动向。智能管理是人工智能与管理科学、系统工程、计算机技术及通信技术等多学科、多技术互相结合、互相渗透而产生的一门新技术、新学科。它研究如何提高计算机管理系统的智能水平,以及智能管理系统的设计理论、方法与实现技术。

智能管理系统是在管理信息系统、办公自动化系统、决策支持系统的功能集成和技术集成的基础上,应用人工智能专家系统、知识工程、模式识别、人工神经网络等方法和技术,进行智能化、集成化、协调化,设计和实现的新一代的计算机管理系统。

(8) 智能决策

智能决策就是把人工智能技术引入决策过程,建立智能决策支持系统。智能决策支持系统是在20世纪80年代初提出来的。它是决策支持系统与人工智能,特别是专家系统相结合的产物。它既充分发挥了传统决策支持系统中数值分析的优势,也充分发挥了专家系统中知识及知识处理的特长,既可以进行定量分析,又可以进行定性分析,能有效地解决半结构化和非结构化的问题,从而扩大了决策支持系统的范围,提高了决策支持系统的能力。

智能决策支持系统是在传统决策支持系统的基础上发展起来的,由传统决策支持系统再加上相应的智能部件就构成了智能决策支持系统。智能部件可以有多种模式,例如专家系统模式、知识库系统模式等。专家系统模式是把专家系统作为智能部件,这是目前比较流行的一种模式。该模式适合于以知识处理为主的问题,但它与决策支持系统的接口比较困难。知识库系统模式是以知识库作为智能部件。在这种情况下,决策支持系统就是由模型库、方法库、数据库、知识库组成的四库系统。这种模式接口比较容易实现,其整体性能也较好。

一般来说,智能部件中可以包含如下一些知识:
——建立决策模型和评价模型的知识。
——如何形成候选方案的知识。
——建立评价标准的知识。
——如何修正候选方案,从而得到更好候选方案的知识。
——完善数据库,改进对它的操作及维护的知识。

(9) 智能通信

智能通信就是把人工智能技术引入通信领域,建立智能通信系统。智能通信就是在通信系统的各个层次和环节上实现智能化。例如在通信网的构建、网管与网控、转接、信息传输与转换等环节,都可实现智能化。这样,网络就可运行在最佳状态,使呆板的网变成活化的网,使其具有自适应、自组织、自学习、自修复等功能。

(10) 智能仿真

智能仿真就是将人工智能技术引入仿真领域,建立智能仿真系统。我们知道,仿真是对动态模型的实验,即行为产生器在规定的实验条件下驱动模型,从而产生模型行为。具体地说,仿真是在三种类型知识——描述性知识、目的性知识及处理知识的基础上产生另一种形式的知识——结论性知识。因此可以将仿真看作是一个特殊的知识变换器,从这个意义上讲,人工智能与仿真有着密切的关系。

利用人工智能技术能对整个仿真过程(包括建模、实验运行及结果分析)进行指导,能改善仿真模型的描述能力,在仿真模型中引进知识表示将为研究面向目标的建模语言打下基础,提高仿真工具面向用户、面向问题的能力。从另一方面来讲,仿真与人工智能相结合可使仿真更有效地用于决策,更好地用于分析、设计及评价知识库系统,从而推动人工智能技术的发展。正是基于这些方面,近年来,将人工智能特别是专家系统与仿真相结合,就成为仿真领域中一个十分重要的研究方向,引起了大批仿真专家的关注。

(11) 智能 CAD

智能 CAD(简称 ICAD)就是把人工智能技术引入计算机辅助设计领域,建立智能 CAD 系统。事实上,AI 几乎可以应用到 CAD 技术的各个方面,从目前发展的趋势来看,至少有以下四个方面:

a. 设计自动化。
b. 智能交互。
c. 智能图形学。
d. 自动数据采集。

从具体技术来看,ICAD 技术大致可分为以下几种方法:

a. 规则生成法。
b. 约束满足方法。
c. 搜索法。
d. 知识工程方法。
e. 形象思维方法。

(12) 智能制造

智能制造就是在数控技术、柔性制造技术和计算机集成制造技术的基础上,引入智能技术。智能制造系统由智能加工中心、材料传送检测和实验装置等智能设备组成。它具有一定的自组织、自学习和自适应能力,能在不可预测的环境下,基于不确定、不精确、不完全的信息,完成拟人的制造项目,形成高度自动化生产。

(13)智能CAI

智能CAI就是把人工智能技术引入计算机辅助教学领域,建立智能CAI系统,即ICAI。ICAI的特点是能对学生因材施教地进行指导。为此,ICAI应具备下列智能特征:

——自动生成各种问题与练习。

——根据学生的水平和学习情况自动选择与调整教学内容和进度。

——在理解教学内容的基础上自动解决问题生成解答。

——具有自然语言的生成和理解能力。

——对教学内容有解释咨询能力。

——能诊断学生错误,分析原因并采取纠正措施。

——能评价学生的学习行为。

——能不断地在教学中改善教学策略。

为了实现上述ICAI系统,一般把整个系统分成专门知识、教导策略和学生模型等三个基本模块和一个自然语言的智能接口。

ICAI已是人工智能的一个重要应用领域和研究方向,已引起了人工智能界和教育界的极大关注和共同兴趣。

(14)智能人机接口

智能人机接口就是智能化的人机交互界面,也就是将人工智能技术应用于计算机与人的交互界面,使人机界面更加灵性化、拟人化、个性化。显然,这也是当前人机交互的迫切需要和人机接口技术发展的必然趋势。事实上,智能人机接口已成为计算机、网络和人工智能等学科共同关注和通力合作的研究课题。该课题涉及机器感知特别是图形图像识别与理解、语音识别、自然语言处理、机器翻译等诸多AI技术,另外,还涉及多媒体、虚拟现实等技术。

(15)模式识别

识别是人和生物的基本智能信息处理能力之一。事实上,我们几乎无时无刻都在对周围世界进行着识别。而所谓模式识别,则指的是用计算机进行物体识别。这里的物体一般指文字、符号、图形、图像、语音、声音及传感器信息等形式的实体对象,而并不包括概念、思想、意识等抽象或虚拟对象,后者的识别属于心理、认知及哲学等学科的研究范畴。

也就是说,这里所说的模式识别是狭义的模式识别,它是人和生物的感知能力在计算机上的模拟和扩展。经过多年的研究,模式识别已发展成为一个独立的学科,其应用十分广泛,诸如信息、遥感、医学、影像、安全、军事等领域,模式识别已经取得了重要成效,特别是基于模式识别而出现的生物认证、数字水印等新技术正方兴未艾。

(16)数据挖掘与数据库中的知识发现

随着计算机、数据库、互联网等信息技术的飞速发展,人类社会所拥有的各种各样的数据与日俱增。例如,企业中出现了以数据仓库为存储单位的海量数据,互联网上的Web页面更以惊人的速度不断增长。面对这些堆积如山、浩如烟海的数据,人们已经无法用人工方法或传统方法从中获取有用的信息和知识。而事实上这些数据中不仅承载着大量的信息,同时也蕴藏着丰富的知识。于是,如何从这些数据中归纳、提取出高一级的更本质、更有用的规律性信息和知识,就成了人工智能的一个重要研究课题。也正是在这样的背景下,数据挖掘(Data Mining,简称 DM)与数据库中的知识发现(KDD)技术便应运而生。

其实,数据挖掘(也称数据开采、数据采掘等)和数据库中的知识发现的本质含义是一样的,只是前者主要流行于统计、数据分析、数据库和信息系统等领域,后者则主要流行于人工智能和机器学习等领域,所以现在有关文献中一般都把二者同时列出。

DM 与 KDD 现已成为人工智能应用的一个热门领域和研究方向,其涉及范围非常广泛,如企业数据、商业数据、科学实验数据、管理决策数据、Web 数据等的挖掘和发现。

(17) 计算机辅助创新

计算机辅助创新(Computer Aided Innovation,简称 CAI)是以"发明问题解决理论(TRIZ)"为基础,结合本体论(Ontology)、现代设计方法学、计算机技术而形成的一种用于技术创新的新手段。近年来,CAI 在欧美国家迅速发展,成为新产品开发中的一项关键性基础技术。计算机辅助创新可以看作是机器发明创造的初级形式。

TRIZ 是由俄语拼写的单词首字母组成,用英语也可缩写为 TIPS(Theory of Inventive Problem Solving)。TRIZ 是由前苏联学者在分析了全世界近 250 万件高水平的发明专利,并综合多学科领域的原理和法则后而建立起来的一种发明创造理论和方法。TRIZ 是由解决技术问题和实现创新开发的各种方法、算法组成的综合理论体系。TRIZ 的基本原理是:企业和科学技术领域中的问题和解决方案是重复出现的;企业和科学技术领域的发展变化也是重复出现的;高水平的创新活动经常应用到专业领域以外的科学知识。因此技术系统的进化遵循客观的法则群,人们可以应用这些进化法则预测产品的未来发展趋势,把握新产品的开发方向。在解决技术问题时,如果不明确应该使用哪些科学原理法则,则很难找到问题的解决对策。TRIZ 就是提供解决问题的科学原理并指明解决问题的探索方向的有效工具。同时,产品创新需要和自然科学与工程技术领域的基本原理以及人类已有的科研成果建立千丝万缕的联系,而各学科领域知识之间又具有相互关联的特性。显然,对这些关联特性的有效利用会大大加快创新进程。

基于 TRIZ,人们已经开发出了不少计算机辅助创新软件,例如:

发明机器(Invention Machine)公司开发出 Techoptimizer 就是一个计算机辅助创新软件系统。Techoptimizer 软件是基于知识的创新工具,它以 TRIZ 为基础,结合现代设计方法学、计算机辅助技术及多学科领域的知识,以分析解决产品及其制造过程中遇到的矛盾为出发点,从而可解决新产品开发过程中遇到的技术难题而实现创新,并可为工程技术领域新产品、新技术的创新提供科学的理论指导,并指明探索方向。

IWINT,Inc.(亿维讯)公司的计算机辅助创新设计平台(Pro/Innovator),它基于 TRIZ 将发明创造方法学、现代设计方法学与计算机软件技术融为一体。它能够帮助设计者在概念设计阶段有效地利用多学科领域的知识,打破思维定式、拓宽思路、准确发现现有技术中存在的问题,找到创新性的解决方案,保证产品开发设计方向正确的同时实现创新。它已成为全球研究机构、知名大学、企业解决工程技术难题、实现创新的有效工具。这种基于知识的创新工具能帮助技术人员在不同工程领域产品的方案设计阶段,根据市场需求,正确地发现并迅速解决产品开发中的关键问题,高质量、高效率地提出可行的创新设计方案,并将设计引向正确方向,为广大企业提高自主创新能力和实现系统化创新提供行之有效的方法和方便实用的创新工具。

基于知识发现的计算机辅助创新智能系统(CAIISKD),这是国内学者研制的一个以创新工程与价值工程为理论基础,以知识发现为技术手段,以专家求解问题的认知过程为主线,以人机交互为贯穿的多层递阶、综合集成的计算机辅助创新智能系统。

(18) 计算机文艺创作

在文艺创作方面,人们也尝试开发和运用人工智能技术。事实上,现在计算机创作的诗词、小说、乐曲、绘画时有报道,例如下面的两首"古诗"就是计算机创作的。

云松

銮仙玉骨寒,

松虬雪友繁。

大千收眼底,

斯调不同凡。

(无题)

白沙平舟夜涛声,

春日晓露路相逢。

朱楼寒雨离歌泪,

不堪肠断雨乘风。

(19) 机器博弈

机器博弈是人工智能最早的研究领域之一,而且一直久经不衰。早在人工智能学科建立的当年塞缪尔就研制成功了一个跳棋程序。三年后的1959年,装有这个程序的计算机就击败了塞缪尔本人,1962年又击败了美国一个州的冠军。1997年IBM的"深蓝"计算机以2胜3平1负的战绩击败了蝉联12年之久的世界国际象棋冠军加里·卡斯帕罗夫,轰动了全世界。2001年,德国的国际象棋软件更是击败了当时世界排名前10位棋手中的9位,计算机的搜索速度达到创纪录的600万步/秒。

机器人足球赛是机器博弈的另一个战场。近年来,国际大赛不断,盛况空前。现在这一赛事已波及全世界的许多大专院校,激起了大学生们的极大兴趣和热情。

事实表明,机器博弈现在已经不再仅仅是人工智能专家们研究的课题,而且已经进入了人们的文化生活。机器博弈是对机器智能水平的测试和检验,它的研究将有力推动人工智能技术的发展。

(20) 智能机器人

智能机器人也是当前人工智能领域一个十分重要的应用领域和热门的研究方向。由于它直接面向应用,社会效益强,所以,其发展非常迅速。事实上,有关机器人的报道,近年来在媒体上已频频出现。诸如工业机器人、太空机器人、水下机器人、家用机器人、军用机器人、服务机器人、医疗机器人、运动机器人、助理机器人、机器人足球赛、机器人象棋赛……,几乎应有尽有。

智能机器人的研制几乎需要所有的人工智能技术,而且还涉及其他许多科学技术部门和领域。所以,智能机器人是人工智能技术的综合应用,其能力和水平已经成为人工智能技术水平甚至人类科学技术综合水平的一个代表和体现。

需要指出的是,以上我们仅给出了人工智能应用的部分领域和课题。其实,当今的人工智能研究与实际应用的结合越来越紧密,受应用的驱动越来越明显。现在的人工智能技术已同整个计算机科学技术紧密地结合在一起了,其应用也与传统的计算机应用越来越相互融合了,有的则直接面向应用。归纳起来,形成了以下几条主线:

——从专家(知识)系统到 Agent 系统和智能机器人系统。
——从机器学习到数据挖掘和数据库中的知识发现。
——从基于图搜索的问题求解到基于各种智能算法的问题求解。
——从单机环境下的智能程序到以 Internet 和 WWW 为平台的分布式智能系统。
——从智能技术的单一应用到各种各样的智能产品和智能工程(如智能交通、智能建筑)。

四、技能训练准备

(1) 学生每 5 人为一个小组,每个小组选一名组长。
(2) 教师现场指导。
(3) 训练时间安排:0.5 学时。

五、技能训练步骤

(1) 以每位学生为单位,在卡片上写出任意一种人工智能的名称及其概念。
(2) 各组通过卡片问询法,识别出对方对主要知识点的掌握情况。
(3) 以组为单位完成内容的确定。
(4) 每组派一位代表陈述结果。

六、技能训练注意事项

(1) 认真填写卡片。
(2) 各小组要充分发挥积极性。

七、技能训练评价

请完成技能训练后填写表 8-1。

技能训练评价表　　　　　　　表 8-1

专业	物流管理		班级		学号		姓名	
考评地点	教室							
考评内容	人工智能概念学习							
考评标准	学生自评		内　　容				分值(分)	评分(分)
		参与度	是否积极参与学习?是否积极进入角色?是否积极动手实践?是否积极探知知识点和思考工作方法?是否积极参加研讨?是否积极提出建议?				10	
		卡片填写	是否独立完成?				20	

续上表

	内　　容		分值(分)	评分(分)
考评标准	小组互评	协作力	信息传递是否准确？传递是否及时？交流是否融洽？	10	
		代表描述	口头表达是否顺畅？	20	
	教师评价	小组动员能力	是否积极？	10	
		角色完成质量	是否认真填写卡片？卡片问题汇总是否科学？调研内容确定是否有依据、准确？是否按时完成任务？是否正确完成任务？采取合理工作方法？	10	
		工作汇报	是否如实描述？内容是否全面？	20	
		总　　评		100	

八、技能训练活动建议

建议组织学生探寻人工智能在物流技术中的应用情况，能准确地说出所用到的人工智能技术。

思考练习

1. 什么是智能？它有哪些主要特征？人们主要有哪几种思维方式？各有什么特点？
2. 何谓人工智能？发展过程中经历了哪些阶段？
3. 人工智能研究的目标是什么？它研究的基本内容有哪些？
4. 什么是以符号处理为核心的方法？什么是以网络连接为主的连接机制方法？各有什么特征？
5. 什么是系统集成？有哪些集成方法？
6. 人工智能有哪些主要的研究领域？

项目二　专家系统（ES）应用

教学要点

1. 了解专家系统的概念；
2. 理解专家系统的内容和主要研究方法；
3. 掌握专家系统技术的应用。

教学方法

可采用讲授、多媒体情境教学、案例教学和观摩教学等方法。

189

一、情 境 设 置

人工智能(AI)是计算机科学的一个分支。它主要研究一类具有"智能"的计算机系统的设计。这类智能计算机系统能够显示人类行为中与智能有关的一些特征,如问题求解的非数值(符号)方法和非算法(启发式)方法。专家系统是 AI 研究的一个应用领域,在国外也称为知识库专家系统,目前和自然语言理解、机器人一起并列为 AI 研究最活跃的三大领域。目前,专家系统技术和应用得到了飞跃发展。世界各国已经在医疗诊断、化学工程、语音识别图象处理、金融决策、信号解释、地质勘探、石油、军事等领域研制开发了大量的专家系统,不少专家系统在性能上已达到甚至超过了同领域中人类专家的水平,其应用已开始产生巨大的经济效益;理论和技术研究方面,专家系统的研究不断地向人们提出新的研究课题(如不精确推理、元知识,骨架系统等),促进了 AI 基本理论和基本技术的发展,开创了计算机求解非数值实际问题的有效途径。

二、技能训练目标

(1)掌握专家系统的概念;
(2)熟悉专家系统的发展史;
(3)了解专家系统的研究方法和发展方向;
(4)掌握专家系统应用领域及其原理。

三、相关理论知识

1.专家系统技术的产生和发展

专家系统的产生是 AI 从理论研究转向应用研究的一个转折点,它是人类长期以来对智能科学的探索成果同实际问题的求解需要相结合的必然产物。它由于在应用上的优良特性和对智能科学研究的促进作用,引起了 AI 研究者和各实际应用领域专家的高度重视和不断深入的研究,并因此推动了自身的发展。

专家系统技术的产生和发展过程大致可以分为孕育、形成、基本成熟和进一步发展四个主要阶段。

(1)孕育阶段(1965 年以前)

电子计算机自 1946 年问世以来,早期应用主要集中在科学计算和日常事务性工作的数据处理。为了使计算机实现一个确定范围的问题求解,计算机的程序设计人员先需要对问题进行深入、细致的研究,设计出一种逐步循进的求解步骤,其称为算法;然后把这种算法的每一个步骤用特定的程序设计语言翻译成程序输入计算机;计算机再按照程序所描述的步骤针对具体问题的输入数据进行操作、求解。这种基于算法的程序设计方法,我们称之为传统方式的程序设计,所设计的程序称为传统程序。一个算法是为求解一类问题而规定的一个可被机械执行的确定步骤的有穷序列。相对于该类问题来说,算法具有以下三个性质:①通用性,算法应能求解问题范围内的全部问题,而不是只能解决其中的某些特例问题;②确定性,算法中的问题求解状态、求解步骤应该是精确、唯一的,并且是可以被机械执行的;③有效性,问题范围内的任何具体问题代入算法后,都可以经过有限步骤,达到所期望的结果。不满足有效性的若干个问题求解步骤只能称为问题求解的一个过程(Procedure),而不能称为算法。在这种传统方式的程序设计中,对一个问题范围能否找到这样一个算法以及这样的算法是否一定能在计算机的时空制约下付诸实现,是计算机应用的关键问题。由于现实世界的复杂性,一方面,还存在着大量人类尚未充分认识的问题,计算机的程序设计人员难以或无法对它们进行深入、细致的研究,从而目前尚不可能找到有效的算法;另一方面,有许多类型的问题,已经经过了数学的严谨证明,不存在求解这些问题的算法,例如,对于那些全部用某一种程序设计语言(如 BASIC)写的计算机程序,就不存在这样一种算法能够判定任一程序在执行时是否会进入无休止的循环(死循环);还有,对某些类型的问题,即使存在这样的算法,也不可能付诸实现,因为一个算法的执行要受到其时间和空间复杂性的限制。以时间复杂性为例,对于复杂性为多项式(如 n、n^2、n^3 等)的算法,一般认为是可实现的,而对于复杂性为指数式的算法,只能用于处理某类问题中很小的指数数值时才能适用;随着问题的扩大,执行算法所需的计算机时间将以指数形式的增长速度增加,以致一个实际规模的问题求解会要求几百小时、几千小时,甚至几千年或更多的计算机时间,这就是所谓的"组合爆炸"问题。由于以上这些原因,这种算法方式的程序设计很大程度上限制了计算机的应用范围。我们把存在有算法并且其算法可以实现的问题称之为定规类(Routine)问题,反之称之为非定规类(Non-Routine)问题。

那么,对于非定规类问题,人类又是怎样解决的呢?为了使计算机能够更大范围、更好地发挥作用,1956 年夏,由 J. McCarthy、M. L. Minsky、N. Lochester 和 C. E. Shannon 四人发起,10 名从事数学、心理学、信息科学和计算机科学等方面的学者或工程师(其中包括 A. L. Samuel、A. Newell 和 H. A. Simon)聚集在美国的 Dartmouth 大学,共同学习和探讨了用机器(计算机)模拟人类智能的各方面问题和特征,并在这里第一次正式使用了"人工智能"这一术语。这次历时两个月之久的 Dartmouth 会议,标志了以研究人类智能的基本机理、如何使计算机更"聪明"为目标的新型学科——人工智能的正式诞生。

与传统方式的程序设计相比,AI 的研究已不是单纯地依靠算法,它结合了算法和启发的过程,而且由于其研究领域常常是求解非定规类问题,AI 的研究兴趣更多地集中在启发式程序上。启发(Heuristic,希腊语)一词的本意是"帮助发现"。启发式方法是帮助人们找出问题解法的一种提示或经验估计,它不强调理论意义上的严谨推导,而注重人们在实践中积累起来的对解决问题行之有效的经验,如策略、技巧、窍门、法则和简化步骤等。有时候启发式方法也被称为经验方法,所运用的经验等称为启发式知识,根据这些经验性的内容而写成的规则称为启发式规则。启发式程序是为求解某类问题而设计的一个过程,它不具备算法的通用性、确定性和有效性。与算法相比,它有以下三个相对的性质:①局部性,启发式程序可能仅适用于求解一类问题中那些被认为是"合理的"或者是常见的问题。例如,要求一个人去分析一个有 1000 页且其编写没有结构化结构和风格的 BASIC 程序,这个人肯定会因为这个问题的"不合理"而提出抗议。②试探性,算法要求问题的求解步骤是精确、唯一的,不允许出错;而启发式程序常采用一般情况下能保证正常工作的方法进行问题求解,当这个方法失效时,允许改用其他方法。③针对性,启发式程序常利用求解问题的一些特殊规律,例如"双鸟在林,不如一鸟在手"、"骄兵必败"、"三思而后行"、"失败乃成功之母"、"有雨天边亮,无雨顶上光"等格言、谚语和常识,这些特殊规律往往能够大大简化问题求解过程的复杂性。但是,这些特殊规律是针对性的,甚至是不精确的,它们经不起或者是未经过严谨的理论证明，不能保证对每个具体问题有精确解或最优解。例如，根据数理逻辑的假言三段论和日常生活的格言"骄兵必败"、"失败乃成功之母"，我们可能会得到"骄傲→成功"，这显然是不符合生活逻辑的。这三个性质似乎是启发式程序的缺点，但事实上，在求解许多实际问题（尤其是非定规类问题）时，启发式程序远比算法成功，它可以保证非定规类问题在正常情况下得到比较好的实用解而且无需过多的计算时间。人类一般是交替使用着算法和启发，在大范围的宏观战略决策上较多地使用启发，而在小范围的战术实现上较多地使用算法。启发式方法是 AI 进行问题求解的主要技术。

AI 研究区别于传统程序设计的另外一个主要特点是符号处理。传统程序中程序的处理以数据（流）为处理对象，而根据对人类思维的考察，人的思维过程更重要的还在于对符号的处理，如计划、解释和定理证明的演绎过程等，需要进行大量的非数值判断和逻辑推理，需要在问题求解过程中根据问题的常识和已有事实推出隐含的事实或知识。所以对以模拟人类智能的智能计算机系统设计为目标的 AI 来说，符号处理相对数值处理更受 AI 研究的重视。B. G. Buchanan 在 1985 年的《英国大百科全书》中，把 AI 就定义为"研究用符号而不是数值表达知识的方法和利用规则集或启发式方法处理信息的方法"。

AI 的早期研究是从具体问题入手的。1956 年人类取得了两项有重要意义的突破：一项是 A. Newell、J. Show 和 H. A. Simon 合作研制的逻辑理论机 LT（Logic Theorist）。LT 是一个程序系统，它模拟了人类用数理逻辑证明定理时的思维规律，通过事先在计算机内存入一组公理并制定一组推理规则（如分离规则、代入规则、替换规则），LT 可以自己规划问题的求解步骤，能够把一个待证明的问题分解成若干个子问题，通过把各个子问题变换成已知的公理形式或已证明过的定理形式，先证明各子问题，然后证明整个问题。A. Newell 等人利用 LT 证明了 A. N. Whitehead 和 B. A. Russell 的名著——《数学原理》的第二章中 52 条定理的 38 条。另一项突破是 A. L. Samuel 研制的西洋跳棋程序 Checkers。这个跳棋程序具有一定的自学习、自组织和自适应能力，可以像一名优秀棋手那样学习棋谱、自己积累下棋经验，可以先向前看几步然后再走棋。通过不断地学习，Checkers 于 1959 年击败了它的设计者——A. L. Samuel 本人，1962 年又击败了美国一个州的跳棋冠军。LT 和 Checkers 是最先在计算机上投入运行的启发式程序。它们以及后几年出现的平面几何证明程序（1959）、模式识别程序（1959）、SAINT（符号自动积分器，1961）等启发式程序的尝试性成功，奠定了 AI 研究者的信心。这些程序主要还只是针对一些具体的游戏类型的问题，旨在探索智能科学的基本原理和基本策略。1957 年，A. Newell 和 H. A. Simon 在 LT 编制成功以后，他们以心理学的试验为基础，开始了通用问题求解程序 GPS（General Problem Solver）的研制。

GPS 试图通过把人类求解问题的过程描述为由初始状态（待求解问题的描述）出发，找出初始状态与目标状态（问题解的描述）之间的差异，然后选择适当的操作以不断减小这种差异，直至达到目标状态。到 1960 年，GPS 程序已能求解 11 类不同课题中的一些简单问题，使启发式程序有了较大的普遍性，从而给了 AI 研究者以更大的鼓舞。AI 研究者们出于一种朴素的考虑，开始时认为：AI 作为一门科学，也应该像数学、物理学等学科那样能够发现一些普遍的定律，把这些定律同强有力的计算机结合起来应用到各个领域中就可以产生高性能的计算机系统。因此，到 20 世纪 60 年代初，许多 AI 研究者致力于人类思维普遍规律的探索。AI 进入了推理方法和问题求解模型的一般性研究。这个阶段的研究发现了一些通用的问题求解技术和各种搜索策略。但是，现实世界是复杂的，问题是多种多样的，随着研究过程的经验积累，AI 研究者逐步认识到：人们在探索自然界的长期实践中所形成的解决问题的方法和手段是因事、甚至因人而变化的,所以,试图找出一种或几种通用的问题表示方法和处理过程去描述人类一切智能行为的想法,不能说根本不可能,至少也是不现实的。一些通用性的问题求解策略其通用性也是有限的,对于求解很复杂的问题最终还显得不够,还需要特定领域所特有的技巧。以 GPS 为例,A. Newell 等人的初始设计目标有两个:一方面致力于计算机对一些需要智能的问题的求解,这一点上同 LT 程序的解题方法有相似之处;另一个目标试图从心理学的角度,为 AI 的研究开发出一种关于人类求解智能问题的思维规律的理论。但是,经过十几年的努力和数次的版本修改,1969 年推出的最后版本虽然在求解智能系统的通用性方面取得了一定程度的进展,但没有实现心理学的目标。即使在系统的通用性方面,GPS 仍只能在 11 种类型的课题中选择那些较为简单的问题;而且在求解这些简单问题时,它也时常面临着时、空的威胁,效率不如专用的问题求解程序。所以到了 1969 年,GPS 的研制最终被搁置下来。从 GPS 的设计目标到其最终版本的结果,虽然在研制过程中取得了一些有益的探索,但总的结果可以说由于研制者过分追求问题求解的一般结构而导致了失败。正是以 GPS 为代表的一般性研究的失败,人们开始认识到:对智能行为本身来说,一个实际问题的求解,其求解策略固然是重要的,但光有策略还不够,还需要问题领域内的专门知识。知识在智能行为中的地位开始引起 AI 研究者的重视,这就为以专门知识为核心求解具体问题的知识库专家系统的产生奠定了思想基础。AI 研究开始从通用问题基于推理的模型转向专门问题基于知识的模型。

奠定了专家系统基础的另一个理论工具是 1960 年 J. McCarthy 研制的表处理语言 LISP。LISP 除了具有数值处理功能之外,还可以方便地进行符号处理,使得计算机模拟人类思维的符号处理变为了现实。早期的 AI 程序大部分都是用 LISP 语言编写的,至今 LISP 语言仍然是 AI 各研究领域的一个重要工具。

(2)产生阶段(1965~1971 年)

1965 年,Stanford 大学计算机科学系的 E. A. Feigenbaum 教授在研究了以往 AI 系统成功与失败的经验和教训的基础上,与遗传学教授、诺贝尔奖金获得者 J. Lederberg 一起开始了从化学数据推断分子假说的 DENDRAL 系统的研究。在研究中他们很快发现,如果没有足够的物理化学领域的专门知识,这个系统不可能以有效的、切合实际的人类思维方式进行智能推理,所以他们又与化学系的物理化学专家 C. Djerassi 进行了合作。这个包括了计算机科学、遗传学和化学三个方面专家的多学科小组辛勤工作了三年,于 1968 年基本完成了 DENDRAL 系统。这个系统经后几年的改进和扩充,其知识非常渊博和有效。它从分子式及其质谱数据推断分子结构的能力达到了专家的水平,已经被广泛地运用在各大学和工业界的化学实验室里。

DENDRAL 系统是第一个结合启发式程序和大量专门知识的实用智能系统,它的问世第一次显示了知识的组织对于 AI 研究的重要作用,使得 AI 研究从实验室走向了现实世界,显示出 AI 研究的实用价值。因此,DENDRAL 系统的问世,标志着 AI 研究一个崭新的应用领域——专家系统的诞生。

与 DENDRAL 系统一样,对专家系统的产生起有先驱作用的系统还有数学领域的专家系统 MACSYMA。MACSYMA 是 1968 年在麻省理工学院由 C. Engleman、W. Martin 和 J. Moses 在 MATHLAB 68 系统和 W. Martin 及 J. Moses 的博士课题基础上开始设计的一个大型的人—机交互系统。它执行公式化简、符号微分、符号积分等数学问题求解,于 1971 年开始投入使用。MATHLAB 68 系统是一个求解有理函数积分的半数值计算程序,这个系统里使用了一个模式制导的启发式转换,有理函数的积分问题通过转换后可以运用算法进行求解。W. Martin 的博士课题开发了应用数学领域的一个代数处理系统,J. Moses 的博士课题在符号自动积分器 SAINT 的基础上通过引入大量知识,设计了一个不定积分求解程序 SIN。SIN 在积分的每一步骤运用知识使得只有一个转换算子进行转换的尝试,而避免了 SAINT 推理过程的搜索。SIN 在性能上已达到专业研究生的水平。MACSYMA 的实现基于这样一个信念:要生成一个高性能的问题求解程序就必须建立大量的专门知识。这种基于知识的程序设计思想是专家系统开发的一个关键。MACSYMA 在有些不能运用算法求解的问题求解上运用了启发式程序的思想,它在符号表达式化简的能力方面据称已超过了大多数人类专家。经过不断的扩充,MACSYMA 目前已被美国各地的数学研究人员和物理学家广泛用于日常的数学处理。

DENDRAL 和 MACSYMA 所求解的问题都以符号表达为主,这些问题相对人类来说也是难于求解的,需要高难度的知识。随着问题的复杂性增加。如分子中的原子数目增多或者待积分的表达式变复杂,问题解的空间变大,求出确切解就越来越困难。在复杂解的空间中搜索确切解的过程可能引起组合爆炸,所以需要人类专家在求解过程中使用大量的专门知识,其中含有经验的启发式知识。这些启发式知识是专家在实际问题求解中常常用到的知识而且是借以发挥高水平问题求解的标志,但这些启发式知识又未经严格的论证,不为一般研究者所拥有。成功的 DENDRAL 和 MACSYMA 正是由于在开发过程中创造性地结合了专门知识,从而实现了高性能。它们的出现尽管不是很快就得到了全世界范围内的承认,但其明显的能力和效用得到了肯定。它们坚定了 AI 研究者的信心。一大批 AI 研究者开始了更为出色的专家系统的研制,对于知识的获取、形式化和利用开始了进一步的探索。

DENDRAL 和 MACSYMA 通常被称为第一代专家系统,它们通过牺牲通用的问题求解能力开始了专门知识的建模以获取专门领域的高性能。第一代专家系统对 AI 研究的重大意义在于,它们把 AI 的启发式程序、符号推理技术运用到了实际问题的求解,使 AI 走向了现实世界。

(3) 基本成熟阶段(1972~1977 年)

自第一代专家系统出现以后,有几个因素促进了专家系统的研究和进一步开发。第一,从 DENDRAL、MACSYMA 的性能看,由于结合了领域专家的专门知识,它们能够实现领域内专家水平的问题求解。这样专家系统对于那些需要高水平的人类专家知识(往往是代价很昂贵的知识)才能求解的困难问题提供了一条有希望的辅助求解途径。第二,专家系统在组织了专门知识能够模拟专家进行高水平问题求解的同时,它能克服人类专家一些人为因素的不足。在某些领域,如医疗诊断,计算机求解过程的缜密性使得那些即使是比较小的可能因素也不至于被完全疏忽,这一点往往是很重要的。人为的速度和推理精度的不足、粗心、麻痹、疲劳和心理因素的偏见等,可以在计算机中得以避免。第三,专家系统中对一个领域专门知识的整理的形式化(知识表示)既提供了一种专家知识的储存手段,也给专家知识的传授提供了一种可能的途径(专家的启发式知识往往只是专家在解决实际问题时临场发挥的,而未做过形式的整理),还会促使专家对其自身知识加强进一步的认识,可能发现出原有知识中一些不妥的地方。第四,20 世纪 70 年代后,AI 基本技术研究的进一步发展,对专家系统技术的发展产生了重要作用。例如,1972 年 A. Newell 和 H. A. Simon 在研究人类的认知模型中开发了基于规则的产生式系统技术,1972 年法国马赛(Marseilles)大学的 A. Colmerauer 和他的同事们研制成功了逻辑推理语言 PROLOG,1975 年 M. L. Minsky 提出了理解复杂行为(如视觉、自然语言)的框架表示技术。

到了70年代中期,一批卓有成效的专家系统开始出现,这些系统涉及医疗、自然语言处理、数学、教学、地质等多个应用领域。其中对专家系统技术的发展做出了突出贡献的典型系统有:MYCIN、CASNET、HEARSAY、PROSPECTOR等。这些系统中,专家系统的各主要技术,如人机接口、解释功能、自学习能力、不精确推理技术以及元知识的概念等,得到了研究和应用,关于专家系统通用性研究的骨架系统和通用表示语言的思想已在形成。1977年,E. A. Feigenbaum教授在第五届国际AI联合会上对专家系统的思想作了系统总结,提出了知识工程的概念。至此,一般认为,专家系统技术已基本成熟。

MYCIN系统是一个用于诊断和治疗感染性疾病的专家咨询系统,它是1972年开始由Standford大学的计算机科学家E. H. Shortliffe和感染病专家B. G. Buchanan合作研制的一个基于规则的产生式系统,于1974年基本完成。MYCIN同它的用户(一般是内科医生)进行交谈,获取病人的病史和各种可能的化验数据,然后在化验数据可能不齐全的情况下进行推理,提出诊断的建议。这种建议在医院护理中经常是需要和及时的,因为感染病治疗的时间因素经常需要内科医生在数据资料不齐全的情况下做出医疗措施的决定。例如,一个病人的血液标本能够化验出其身体内12小时的细菌增长,而当时的条件在一般情况下化验这样一个标本需要24~48个小时的时间,这就需要医生在得到化验结果之前做出是否需要治疗进而用什么药物进行治疗的决策。这样使问题变得复杂起来,需要医生具备相当的专门知识,但事实上医院里值班的内科医生未必都是专家,未必具备这样的专门知识。MYCIN在这样的问题环境下通过结合了专家知识给内科医生提供顾问形式的咨询意见,显然开拓了广泛的应用前景。人们对MYCIN的诊断和治疗水平进行过评价,认为它已达到专家的水平,并且超过甚至大大超过了非专家内科医生的水平。MYCIN系统的成功对专家系统的应用和专家系统技术都产生了深远的影响。MYCIN系统中第一次使用了今天已被专家系统研究人员广泛接受的知识库的概念,第一次运用可信度因子开始了启发式程序中不精确推理的求解,另外解释功能、人机接口、自学习等技术也在MYCIN以及以MYCIN为背景的工具系统TEIRE—SIAS(1976)中开始了研究。MYCIN在它的用户对所给出的建议没有把握或者想了解给出这种建议的理由时,可以以用户能够理解的方式列出它的推理过程的路径,甚至能够告诉用户它为什么否定了其他路径。这样使得非专家用户能够理解系统的行为。同时,当系统对某些案例的求解不能令用户满意时,这种推理路径的显示也便于专家发现推理的故障所在。1976年R. Davis提出了元知识的思想,并基于这一思想在MYCIN的基础上开辟了一个帮助扩充和修改知识库的工具系统TEIRESIAS。通过这个工具系统,MYCIN以一种近乎自然英语的人机接口,使得专家在无需知识工程师的干预下,可以以非编程方式通过增加新规则或修改已有规则来扩充和修改知识库,实现MYCIN的学习。MYCIN的学习通过人机接口,专家以交互的方式把学习的内容传送到系统的知识库。这种解释功能和学习功能所提供的系统的透明性和灵活性对于提高专家系统应用的可接受性起着很重要的作用。MYCIN被认为是世界上第一个功能较全面的专家系统。1976年E. H. Shortliffe出版的《Computer—Based Medical Consultations:MYCIN》(New York:American Elsevier)被列为专家系统技术的一部经典著作。

CASNET系统是与MYCIN几乎同时开发的另一个医学领域的专家系统,由Rutgers大学的S. M. Weiss,C. A. Kulikowski和A. Safir等人研制的。CASNET系统治疗青光眼疾病的水平在1976年美国眼科和耳鼻喉科学会会议上进行了同人类专家评审组的会诊结果比较,认为已接近专家的水平。CASNET 的特点在于,其建模并不仅仅针对青光眼,它提出了一个用于各种疾病诊断和治疗的通用框架(因果关系网,causal network)。这是试图为进一步建造专家系统而提供一个通用框架工具的最早尝试。这种建模的思想导致了后期骨架系统 EXPERT 的开发。

HEARSAY 系统是语言理解领域很出色的知识库系统,它由 Carnegie – Mellon 大学的 L. D. Erman 等人于 20 世纪 70 年代初开始设计的,于 1973 年出现了 HEARSAY-I,1977 年出现了 HEARSAY-II。在有限的词汇(1000 条)内,HEARSAY-II 已能听懂连续的语音。性能上,HEARSAY 虽然还没有达到人们所期望的专家水平(据称它已达到 10 岁儿童的理解水平),但语言理解在目前被认为是 AI 研究最困难的一个领域。能够在这个领域达到这样的成就已被认为相当可观了。更为重要的是,HEARSAY 在专家系统发展过程中的重要性不在于它所能达到的性能水平,而在于它为多个知识源(多专家)、不同抽象级和不同类型的知识组织提出了一个统一的模块化"黑板"(Blackboard)结构。这种黑板结构被每一个知识源使用,各个知识源的知识无须单独存放,这样给系统运行时对不同知识源的知识和策略进行组合提供了极大的灵活性,避免了不必要的重复推理,便于知识库的修改,而且便于在控制策略下对问题的求解状态有一个整体的了解。这种模块化的知识结构思想后来已被专家系统甚至 AI 各相关领域的研究者所接受,已被广泛应用到许多以大搜索空间、需要结合不同类型知识、含有不清晰或噪声数据为特征的 AI 系统中。后来以作为建造专家系统的通用工具而开发的通用知识表示语言 HEARSAY – III 和所谓"构造专家系统工具的工具" AGE(也称为组合开发工具)都是以 HEARSAY 的这些性质为基础开发的。

PROSPECTOR 是 Standford 国际研究所(SRI)的 R. O. Duda 等人于 1976 年开始研制的一个根据地质数据寻找矿藏的专家咨询系统。系统结构相似于 MYCIN,它用了一年的时间于 1977 年完成了基本模型。PROSPECTOR 的性能据称已可以同地质学家相比拟。在知识的组织上,它运用了规则结合语义网络的表达方式,在数据含有不确定性或不完全性时,推理过程运用了一种似然推理技术。它还含有一个知识获取子系统 KAS。语义网络表示和似然推理技术作为 PROSPECTOR 的两个特点,给后期专家系统的研究提供了借鉴。

以上所列的几个系统只是这一时期出现的许多专家系统中在技术方面较有代表性的几个。与第一代专家系统相比,这时期出现的系统除了坚持专门知识的组织以实现系统的高性能之外,在以下几个技术方面已着手进行了研究或改进:

①知识组织的形式化技术,开始了知识库方式的建模和各种知识表示技术的应用研究。

②系统的人机接口,开始研制近乎自然语言的交互式人机接口,使专家系统能够适应非计算机专业人员的使用和掌握。

③系统的解释机构,开始了专家系统透明性的研究,使得非专家用户能够理解系统的行为。

④系统对新知识的获取,开始了知识库在非编程方式下的扩充和完善研究,使得专家系统的性能能够不断完善和提高。

⑤不精确推理技术,针对客观存在的不精确或不完全的数据和知识,增强了专家系统对专家启发式知识的表达能力。

⑥专家系统通用性的研究,开始把具有一定通用性的推理方法与领域的专门知识结合起来,试图构造有通用性的专家系统框架。这种通用框架的思想导致了后来骨架系统的产生。

当然,并不是所有这时期出现的专家系统都开展了这些技术的研究,各个系统由于自身问题环境的特点和有关条件的限制,它们只是在某点或某些技术方面有所侧重,但这些技术在这些系统中开始研究以后,已经被今天的专家系统研究者广泛接受。

(4) 进一步发展阶段(1978年后)

随着技术的逐渐成熟,专家系统的应用日益渗透到各个领域,开始了非计算机专业人员直接建立专家系统的年代。20世纪70年代末,专家系统受到了企业家们的重视和投资。他们看到了使用专家系统可以提高生产率、使企业有利可图,从而使得各个领域的专家系统开始大量出现,专家系统的应用也开始产生巨大的经济效益。例如,人们利用PROSPECTOR曾发现了美国华盛顿州的一处铝矿,据说其开采价值超过了一亿美元;1979年投入使用的VAX计算机配置专家系统XCON(原名R1,Carnegie-Mellon大学研制),据称每年可为DEC公司(数字设备公司)节省1500万美元的开支。1981年,在"超过诺伊曼(V. Neumann)"的口号下,日本向全世界公布了制造第五代计算机的计划,并于1982年成立了"新一代电子计算机技术开发机构"(ICOT),投资4.5亿美元,并把这个计划列为国家科研项目。据日本人宣称,这个项目"是应用知识工程使得人造头脑更接近人类的头脑,在技术上实现突破的一种尝试和努力"。1982年5月,ICOT从范围不同的题目中选取和拟订了三种专家系统,作为整个计划的中期目标。第五代计算机,也称为AI计算机,它要求能够推理、判断,进行问题求解,甚至能够理解书面和口头语言。这是一场新的电子计算机革命——第二次计算机革命。这场革命是从信息处理过渡到知识处理,从能进行计算和储存数据的电子计算机过渡到能够推理和提供信息的电子计算机。第五代计算机的核心技术正是知识库专家系统的应用。

随着日本的挑战,各个国家如英国、美国等也纷纷投入了第五代计算机的研制,并将其列为国家研究重点。1982年,英国制订了Alev计划。这个计划为期5年,投资3.5亿英镑(约5.67亿美元)。计划中把以专门知识为基础的智能系统——专家系统列为四个关键技术之一。一个专家系统蓬勃兴起的年代已经到来。

我国专家系统的研究起步于20世纪80年代,虽然起步较晚,但也取得了较好的成绩,成功开发了许多具有实用价值的应用型专家系统。例如,南京大学开发的新结构找水专家系统、吉林大学开发的勘探专家系统和油气资源评价专家系统、西安交通大学和中科院西北水土保持研究所联合开发的旱地小麦综合管理专家系统以及北京中医学院开发的关幼波肝病诊断专家系统都取得了明显的经济效益和社会效益,为专家系统的理论研究和推广应用起到了积极的推动作用。

随着人工智能研究的不断深入,近40年来,专家系统的研发技术也取得了长足的发展。20世纪70年代中期以前的专家系统多属于解释型或诊断型的专家系统,它们所处理的问题基本上是可分解的问题。20世纪70年代后期,其他类型的专家系统相继出现,如设计型、规划型、控制型、监视型等。专家系统的研发技术和体系结构也发生了巨大的变化,由最初的单一知识库和单一推理机发展为多知识库和多推理机,由集中式专家系统发展为分布式专家系统。随着神经网络研究近几年的再度兴起,人们开始研究神经网络型专家系统以及把符号处理与神经网络相结合开发的专家系统。另外,知识获取是开发专家系统的关键一步。近年来,随着机器学习研究的进展,知识的获取方法已经从手工获取方式发展成了半自动的获取方式,知识获取的速度和所获得的知识质量都有了明显的提高。在知识表示方面,已由原来的基于谓词逻辑的精确表示发展成多种不确定性的知识表示方法。专家系统中的推理机构也由开始的确定性推理或较简单的不确定性推理发展为面向应用领域的多种复杂的不确定性推理。非单调推理、模糊推理等推理方法也都开始研究和应用于专家系统。在研究专家系统开发技术的同时,人们还开展了专家系统开发工具的研究,先后有多种不同功能、不同用途的专家系统开发工具问世。这些开发工具为提高专家系统的研发质量、缩短研发周期、提高系统的用户友好性等方面起到了重要的作用。

在近40年的发展中,专家系统的发展虽然取得了很大的进步,但还有许多问题需要进一步研究并加以解决。例如知识的自动获取方法、深层知识的表示和利用方法、分布式知识的处理方法以及知识的完备性等问题都是要继续探讨和研究的。

2. 专家系统的核心技术和学科范畴

专家系统是一种基于知识的智能程序,系统中储存有能够使之在专家的水平上进行问题求解的专门知识,一般以求解那些需要专家才能求解的高难度问题或称不良结构问题为特征。不良结构问题是指那些求解过程目前无法用简单的数据流动或精确的逻辑判断作精确描述、或不便于作精确描述(如出现组合爆炸)的非定规类问题。这种不良结构问题的信息或求解过程的知识一般是不精确或不完全的。专家水平上的问题求解意味着医学博士对应于医疗诊断或其他很有经验的专职人员对应于相应学科领域的问题求解。专家系统一般是在领域专家的帮助下开发的,系统中的专门知识含有这些专家个人的经验成分。专家系统是一门综合性很强的边缘学科,它综合了计算机程序设计、AI、心理学、数学等多学科的研究成果,形成或正在形成自己的一套学科体系。

(1)专家系统的基本结构

一个结构完整的专家系统通常由六个部分组成:知识库、综合数据库、推理机、知识获取机构、解释机构和人机接口。其中知识库、综合数据库和推理机是目前大多数专家系统(或其他知识库系统)的主要内容。知识获取机构、解释机构和专门的人机接口是所有专家系统都期望有的三个模块,但它们并不是都得到了实现。简单的专家系统不一定具备这三个模块。

①知识库。

知识库是专家系统的知识存储器,用来存放被求解问题的相关领域内的原理性知识或一些相关的事实以及专家的经验性知识。原理性或事实性知识是一种广泛公认的知识,即书本知识和常识,而专家的经验知识则是长期的实践结晶。

知识库建立的关键是要解决知识的获取和知识的表示问题。知识获取是专家系统开发中的一个重要项目,它要求知识工程师要十分认真细致地对专家经验知识进行深入分析,研究提取方法。知识的表示则要解决如何用计算机能够理解的形式表达、编码和存储知识的问题。目前,专家系统中的知识提取是由知识获取机构辅助人工来完成的。当把所获取的知识放于知识库中后,推理机在求解问题时就可以到知识库中搜索所需的知识。所以,知识库与推理机、知识库与知识获取机构都有着密切的关系。

知识库管理系统实现对知识库中知识的合理组织和有效管理,并能根据推理过程的需求去搜索、运用知识和对知识库中的知识作出正确的解释。它还负责对知识库进行维护,以保证知识库的一致性、完备性、相容性等。

②综合数据库。

综合数据库简称数据库,用来存储有关领域问题的初始事实、问题描述以及系统推理过程中得到的各种中间状态或结果等。系统的目标结果也存于其中。数据库相当于专家系统的工作存储器,其规模和结构可根据系统目的的不同而不同。在系统推理过程中,数据库的内容是动态变化的。在求解问题开始时,它存放的是用户提供的初始事实和对问题的基本描述;在推理过程中,它又把推理过程所得到的中间结果存入其中;推理机将数据库中的数据作为匹配条件去知识库中选择合适的知识(规则)进行推理,再把推理的结果存入数据库中。这样循环往复地推理,直到得到目标结果。例如,在医疗专家系统中,数据库存放的是当前患者的情况如姓名、年龄、基本症状等,以及推理过程中得到的一些中间结果如引起症状的一些病因等。综合数据库是推理过程不可缺少的一块重要工作区域,其中的数据不但是推理机进行推理的依据,而且也是解释机构为用户提供推理结果解释的依据。所以,它是专家系统不可缺少的重要组成部分。

对数据库的管理由其管理系统来完成,它负责对数据库中的数据进行增、删、改以及维护等工作,以保证数据表示方法与知识表示方法的一致性。

③推理机。

推理机是专家系统在解决问题时的思维推理核心,它是一组程序,用以模拟领域专家思维过程,以使整个专家系统能够以逻辑方式进行问题求解。它能够依据综合数据库中的当前数据或事实,按照一定的策略从知识库中选择所需的启用知识,并依据该知识对当前的问题进行求解。它还能判断输入综合数据库的事实和数据是否合理,并为用户提供推理结果。

在设计推理机时,必须要使程序求解问题的推理过程符合领域专家解决问题时的思维过程。所采用的推理方式可以是正向推理、反向推理或双向混合推理;推理过程可以是确定性推理或不确定性推理,可根据具体情况确定。

④知识获取机构。

知识获取机构是专家系统中的一个重要部分,它负责系统的知识获取,由一组程序组成。其基本项目是从知识工程师那里获得知识或从训练数据中自动获取知识,并把得到的知识送入知识库中,并确保知识的一致性及完整性。不同专家系统中其知识获取机构的功能和实现方法也不同,有些系统的知识获取机构自动化功能较弱,需要通过知识工程师向领域专家获取知识,再通过相应的知识编辑软件把获得的知识送到知识库中;有些系统自身就具有部分学习功能,由系统直接与领域专家对话,获取知识以辅助知识工程师进行知识库的建设,也可为修改知识库中的原有知识和扩充新知识提供相应手段;有的系统具有较强的机器自动学习功能,系统可通过一些训练数据或在实际运行过程中,通过各种机器学习方法,如关联分析、数据挖掘等,获得新的知识。无论采取哪种方式,知识获取都是目前专家系统研制中的一个重要问题。

⑤解释机构。

解释机构是与人—机接口相连的部件,它负责对专家系统的行为进行解释,并通过人—机接口界面提供给用户。它实际也是一组程序,其主要功能是对系统的推理过程进行跟踪和记录,回答用户的提问,使用户能够了解推理的过程及所运用的知识和数据,并负责解释系统本身的推理结果。其采用的形式往往包括系统提示、人—机对话等。例如,回答用户提出的"为什么",给用户说明"结论是如何得出的"等。解释机构是专家系统不可缺少的部分,它可以使用户了解系统的推理情况,也可以帮助系统开发者发现系统存在的问题,从而帮助开发者进一步对系统进行完善。

在设计解释机构时,一般要考虑在系统运行过程中,用户可能会提出哪些问题,如何对这些问题进行回答,以便在程序中加以实现。解释机构与人—机界面的联结与交互方法也是设计解释机构时必须要考虑的问题。

⑥人机接口。

人—机接口是专家系统的另一个关键组成部分,它是专家系统与外界进行通讯与交互的桥梁,由一组程序与相应的硬件组成。领域专家或知识工程师通过人—机接口可以实现知识的输入与更改,并可实现知识库的日常维护;而最终用户则可通过人—机接口输入要求解的问题描述、已知事实以及所关心的问题;系统则可通过人—机接口输出推理结果、回答用户提出的问题或者向用户索要进一步求解问题所需的数据。

在设计人—机接口时,不同的专家系统可能会因为硬件和软件环境的差异而不同,但有一点是必须要注意的,即所设计的人—机接口应尽可能地人性化,使其能尽可能地具有处理自然语言的能力,具有处理多媒体信息的能力,因为专家系统的大多数最终用户和领域专家都不是计算机专业人员。

(2)专家系统与传统程序

一个专家系统也是一个计算机程序,因此它同传统程序在程序的设计和实现方面有许多共同的特征。如一个专家系统的开发,也要经历相应的分析、设计、编写、调试、维护(含完善)等阶段,各个阶段也会用到与传统程序开发相同的一些技术和手段。但另一方面,专家系统又是一个智能程序,它能体现出与传统程序所不同的一些特色和传统程序所没有达到的许多优良特性。

①专家系统知识组织的三级结构。专家系统把求解问题的知识分为三级层次:组织数据级(综合数据库)、知识库级和控制级(推理机)。不同层次的知识采取了不同的实现方法:数据级知识是特定的具体问题所具有的,它们的组织同在传统程序中一样,不过在专家系统中其数据库的结构可能更复杂和更需要可以变化;知识库级知识选用合适的知识表示模式进行显式表达,这一层次的知识由于在表示模式中考虑了数据结构的模块性、清晰性等特点,可以在不影响系统结构的前提下进行扩充和完善;控制级知识的组织一般采取固化的方式在专家系统的建模过程中被设计和固定下来,但专家系统的推理机中有时还需要结合一些关于选取可用知识的启发过程。与这些启发过程相关的知识在考虑专家系统的通用性时,如在建造专家系统的通用知识表示语言中,需要同知识库级知识一样进行显式表达和推理。而在传统程序中,知识库级知识和控制级知识合二为一,都固化在程序的设计过程中,从而传统程序只有数据级和程序级两级结构。这种把知识库同运用知识库的推理机分开组织的结构体现了知识库的灵活性,便于知识库的扩充、完善(学习)和解释机构的解释实现;而传统程序的修改和完善极为困难,它只有通过程序员修改程序的方式实现。

②专家系统的启发性。专家系统的求解问题以不良结构问题为特征。不良结构问题的求解知识除了领域内的理论知识、常识性知识之外,还含有专家个性的(private)启发式知识。这些启发式知识可能是不完全、不精确的,但它们在信息不完全、不精确的情况下对求解复杂或高难度的问题却能进行高水平的分析、推理。专家系统在问题的求解过程中结合和运用了这些启发式的知识(甚至结合了多个专家的知识),模拟专家在问题求解中的思维过程,从而使系统具有启发式的特征。传统程序设计一般是基于算法的设计,针对确定的定规类问专家系统中题,问题求解一般存在有可资使用的数学模型。在复杂些的算法设计过程中,熟练的程序人员可能也结合一些启发式的经验,而大量启发式知识的需要是专家系统的问题环境(即不良结构问题)所决定的。这些问题中有一些常见的特点,如大的解空间和不精确推理等。

③专家系统的符号推理。传统程序以数据为处理对象,常用于科学计算和事务性数据

处理，而专家系统更强调符号处理。这也是所有 AI 程序区别于传统程序的一个重要特征。

④专家系统的灵活性。由于知识库和推理机的相对独立和知识库中知识的显式表达，使得专家系统知识库的扩充和修改比较灵活、方便。专家系统的灵活性是指系统具有在非编程状态下不断扩充和完善知识库，进而不断改善系统性能的能力，即自学习能力。一个专家系统建成之后，推理机按照具体求解问题的不同特点，能够从知识库中选取不同的对应知识构成问题的求解序列。有人把推理机的相对固定和求解问题的这种相对灵活性也理解为专家系统灵活性的一个方面。

⑤专家系统的透明性。一个基于知识的系统，如果它对问题的求解只给出简单的结论而缺乏足够的说明，对于那些不了解系统内部知识的用户来说，则其结论容易被看成"黑箱"中的预言难以或无法被他们所接受。专家系统的解释机构运用知识库中被求解过程使用过的知识和产生的各种中间结果，它回答用户关于求解结果提问的"为什么"，给出求解过程的推理路径显示。这种解释机构提供了系统的一种透明界面，加强了用户对专家系统的可接受性。同时，通过这种解释机构的推理路径显示，专家能够检查求解过程中知识运用的合理与否，在问题的求解结果不满意时，可进而发现推理的故障所在。另外，知识工程师也可借助解释机构检查知识形式化过程的一些失误。

⑥易于被非计算机专业人员接受的人机接口。理想的人机接口是专家系统所期望的功能之一。在这种人机接口中，人类（专家或用户）应能以一种接近自然语言的语言同系统进行信息的交换。在"新一代专家系统"中甚至提出了口语交换信息的目标，这样能够使得非计算机专业的领域专家和用户易于专家系统的使用和掌握，加强系统的透明性和可接受性；但这就要求人机接口具备自然语言理解的能力。在现有的专家系统中，由于受自然语言理解发展的限制，目前的人机接口大多数还没有达到这样的水平。

上述特点是专家系统区别于基于算法设计的传统程序的几个主要特征。在这些特征中，知识的三级结构组织是专家系统开发方面的特征，启发性、灵活性和透明性是专家系统表现出来的智能特征，符号推理、多知识源（即多专家）的知识协调也是专家系统技术中比较重要的一些方面。这些特征实质上都是专家系统所求解的问题性质决定的，这些特征决定了专家系统在这些方面的优良特性。

(3) 专家系统与专家

专家系统的问题求解运用了问题领域的专门知识，其中含有专家的启发式知识，一定程度上模拟了专家处理问题的思维过程，体现了一定的智能特征。但是，就目前的技术水平和认知科学研究的制约，专家系统对专家的思维模拟还是十分粗糙的，无论知识的广度和深度，专家系统要想真正深入人类专家的思维模拟还有相当多的工作等待努力。但另一方面，专家系统又利用了计算机速度和精度的优势，弥补了人类专家一些人为的不足，在有些能力方面它又胜过了人类专家。所以在结合了大量专门知识的前提下，专家系统在某些方面也有了达到和超过人类专家能力的可能，这在已有的系统（如 Meta-DENDRAL）中得到了演示。

专家系统同专家的比较可以从以下几个主要方面来分析：

①知识的广度方面。一个专家系统的知识只是人类专家知识极为有限的一部分。一个专家系统一般针对一个相当狭窄的问题领域，如某种疾病的诊断和治疗、某类计算机的配置、某门课程的教学等，它"知道"的知识还仅仅是这个领域的一部分，而且对于其他领域更是一无所知。这就导致专家系统在处理接近领域边缘的问题时，性能急剧下降。即使在这

个狭窄的问题领域内,专家系统的问题求解基本上还是以鹦鹉学舌的方式进行,系统中的知识和对知识的运用是人类专家现有知识和运用方式的一部分的注入,现有的专家系统自学习能力还很有限。

②知识的深度方面。专家系统缺乏对基本原理的理解,知识的层次还不够。专家系统自知程度还很低,没有多少关于自身的知识,对自身的管理能力也很有限。例如,它们不知道自己能够解决哪些问题,不能很好地解决哪些问题,不能运用系统中已有知识去类比式地求解领域外的问题。专家处理不良结构问题的启发式知识,专家系统中只抽取了其中的一些经验结论(表层知识),这些经验结论只关心解题的性能而不重视问题结构和功能的实质理解或近似理解;而这些结论的因果关系、形成规律(深化知识)只存在专家的大脑之中,专家系统缺乏专家那样对基本原理理解的深度。这样,在提供解释时,专家系统只能重复这些经验的组合,而经不起多问几个"为什么"。所以专家系统尽管在限定范围的问题求解的性能上已经实现了高性能,有些系统已达到了专家水平,但仍不能称其为实现了专家思维的高度模拟。

③速度和精度方面。专家系统利用计算机的优势,延伸了专家的问题求解能力。在一些需要结合大量数据处理或多因素协调控制的问题领域,专家系统能克服人类专家速度和精度等人为因素的不足,计算机求解过程的机械性还可以克服人为的遗忘、疲劳、紧张、粗心、麻痹和各种外界干扰及心理因素的偏见等不利的影响。如医疗诊断中,病理方面一些即使其可能性十分小的因素,只要它们列入了专家系统的考虑范畴,在问题的分析求解中就不会被忽略,而人类专家则可能犯这样的错误。

以上分析中,专家系统较人类专家的不足并不能诋毁对其的开发意义。一个专家的培养是多少年、多少代价和多少努力的结果,而且不是每个人都可以成为专家。我们指出了专家系统这些不足的地方,一方面旨在进行这些方面的进一步研究,以期开发出更为完善的专家系统;另一方面,我们可以更有效地结合专家系统的优势,研究出更多的在性能上能达到甚至超过人类专家的专家系统。

(4) 专家系统与人工智能

专家系统是 AI 的一个应用分支,它继承和运用了 AI 各领域研究的许多基本思想和基本技术,如启发式方法、符号推理、知识表示技术等。但是,专家系统技术自 20 世纪 60 年代中期产生以来,在 AI 领域中脱颖而出,从范例、工具到系统开发策略都形成了一套与 AI 其他分支(如自然语言理解、机器人、机器视觉等)所不同的体系,它代表着 AI 应用的主要方面。

①专家系统强调在专家的水平上处理高难度的问题,现已开发的专家系统中已有成功的例子实现了这一点。这是目前 AI 的其他研究领域所无法比拟的。就自然语言理解,机器人等领域目前的技术水平来说,虽然也开发了一些程序和系统,但这些程序和系统的智能水平还是极为有限的,远没有达到"专家"水平。

②专家系统强调专门领域的问题求解策略,而削弱了独立于问题领域的通用求解策略的应用。专家系统一般都是通过牺牲问题求解的通用性而换取专门领域的高性能,它们强调专门领域所特有的专门知识和求解策略;而在 AI 研究的其他领域,比较注重较为通用的方法的应用。

③专家系统能够说明自身的推理过程,对系统的求解结论能够给出解释,提高了系统的可接受性。这在其他领域目前无法相比。

④较为成功的专家系统其问题领域一般都类属于下列范畴:解释、预测、诊断、规划、监视、设计、教学和决策等。

⑤在 AI 研究的各个领域中,专家系统代表了 AI 应用的主要方面,它在工业和政府部门所能直接起到的巨大作用已为人们所重视,AI 其他领域的发展都存在有结合知识库专家系统研究的趋势。

(5)专家系统与知识工程

知识工程,是设计和制造专家系统及其他知识库程序的技术,它结合了科学、技术和方法论三个方面的因素,研究专门知识的获取、形式化和计算机实现。知识库程序是指由知识库、综合数据库和推理机三个部分组成的所有系统。由于专家系统的核心是知识,其核心技术在于知识的获取、表示和利用,所以,专家系统研究人员普遍接受了知识工程这一术语。

知识工程的概念是 1977 年在专家系统技术发展的基础上提出来的,它正在发展成为指导专家系统开发的一个理论工具。所以,可以认为:专家系统是知识工程的一个应用。一个专家系统是一个知识库程序,但专家系统对透明性和灵活性的要求又作为它区别于其他知识库程序的独特之处。

(6)专家系统的分类

目前已出现的专家系统按照系统所求解的问题性质可以划分为以下几种主要类型:

①解释型专家系统。

根据可得到的数据分析这些数据所支持的问题结论或问题状态。这类系统的范畴包括监视数据分析、口头语言理解、图像分析、化学结构说明、信号解释和其他智能分析。例如,由分子的质谱数据分析分子的化学结构。解释的要求是,对于给定的数据找出一致性和正确性的问题性质。只有在存在充分的数据证据能够排除某一种可能的问题性质时,才能放弃这个性质。解释型系统可能遇到的关键问题是:可得到的数据常常带有噪声和误差,它们可能不齐全、有错或者带有与问题无关的、甚至会引起相互矛盾的数据成分。这就要求系统能够克服以下困难:(a)能够在数据不完整的情况下进行问题的分析和解释。(b)在数据之间存在有矛盾时,应能先假设哪些成分是可信的,然后再进行验证。(c)数据不可靠时,解释过程必然也难以可靠。为了加强解释结果的可信度,系统要能够识别出不确定或不完整的信息,识别出解释过程中哪些是假设的成分。(d)解释型问题的推理链可能很长、很复杂,关于解释过程中数据的支持作用,系统最好能够给出明确的解释。

②预测型专家系统。

根据从过去和现在得出的模型来推断将来可能发生或出现的情况。这类系统的范畴包括天气预报、人口预测、交通预报、农业产量估计和军事预测等。例如,预测一项经济政策的变化所可能带来的后果。预测需要关于时间的推理,通过过去和现在的数据来拟合模型的基本参数以建立动态的预测模型。这些模型必须能反映出各种可能引起现行环境随时间改变的因素和这些因素的变化方式。从模型推理出来的结果形成预测的基础。因为预测是规划和决策的基础,有些规划型专家系统和有关决策型专家系统中也含有预测子系统。目前已有不少专家系统研究人员开展了各个领域预测专家系统的研制。预测型专家系统所可能遇到的主要问题有:(a)信息不完全,这含有过去和现状数据的短缺或将来的参数不齐全两个方面。如果预测信息是齐全的,如计算两年后木星的空间位置,这样的问题环境不构成不良结构问题,没有建立专家系统的必要性。(b)如果不考虑概率的估算,预测的结果可能有大量的可能情况,预测专家系统应能运用假设推理来说明这些情况,并分析它们对输入数据变化的灵敏度。(c)因为未来的数据迹象或参数可能需要从许多地方、部门去寻找,预测专家系统应能协调和运用不同数据源的知识。(d)预测理论都建立在一定的条件之上,一个问题的遥远未来与较为接近的时期中所发生的事件密切相关,但那样的事件目前可能还无法预知,预测专家系统最好还应该有能随时间变化不断适应这些事件的自适应能力。

③诊断型专家系统。

根据观察到的数据来推断一个对象系统的功能故障。这类系统的范畴包括医疗、电子、机械、软件等领域的诊断。例如,对于一种传染性疾病的诊断。一个诊断系统必须先了解对象系统及对象系统中各子系统之间的关系和相互影响,然后将观察数据说明的故障行为同可能的故障原因进行对照,找出故障所在。诊断的方式有两种,一种是建立故障行为同故障原因的对照表。另一种方式将对象系统的结构知识同其结构、行为和各子系统的故障知识结合起来,从观察到的数据来推理可能的故障原因。诊断型专家系统所可能遇到的主要问题有:(a)一些故障有时被其他故障的症状所掩盖。在现有一些系统的问题处理中,通过假设只存在单故障源而避免了这一问题的解决,如医疗诊断系统一般只设定在一种疾病范围内进行诊断。(b)故障有时是间歇性的,为了发现故障,诊断系统有时需要施加一些必要的强制措施或诱发措施来进行检测。(c)测量观察数据的设备本身可能含有故障,诊断系统应尽可能地适应这些设备的性能。(d)诊断对象的数据有些是难以或不可获取的、有些是难于恢复的,诊断系统应能决定哪些数据、在什么时候必须进行测量。(e)因为有些诊断对象如人体的解剖还没有被人类所充分掌握,诊断系统可能需要结合一些不完全推理模型进行诊断;如不精确推理规则,这些模型之间有时可能得出不一致的结论,系统需要作以权衡考虑。

④规划型专家系统。

为了达到一定的目标而进行动作步骤的设计。这类系统的范畴包括自动程序设计、机器人动作和实验步骤规划以及军事规划等。例如,分子遗传学的实验步骤规划。规划系统的目标是在给定的约束条件下,利用尽量少的资源来构造一个能实现给定目标的动作序列。如果目标间存在冲突,规划系统应能区别各目标的优先程度;如果规划的约束条件或目标或规划的数据参数不完全或者随时间变化,规划系统应能有相应的处理能力。规划过程常需要预测数据,所以预测工作常常是规划的一个组成部分。规划型专家系统可能遇到的主要问题有:(a)规划问题一般都相当大而且很复杂,一个规划动作所产生的后果难于很快掌握,所以规划系统应能试验性地来制定动作序列,以期找出可能的规划方案。(b)如果动作的细节过于繁琐,规划系统应能集中考虑最重要的一些因素。(c)在大而复杂的规划问题中,各目标间的交互作用经常影响着规划的过程,规划系统要注意这些交互作用,协调好目标间的交互影响。(d)通常,规划的环境仅能有一个大致的了解,规划系统需要面临不确定因素,这就需要考虑这些不确定因素所可能出现的意外情况。(e)如果规划的执行有多个执行者,规划系统还应考虑多个执行者之间协调关系的动作设计。

⑤设计型专家系统。

按照给定的要求,为待制造的产品构造出规格说明。这类系统的范畴包括线路设计、建筑设计和预算编制等。例如,对于一个数字电路的设计;在给定的约束下,设计系统为产品构造产品的描述。这个描述包括产品中各个构件及其相互关系,有时候构造过程还需要优化成本或其他方面的目标函数。设计系统与规划系统有一些相同的要求。设计系统中可能遇到的主要问题有:(a)在大型项目的设计过程中,设计者对一个设计项选择后果无法立即进行评价,但又必须临时地开发各种设计可能。(b)设计的约束来自许多方面,通常没有一个成熟的模型能把诸多约束同设计选择综合起来。(c)大型产品的设计过程中,由于复杂性的需要,一般先需要把整个产品的设计分解为若干个子部分或称作子系统的设计,但在设计型问题中,这些子系统通常难于相互独立,子系统之间存在有约束和约束传播,给设计型问题加重了难度。(d)当设计的规模很大时,影响设计的因素往往很多,这样,一些因素有可能容易被忽视。某些子部分的修改难以估计出对整个设计的影响,这就要求设计系统能记录设计过程中进行设计选择的合理性理由,并且事后能运用这些记录说明选择的合理性,这一点在产品由多个设计系统分模块合作设计时尤为重要。(e)修改设计的时候,要重新考虑设计选择后果的各种可能性,设计系统应能具备系统的观点、着眼全局的考虑,而不能只重视某些部分的局部优化。(f)许多设计问题还需要有立体关系的推理,如关于距离、形状、轮廓的推理,这样的推理需要大量的计算资源,而且还不存在较为完善的定性推理或近似推理方法。

⑥监视型专家系统。

不断地对对象系统的行为进行观察,并在需要干预的时候发出警报。监视系统的范畴很广,如核电站监视、机场调度监视,疾病报告、规章制度和财政管理项目的执行监视等。但目前这些系统均还在试验阶段,尚没有达到专家系统的水平,例如病人手术后用的呼吸监视设备。监视系统可以理解为一个不完全的诊断系统,它要求实时地辨认出发警报的条件。监视系统存在的主要问题是:警报条件常常依赖于系统的当前环境,这就要求监视系统能够根据时间和环境的变化来改变所期望的条件,以防假警报的产生。

⑦教学型专家系统。

诊断和修正学生的行为。这类系统的范畴包括用于各门课程的计算机辅助教学(CAI)系统。但是,大多数 CAI 系统目前还没有达到专家系统的水平,例如电子模拟实验的教学系统。一个教学型系统结合有诊断子系统和排错子系统,先对反映学生行为的学生知识构造一个特定的描述,然后诊断这个描述中学生知识的错误并制定一个合适的修改,再规划一个预期的教学对话,把这些修改知识传送给学生。

⑧决策型专家系统。

根据已经制定的多个目标,在预测和规划的基础上,对各种可能的决策方案进行综合评价和选优,选取一个最优的或近似最优的方案。这类系统的范畴也很广,包括各项经济、科技和社会政策或业务活动的方案选择。如果系统所面临的决策问题其结构和过程是清晰的,可以运用确定的数学模型求解,则这样的问题不构成专家系统的问题环境,可以运用算法设计的管理信息系统(MIS)技术进行求解。在结构不良的决策环境下,现已生成的决策系统大多数还是以决策支持系统(DSS)的方式进行建模。DSS 中问题求解所需要的专门知识由决策者在运行系统时进行人工干预,而已经成功的决策型专家系统目前还不多见。决策型系统的例子如新产品开发的方案选择。决策型系统中可能遇到的主要问题有:(a)多目标间的量纲不统一。多目标中可能既有定性目标,又有定量目标。定性目标的目标函数值难以精确量化,定量目标之间还存在有不同量纲的折算问题,决策系统要注意多目标间这些特性的协调。(b)定性目标值的多数据源和模糊性。在现有的决策方法中,定性目标多采用 Delphi 法(即专家咨询方法)来给出评估数据,不同的专家带有各自的观点,而且给出的数据本身也是模糊的,这种多数据源和数据的模糊性要求决策系统能够解决推理过程的模糊性。(c)数据的时变性。各个目标的函数值除了要求过去的历史数据和当前的现状数据外,可能还需要结合未来的预测数据。在这一方面可能还会遇到同前述几类系统一样的问题:数据或参数的不齐全和需要对预测数据做出灵敏度分析。(d)多目标的矛盾性。一个数据参数在正向影响一个目标的同时,可能还负向影响着另一个目标。这种多目标之间的相互矛盾性是决策问题中常会遇到的关键问题之一。

除此之外,还存在有排错型系统、控制型系统和修理型系统,但它们基本上还没有实现专家系统的水平。

上述这种专家系统类型的划分方式不是很严格,也不是唯一的。有些专家系统中同时含有两类甚至两类以上的系统功能。上述类型中,有的系统类型之间有明显的共同技术,如规划型系统和设计型系统;有的系统类型之间存在有难以分割的联系,如规划型系统、决策型系统与预测型系统。关于专家系统的类型划分,也有人根据知识库中知识的类型把所有专家系统分为经验型、探索型和工程型,这种划分也不是很严格。

3. 专家系统研究的意义和趋势

专家系统自 1965 年 DENDRAL 的研制开始,到现在已引起世界各国的普遍重视。许多工业部门和政府部门正为各自的目的在开发和应用专家系统技术,新的专家系统商业已在兴起。近些年来,被认为是人工智能研究重大进展之一的新一代专家系统研究更引起了研究人员的关注。新一代专家系统已成为许多国家和国际研究计划的主题。

(1) 专家系统研究的意义

专家系统研究的意义可以从以下几个主要方面进行探讨。

① 计算机科学和应用发展的需要。

人工智能面向非数值计算和非算法处理过程的问题。专家系统作为人工智能的一个应用领域,它使得人工智能从实验室走向了现实世界,成为检测人工智能基本理论和基本技术的一个重要实验场所,同时也向人们不断提出新的研究课题,推动了新的计算机体系的研究。各种专家系统的研制和投入使用扩大了计算机应用的领域。它有利于克服软件中的一些危机问题,如组合爆炸问题,促进了计算机科学的进一步发展。

② 专家系统为人类认识知识提供了一种有效的手段。

专家系统作为一种实用工具为人类保存、传播、使用和评价知识提供了一种有效的手段,使得专家系统研究的社会效益较为明显。知识是一种宝贵的资源,尤其是专家的专门知识。我们的社会里最昂贵的是人类专家,他们昂贵一方面是因为他们稀少,培养专家需要耗费大量的资金和时间,专家的数量和质量在某种意义上说标志着一个国家的强盛程度。另一方面,专家的工作价值高,社会对专家的需求是迫切的,即使技术较为先进的国家也会感到专家的缺乏。而在有些应用领域,随着某些专家的年事增高或死亡,他们的知识能否得到很好的继承,关系到该领域的工作效率和领域发展的水平。保存和传播专家的专门知识无疑是一项有重要意义的工作,它有助于遏止社会最珍贵财富的流失。专家知识常常含有个人所特有的个性知识(private knowledge),这类知识产生于多年实际工作的经验,难以在课堂上传授。传统的知识传播过程需要多年的教育、训练和实际锻炼,时间周期较长。专家系统的开发,通过一些已在实践中得到验证的知识获取方法,能够通过专家的通力协作,把专门知识形式化。大多数专家系统研究人员相信,他们可以把这类知识进行编码,从而存入计算机中。这样,知识的复制和转换可以出现"微电子仪器公司像印刷书籍一样地直接把知识印刷在计算机芯片上",变得简单易行。专家系统不仅能存储知识,还能有效地利用知识。成功的专家系统可以代替或协助专家解决实际问题,这也有利于专家从一些日常工作中解脱出来,使他们有更多的时间和精力去研究本领域中一些规律性的实质性问题。同时,通过专家系统的解释机构,专家系统还能显示其知识库中的已有知识和解释问题求解的推理路径,使非专家用户可以通过计算机终端来检索具有权威性的专家知识。这种解释既可以增强专家系统的可接受性,从教育的角度来说,它又提供了一种较为直观的知识传播手段。另外,知识在专家系统中的形式化组织,可望把专家大脑中一些启发式的知识显式地归纳出来,这个归纳过程也促进了专家本人对自身知识的认识和评价;他可以从中发现他的个性知识的不足或缺陷,这便于修改和精炼这些知识,也便于他人的理解和评价;还由于领域内不同专家知识可以采用统一的形式描述,一个专家系统的知识库可以集多个专家的共同知识,便于比较和评价各个专家知识的优劣,克服单个专家的局限性。

③专家系统的实用性研究可产生巨大的经济效益。

专家系统的研究使得 AI 同国民经济、科学技术需要解决的实际问题联系起来,研制出一些急需专家的领域专家系统,直接产生经济效益。如世界经济报 1984 年 3 月报道,美国在其前两年由于运用专家系统增加了四百多亿人年的工作量,使每人的工作效率相当于传统效率的两千多倍。

(2)关于新一代专家系统的研究

至目前为止,已经研制的专家系统由于体系结构(包括硬件结构)和认知科学的限制,大多数还局限在一些知识规模小、知识质量高的问题求解领域,给领域的用户起"顾问"形式的咨询作用。它们对专家的模拟还比较粗糙。随着第五代计算机研究的兴起,人们在已有专家系统结构和功能的基础上提出了新一代专家系统研究的口号和方案。新一代专家系统在系统的结构体系、问题求解方式、知识获取、不精确推理等方面,与已有专家系统相比都提出了具有实质性进展的目标。

①系统结构体系。

新一代专家系统研究的主要目标之一是系统结构体系的研究。已有专家系统在效率方面存在着两个根本问题:(a)大规模知识库的知识检索和匹配需要系统在时空方面花费巨大的开销;(b)推理、解释过程的串行性和回溯可能引起问题求解过程时间上的组合爆炸。

针对这两个问题,除了已有专家系统对知识的分块组织和推理、解释过程中冲突消解策略的研究外,新一代专家系统力图实现对知识库的并行搜索,对推理规则进行有效的并行解释。

为此,系统体系结构的设计必须面临以下问题:(a)寻找并行处理的可能性。如果一个问题中没有内在的并行关系可以利用,则并行推理无从进行。实际问题中,并行关系一般总是可以找到的,如产生式系统中,根据不同条件或动作对知识库实现并行搜索和问题求解过程中对多条可用规则实现并行启用,这就存在有产生式一级的并行性和行为一级的并行性。体系结构的设计还应考虑并行关系的层次和可行。(b)并行的时空效率。这里含有两个方面的内容:一是知识的匹配过程应尽可能结合领域的知识特点,运用启发式搜索的并行控制机构;二是在同一时刻当并行推理的知识多于可用的系统资源数目时,可用知识之间需要进行优先关系的考虑,从而涉及冲突消解策略和资源调度算法问题。(c)硬件体系结构的选取。并行推理是采用多处理机结构,还是运用专门的芯片技术或其他方式,在每一种方式中硬件的存储结构等都需要予以考虑。(d)知识表示模式的选取。新一代专家系统中,是否适合并行搜索和推理将作为评价一种表示模式的重要准则之一。(e)通信复杂性的控制问题。除了推理的时空需求,并行方式中还涉及实现并行机构协调的通信开销。所以体系结构的设计应以搜索、推理和通信的综合效果来进行评价。

②问题求解方式。

与完全依赖于像规则形式这样的启发式知识相比,新一代专家系统增加一个领域知识的深化模型(Deep Model)。这种深化模型能够对实现启发式搜索的问题求解空间有所了解。这样在新一代专家系统中,就有可能实现两种形式的推理:(a)以已有专家系统的方式应用启发式知识;(b)在出现启发式知识没有考虑到的问题时,运用经典的搜索技术进行深化模型搜索空间的生成和测试。运用第二种推理方式,能避免现有专家系统在一些边界问题上出现无能为力的情况。通过这种深化模型的引入,新一代专家系统能对领域问题有关于结构和功能方面的理解,从而解释方式也就可以改变现有专家系统中大多数仅能靠跟踪技术生成规则组合的状况。因为跟踪技术仅能把问题求解过程中已运用过的知识进行重新显示,而这些运用过的知识本身含有启发式特征,它们不一定已完全被其他人员所接受,所以这种解释常常难以给出令人信服的合理证据。新一代专家系统可以获得对知识搜索过程的结构和功能的理解。它可望能生成有说服力的解释,这种解释比仅仅依靠已启用规则的重新显示要合理得多。

问题求解方式方面,新一代专家系统还将结合已经研究的定性推理、非单调推理方面的许多成果,以缓解已有专家系统中大多数依靠单调推理和基于概率逻辑的不精确推理的不足。

③知识获取。

专家系统目前的瓶颈问题是知识获取。新一代专家系统的另一个主要目标是建立更为有效的知识获取工具,建立具有或近乎人脑方式进行联想、记忆、识别、推理和判断的思维模型。发现启发式知识是十分困难的事情,专家要花很多的时间去思考、分析、完善才能提供可靠的启发式知识。由启发式知识形成的专家系统知识库也常常是不完备的,需要不断地完善。新一代专家系统中,知识获取可望的进展之一是,由于引入了领域的深化模型,系统能够从深化模型的推理中去抽取启发式知识,并能把抽取的启发式知识合并到已有的知识库中。一个深化模型的推理含有检查许多因果联系的过程,它可能需要不断地向用户询问证据。深化模型的推理与启发式规则的推理相比,后者往往提供捷径,使得搜索、求解过程的许多中间步骤、可能状态被忽略。因为这些步骤在许多问题求解过程中不能导向问题的结论。这种中间步骤、可能状态的忽略所产生的直接收益是能提高问题求解的效率,尤其是在那些易于出现组合爆炸的问题环境。但其不足是,忽略过程也可能把问题的实际解或解路径忽略了,从而启发式规则常常是不精确的。一个深化模型能够推理出启发式规则所能得出的同样结论,但它可以检测每一种例外情况,其不足在于效率低。因此,在问题求解过程中,我们需要的最好方法是两者的结合:在一般情况下使用启发式规则尽快寻找一个问题的解,如启发式规则失效时,我们就运用深化模型的推理。这是新一代专家系统的基本原理之一。

从深化模型的推理中获取启发式规则的过程可以描述为:在已有启发式规则不能对一个实际问题求解时,启动深化模型的推理来完成,然后对这个实际问题及其结论抽取新的规则。这种新的规则并不一定是"IF(原始问题)THEN(结论)"这样的形式,因为实际问题不能求解,并不一定是从问题的一开始就没有启发式规则可用。我们要比较未能求解的启发式规则的求解路径同深化模型推理的求解路径,以期找到差别。这种差别到问题的求解结论很有可能形成为一条新的启发式规则。为了满足系统不断学习的需要,启发式规则的规则集可能要进行不断地维护,如规则的合并、强化、排序、分组等。

④不精确推理。

问题证据的不精确性和求解问题知识的不精确性是人类求解实际问题常常遇到的客观情况,尤其在那些缺乏精确结构的复杂问题领域。专家系统往往就面向这样的问题领域建模,所以处理不精确性是专家系统建造中不可避免的重要问题之一。在已有的专家系统中,不精确推理以基于概率论和二值逻辑的概率逻辑为基础,如常用的确定性理论、主观 Bayes 方法等,这些不精确推理方法在方法本身和应用方面都存在有严重的局限性。有人曾试图证明它们从理论上是错误的。新一代专家系统中,基于模糊逻辑的不精确推理方法被提到了相当重要的地位。有人认为,基于模糊逻辑的方法是专家系统设计方法的一个革新,正是这种方法,同第五代计算机的兴起一起,导致了新一代专家系统的开发。基于概率逻辑的不精确推理有时又称为似然推理,相对地,基于模糊逻辑的推理称为近似推理。

四、技能训练准备

(1) 学生每 5 人为一个小组,每个小组选一名组长。
(2) 教师现场指导。
(3) 训练时间安排:0.5 学时。

五、技能训练步骤

(1) 以每位学生为单位,在卡片上写出任意一种专家系统的名称及其概念。
(2) 各组通过卡片问询法,识别出对方对主要知识点的掌握情况。
(3) 以组为单位完成内容的确定。
(4) 每组派一位代表陈述结果。

六、技能训练注意事项

(1) 认真填写卡片。
(2) 各小组要充分发挥积极性。

七、技能训练评价

请完成技能训练后填写表8-2。

技能训练评价表　　　　　表8-2

专业	物流管理	班级		学号		姓名	
考评地点	教室						
考评内容	专家系统概念学习						
考评标准	学生自评	内容				分值(分)	评分(分)
		参与度	是否积极参与学习?是否积极进入角色?是否积极动手实践?是否积极探知知识点和思考工作方法?是否积极参加研讨?是否积极提出建议?			10	
		卡片填写	是否独立完成			20	

续上表

	内　　容		分值(分)	评分(分)
考评标准	小组互评	协作力	信息传递是否准确？传递是否及时？交流是否融洽？	10	
		代表描述	口头表达是否顺畅？	20	
	教师评价	小组动员能力	是否积极？	10	
		角色完成质量	是否认真填写卡片？卡片问题汇总是否科学？调研内容确定有依据、准确。是否按时完成任务？是否正确完成任务？是否采取合理工作方法？	10	
		工作汇报	是否如实描述？内容是否全面？	20	
	总　　评			100	

八、技能训练活动建议

建议组织学生探寻专家系统在物流技术中的应用情况，能准确地说出所用到的专家系统技术。

思考练习

1. 何为专家系统？它有什么特征？
2. 专家系统由哪几部分组成？
3. 专家系统各部分的功能是什么？
4. 专家系统和传统程序有何异同？
5. 专家系统的主要应用领域是什么？

项目三　智能运输系统（ITS）应用

教学要点

1. 了解 ITS 的基本概念、基本组成；
2. 了解我国发展 ITS 的体系结构和目标；
3. 了解 ITS 在物流行业的应用；
4. 了解国外 ITS 的发展状况；
5. 理解智能运输系统的主要技术内容；
6. 掌握智能运输系统技术的应用。

教学方法

可采用讲授、多媒体情境教学、案例教学和观摩教学等方法。

一、情 境 设 置

可以播放一段智能车辆的视频录像,让学生们了解智能交通的功能和发展情况。从而使学生能了解现代智能交通基本管理系统,感受先进的信息系统、数据传输技术、电子传感技术、电子控制技术等在运输系统中的集成应用,熟悉营运车辆调度系统、驾驶员信息系统和车辆控制系统,使学生能较好理解智能交通系统,达到相关教学要求。

二、技能训练目标

能够知道智能运输系统的概念;掌握智能运输系统主要技术原理及应用领域。

三、相关理论知识

1. 智能运输系统概念

智能运输系统是"智能系统"和"运输系统"的结合。"智能系统"是智能运输系统区别于传统运输系统最重要的特征。"智能的"是"有推理能力的"、"有理解力的"意思。具体地说,智能运输系统就是使交通运输系统整体模拟人类智能,具有各种能力,如能思维、能感知、会学习、会推理判断和自行解决问题。它能感觉出周围环境的变化和自身状态的变化,能针对这些变化主动采取相应对策。

智能运输系统,即 ITS(Intelligent Transportation Systems),是当前世界上交通运输科技的前沿,它是在较完善的道路设施基础上,将信息技术、数据通信技术、电子传感技术、全球定位技术、地理信息系统技术、计算机处理技术以及系统工程技术等有机地集成运用于整个地面交通管理体系,而建立起的一种在大范围内、全方位发挥作用的实时、准确、高效、智能的交通运输管理系统。

这个系统的一般运作流程为:将采集到的各种道路交通及服务信息经交通管理调度中心集中处理后,传输到公路运输系统的各个用户,出行者可实时选择交通方式和交通路线;交通管理部门可利用它进行交通疏导和事故处理;运输部门可随时掌握车辆的运行情况,进行合理调度,从而使交通基础设施能发挥出最大的效能,提高服务质量,使社会能够高效地使用交通设施和能源,从而获得巨大的社会经济效益。

20 世纪 80 年代以来,各发达国家注意到,虽然现代化国家道路网已四通八达,但随着经济的发展,交通拥挤、阻塞现象日趋严重,交通污染与事故的发生率也明显上升,并且路网的通过能力越来越不能满足交通量增长的需要。为了解决这些问题,各国把注意力从修建更多道路、扩大路网规模转移到采用高新技术来改造现有运输系统及其管理体系,以解决诸多问题。在这方面,美、日和西欧发达国家做得很好,他们为了解决共同面临的交通问题,竞相投入大量资金和人力,开始大规模地进行智能运输系统(ITS)的研究试验与应用。经过不懈的努力,许多比较成功的系统被研发了出来。如日本通产省和科技厅早期开发的一种试验性综合交通管制系统,这个系统实际上是最佳路径诱导系统,即在道路上设有车辆监测器、控制中心设有计算机,车辆监测器将检测到的交通信息通过计算机处理后,给出驾驶员行驶的最佳路径。这种综合交通管制系统,使驾驶员具有在基于当前路况的基础上主动选择最佳路线的主动权。另一个比较成功的例子是：20世纪80年代末期，由美国运输部和汽车制造商出资在洛杉矶和佛罗里达州试验的"寻路"系统。这种"寻路"系统使用附加在城市交通控制系统上的无线通信和数据传输系统保持与车辆的联系，这个系统可以把系统所检测到的交通信息加在地图上，这样驾驶员可以一目了然地知道前面道路上的交通状况，使驾驶员感到自己有主动权，可以主动、灵活地选择自己想走的路径。

随着各学科技术的发展，各国又相继研发出了诸如车辆导航系统、路侧通信系统、公共交通优先系统、不停车收费系统、停车诱导系统及美国新近研制成功的自动驾驶系统等，极大地推动了ITS的发展与应用。ITS系统的功能包括以下几个主要方面：信息提供、安全服务、计收使用费和减少交通堵塞等。系统向道路管理者和用户提供的主要是道路交通情况的实时信息及相关的其他信息，如天气等；而安全服务的内容则有危险警告、人车事故预防、行车辅助等，它们通过不同的方式来帮助减少交通事故；费用收取主要是以电子方式自动地向用户收取道路使用费或车辆停放费等。当然，系统还可以根据人们的需要提供更多的服务。它与传统的交通管理系统一个最显著的区别是，将服务对象的重点由以往的管理者转向道路使用者，即用先进的科技手段向道路用户提供必要的信息和便捷的服务，以减少交通堵塞，从而达到提高道路通过能力的目的。另外，从系统论的角度来看，ITS将道路管理者、用户、交通工具及设施有机地结合起来并纳于系统之中，提高了交通运输网络这个大系统的运行效率。

在智能运输系统中，车辆靠自身的智能在道路上安全、自由地行驶，道路靠自身的智能将交通流调整至最佳状态，驾驶员靠系统的智能对道路交通情况了如指掌，交通运输管理人员靠系统的智能对道路上的车辆行驶和交通状态一清二楚，使传统的被动式交通管理转变为主动的交通管理。

智能运输系统工作原理，如图8-1所示。

图8-1 智能运输系统工作原理图

2. 智能交通系统的组成

(1) 先进的交通管理系统 ATMS(Advanced Traffic Management System)

ATMS用于监测控制和管理交通，为道路、车辆和驾驶员之间提供通信联系。它依靠先进的交通监测技术和计算机信息处理技术，获得有关交通状况的信息，并进行处理，及时向道路使用者发出诱导信号，从而达到有效管理交通的目的。

(2) 先进的驾驶员信息系统 ADIS(Advanced Driver Information System)

ADIS是以个体驾驶员为服务对象。驾驶员通过车载路径诱导系统，在与控制中心的双向信息传递中，使自己始终行驶在最短路径上。ADIS的应用可以缩短旅行时间、降低燃油消耗和减少废气排放，使交通拥挤得到缓解。

(3) 先进的车辆控制系统 AVCS(Advanced Vehicle Control System)

AVCS的目的是开发帮助驾驶员实行自动车辆控制的各种技术，从而使汽车行驶安全、高效。AVCS领域包括对驾驶员的警告和帮助,避免与障碍物相撞等自动驾驶技术。

(4)营运车辆管理调度控制系统 CVOM(Commercial Vehicle Operation/Fleet Management)

CVOM实质上是运输企业应用 ITS 技术谋求最大效益的一种调度系统,以提高企业内部劳动生产率,增加安全度,改进对突发事件的反应能力,改善车队管理和交通状况。

(5)先进的公共交通系统 APTS(Advanced Public Transportation System)

APTS采用各种智能技术促进公共交通运输业的发展,如通过个人计算机、闭路电视等向公众就出行时间和方式、路线及车次选择等提供咨询,在公交车站通过显示器向候车者提供实时运行信息。

(6)电子(不停车)收费系统 ETC(Electronics Toll System)

不停车收费系统是目前世界上最先进的路桥收费方式,通过安装在车辆风窗玻璃上的车载器与在收费站 ETC 车道上的微波天线之间的微波专用短程通信,利用计算机联网技术与银行进行后台结算处理,从而达到车辆通过路桥收费站不需停车而能缴纳路桥费的目的,且所缴纳的费用经过后台处理后清分给相关的收益业主。据统计,在现有车道上安装 ETC,可以使车道的通行能力提高 3~5 倍。

(7)先进的乡村公路系统 ARTS(Advanced Rural Transport System)

ARTS包括为驾驶员和事故受害者提供援助的无线电紧急呼救系统,不利道路和交通环境的实时警告系统,以及有关驾驶员服务设施和旅游线路、景点等信息系统。

(8)自动公路系统(Automated Highway System)

该系统包括车辆自动导航和控制,交通自动化及事故处理自动化等。

3. 智能运输系统的主要应用领域

(1)先进的交通管理系统 ATMS

1963年,世界上第一个中心式的交通信号控制系统在加拿大的多伦多建成,该系统将检测器的应用与交通信号控制系统结合起来。城市道路集中式的交通控制系统使用不同的检测器,利用交通控制方法及通信技术进行交通管理,建立起了早期的 ATMS 管理中心。与此同时,在美国、欧洲和日本,也逐渐开始了城市道路中心式交通控制系统及高速公路管理系统的建设。在美国著名的汽车城——底特律,其智能交通中心(Michigan Intelligent Transportation Systems center,MITS)充分显示出先进的信息快速采集与处理技术的优越性。该系统使用了 148 个电视监控镜头、54 幅可变交通信息板、2419 个检测线圈、2070 个不同类型的信号控制机以及由 9 座通信塔及 103 千米(64 英里)的高速光纤形成通信系统。经改造后的新系统 MITS 中心,可以使底特律警察局实时监控高速公路的运行状况。新的事故管理支持系统可以提醒监控人员潜在的事故并能够提供一系列的处理方案,紧急救援可以立即展开。通过该地区的出行者可以从改善的安全性和减少的拥挤中获得很大的利益。广义交通大系统人—机结合递阶分散智能控制结构示意,如图 8-2 所示。

在智能交通系统中,信息是最为核心的内容。ITS 的各种功能都是以信息为中心展开的,ITS 中各子系统功能的实现以及各子系统之间的联结都是依赖于交通信息及时采集与提供。因此,信息在智能交通系统中是一个重要的核心内容,发挥着举足轻重的作用。

先进的交通管理系统(ATMS)是 ITS 的重要组成部分,也是 ITS 中最基础的部分。正是 ATMS 实现了交通信息的采集、传输、存储、分析、处理及应用,实现了交通管理从简单静态管理到智能动态管理的转变,使交通静态及动态信息在最大范围内、最大限度地被出行者、驾驶员、系统管理者、交通研究人员及政府机构所共享和利用,从而实现了大交通系统的动态优化运行,有效地满足了公众不断扩大的交通需求。

ITS 的产生和发展是信息技术及计算机、通信技术等在交通管理领域应用的必然结果。而实现智能化的动态交通管理,很大程度上依赖于实时交通信息的采集、传输、存储、处理、发布和使用,因此,ATMS 在智能交通系统处于基础的、重要的地位。ATMS 是指先进的交通监测、控制和信息处理系统,是 ITS 的核心组成部分。ATMS 最主要的特征就是系统的高度集成化。它利用先进的通信、计算机、自动控制、视频监控技术,按照系统工程的原理进行系统集成,使得交通工程规划、交通信号控制、交通检测、交通电视监控、交通事故发现和救援与信息系统有机地结合起来,通过计算机网络系统,实现对交通的实时控制和指挥管理。ATMS 另一特征是信息高速集中传输与快速处理,ATMS 由于运用了先进的网络技术,因此获取信息快速、实时准确,提高了控制的实时性,城市 ATMS 的应用使交通管理系统中交通参与者与道路以及车辆之间的关系变得更加和谐。最终达到缩短行程时间、减少道路拥挤和阻塞、减少交通事故、节省能源和保护环境、交通流合理分布、平稳运行的目的。

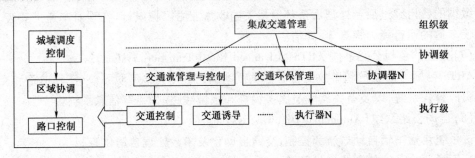

图 8-2 广义交通大系统人—机结合递阶分散智能控制结构示意图

ATMS 的产生和发展也一个逐渐的过程,目前,国际上最常见的 ATMS 形式是以交通指挥中心为依托的交通管理系统。与传统交通指挥中心管理系统的封闭性不同,ATMS 使得交通信号控制、电视监控、信息发布、违章管理、事故管理、车辆驾驶员管理业务、122/110 接处警管理、通信指挥调度等各个孤立的子系统在计算机网络的基础上有机地联结在一起,各个信息资源在网络上按照权限共享。

(2)先进的公共交通系统

先进的公共交通系统(Advanced Public Transportation System,APTS)是 ITS 重要的子系统之一,指在公交网络分配、公交调度等关键基础理论研究的前提下,利用系统工程的理论和方法,将现代通信、信息、电子、控制、计算机、网络、GPS、GIS 等高新科技集成应用于公共交通系统,并通过建立公共交通智能化调度系统、公共交通信息服务系统、公交电子收费系统等,实现公共交通调度、运营、管理的信息化、现代化和智能化,为出行者提供更加安全、舒适、便捷的公共交通服务,从而吸引公交出行,缓解城市交通拥堵,有效解决城市交通问题,创造更大的社会效益和经济效益。

随着国民经济的飞速发展,城市人口日益膨胀,机动车数辆急剧增加,城市交通运输压力越来越大。无论在发达国家还是发展中国家,这一瓶颈问题都日益突出。光靠修建道路已经不可能解决城市交通的问题。提高城市交通管理水平,合理调度公交、出租、特种行业等车辆,并及时智能化地调控道路与停车场的容量,是解决城市交通紧张矛盾的最为有效的措施。城市公共交通具有运载量大、运送效率高、能源消耗低、相对污染少、运输成本低等优点,所以智能城市公共交通有很大的发展空间。

现行公交调度基本上还是采用传统的手工作业的调度方式,在传统的公共车辆的调度中,由于调度人员无法了解已发车辆数、乘客流量、交通环境等情况,只能按照行车时刻表进行调度,这样往往造成了许多资源的浪费或者乘客滞留在车站等情况。因此,城市公交人工调度方法已经不能满足实际的需要。如何能让调度中心进行"看得着、听得见"调度呢?

这就要求公共交通调度系统能够快速、准确地采集包括车辆的位置和状态信息、沿线的道路信息、沿线的客流信息等,为智能调度提供支持。这样,才能够从车流、客流、路况等实际出发,选择最佳的调度方案,让整个公交线路运行在最佳的状态,从而为城市公共交通带来良好的经济效益和社会效益。作为 ITS 研究的一项重要内容,APTS 主要以出行者和公交车辆为服务对象。APTS 为出行者提供客流量、交通流量、车辆位置、紧急事件地点等动态信息,同时也为出行者提供交通法规、地理管制措施、公交线路等静态信息。目的是帮助出行者规划出行、选择最佳路线、避免交通拥挤、节约出行时间。对于公交车辆来说,APTS 主要实现对其动态监控、实时调度、科学管理的功能,从而达到提高公交服务水平的目的。

城市智能公共交通管理系统,是为管理城市道路公共交通情况而开发的大型集成系统,目的是实现交通管理的现代化、实时化和信息化。该系统能够实时采集道路公交信息,及时准确地确定公交车辆位置,方便乘客查询,对紧急事务作出迅速反应。

(3)电子收费系统

半自动收费缺点:耗时,耗力,交通量大时容易形成"瓶颈"。

电子收费方式(全自动收费、不停车收费 ETC):指收取过路费的全过程均由机器完成,操作人员不需直接介入,只需对设备进行管理、监督以及处理特别事件。它是指利用电子计算机与通信技术,使驾驶员不需要停在收费站付费,以缓解因收费而造成的交通排队现象的技术,是收费方式的发展方向。

电子收费系统(Electronic Toll Collection,ETC)是指收取过路费的全过程均由机器完成,操作人员不许直接介入,只需对设备进行管理、监督以及处理特别事件。电子收费系统是集自动控制、计算机应用、通信工程、交通工程、电视监控、管理工程为一体的系统工程。

电子收费系统的功能:

①实行计算机管理等,减少人工干预,保证准确性。

②准确统计通过车辆的数目。

③实现对收费过程的实时监控。

④数据采集传输的安全性、可靠性高。

⑤能自动巡回检测运行状态正常与否。

⑥对紧急制动、特殊(免费)车等特殊车辆能迅速作出反应并进行处理。

⑦全天候、实时。

⑧具有一定的报警功能。

目前,国际上采用的电子收费系统技术有:光学扫描(条形码)、感应线圈、无线射频 RF 技术。其中,RF 技术性能最佳。对于收费口要求能力较大的联网收费系统,采用 RF 技术应是收费系统的首选。采用 RF 技术的电子收费系统,收费 IC 卡(有普通收费卡、储值卡、免费卡等多种)存储信息量大,能满足联网收费系统的要求。收费卡可以存储车辆出、入公路网的有关信息(例如,入口收费站信息:收费站站址代码,出口车道代码,收费员代码和缴纳款项等)。联网收费系统的关键是要实现收费卡信息的流动,准确计算收费金额,同时清算中心汇总信息,得出自动清算比例。

不停车收费系统主要利用车辆自动识别技术(AVI),试验和实施了多种不同的自动识别技术:感应线圈识别技术、声表面波识别技术、条码识别技术和射频/微波识别技术等,但最终以用射频/微波技术作为不停车收费系统的车辆自动识别技术。

(4) 智能车辆

随着汽车化的快速发展,交通供需矛盾日益严重,道路交通安全形势将会日趋恶化。车辆智能化技术的研究和开发,可以提高车辆的控制与驾驶水平,保障车辆行驶的安全畅通、高效。智能化的车辆控制系统,由于延伸了广大驾驶员的控制、视觉和感官功能,将极大地促进道路交通的安全性。因此,车辆的智能化发展与交通安全息息相关,为了改善交通安全状况,保障道路交通的安全、畅通、高效、持续发展,研究与开发智能车辆控制技术将是未来车辆技术的核心问题。以自动驾驶系统为主的 AVCS 可以在本质上解决汽车交通问题,并将成为未来老龄化社会汽车交通的重要技术。

但同时也要认识到,自动驾驶系统要投入实际使用,无论在技术方面还是在制度方面均有很多必须解决的难题。要使其充分发挥作用,还必须依靠智能公路及其他技术和设备协调配合。另外,道路交通是一个由人、车、路构成的复杂的大系统,交通安全的维护、改善和提高,还必须从改善和规范交通参与者的交通行为、道路通行安全性研究和车辆安全方面综合考虑,才可能有效地解决交通安全问题。

智能车辆(Intelligent Vehicle, IV)技术的研究,可以追溯到 20 世纪 50 年代初美国 Barrette Electronics 公司研制的世界上第一台自动引导车辆(Automated Guided Vehicle, AGV),它实际上是低速智能车辆研究领域的一台移动机器人。而在高速智能车辆研究领域,早在 1939—1940 年纽约世界博览会上,美国通用汽车公司(GM)展示的 Futurama 概念车,就提出了汽车自动驾驶的概念。

从 20 世纪 50 年代后期到 60 年代中期,美国、德国、英国、日本等国家都开展了高速车辆自动驾驶的研究,其自动驾驶系统普遍采用在行车道上埋设引导电缆来实现车辆转向控制。日本于 1977 年首先开发出了机器视觉导航自动驾驶汽车的样车,20 世纪 80 年代前期,美国开发出了军用自动驾驶越野车。从 20 世纪 80 年代后期开始,为解决日益突出的交通事故、交通堵塞、交通环境污染、能源消耗等问题,各发达国家开始投入了大量的人力、物力研究实施智能交通系统(ITS)。

随着我国改革开放的不断发展和科技水平的日益提高,"八五"期间也开始了智能车辆方面的研究。但由于起步较晚,以及经济条件的制约,我国在智能车辆研究领域与发达国家仍有一定的差距,目前开展这方面研究工作的单位主要有国防科技大学、清华大学、吉林大学、北京理工大学、中科院沈阳自动化研究所等。

中国第一汽车集团公司和国防科技大学机电工程与自动化学院在 2003 年 7 月 13 日宣布,我国第一辆自动驾驶轿车研制成功。这辆自主驾驶轿车的问世,标志着一汽集团公司和国防科技大学已经具备研制智能化汽车的能力,同时也将有力地推动我国汽车主动安全系统和智能化汽车的研究进程。这次研制成功的自主驾驶轿车在正常交通情况下,在高速公路上行驶的最高稳定速度为 130km/h,最高峰值速度为 170km/h,并且具有超车功能,其总体技术性能和指标已经达到世界先进水平。

在国防科工委和国家 863 计划的资助下,清华大学计算机系智能技术与系统国家重点试验室自 1988 年开始研制 THMR(Tsinghua Mobile Robot)系列移动机器人系统。其中 THMR – V 系统是清华大学计算机系目前正在研制的新一代智能移动机器人,兼有面向高速公路和一般道路的功能。车体采用道奇 7 座厢式车改装,装备有彩色摄像机、GPS、磁罗盘光码盘定位系统、激光测距仪 LMS220 等。它的体系结构以垂直式为主,采用多层次"感知—动作"行为控制及基于模糊控制的局部路径规划及导航控制。该智能车设计车速为 80 km/h,一般道路为 20km/h。

自 1992 年以来,吉林大学智能车辆课题组对车辆的自主导航机理及关键技术的开发与应用进行了较为系统的研究,研究领域涉及物流自动化、柔性生产组织、智能车辆自主导航、车辆安全辅助驾驶等领域。在国家自然科学基金、教育部博士基金等项目资助下,课题组已先后研制开发出 JUTIV-Ⅰ、JUTIV-Ⅱ、JLUIV-Ⅲ 和 JLUIV-Ⅳ 四代视觉导航智能车辆。目前,该课题组正与一汽大众合作开展新一轮视觉导航物流运输装备 AGV 的研制工作。

2001 年,吉林大学智能车辆课题组研制开发了 JLUIV-Ⅲ 试验车,它是课题组在低速智能车辆研究领域面向柔性生产组织和户内外物流自动化运输开发的实用型自动引导车辆(Automated Guided Vehicle)。JUTIV-Ⅲ 型视觉导航智能车辆的功能主要有:基于条带状路标的计算机视觉自主导航、自动识别数字编码的多停靠工位和多分支路径、自动识别加速、减速、直角转弯、停车等车辆运动状态标识符、智能识别障碍物。

城市汽车化发展使道路交通安全形势日趋严重,积极采取各种技术和政策措施降低道路事故率、改善道路交通安全是世界各国面临的共同课题。随着现代高新技术的发展,如何从车辆的智能化技术方面寻求、探索、提高与促进城市道路交通安全尤为重要。如果能有一种高性能的汽车,可以自动发现前方的障碍物,并能自动避让,在陌生的地区可以自动导航引路,甚至在特殊情况下能够自动驾驶,那么道路交通的安全性将大大提高,道路交通效率会大幅度提升。

ITS 的应用使汽车交通迎来了新的时代。汽车行驶控制领域的各系统所发挥的作用,在 ITS 广阔的领域中都是非常大的,它旨在通过应用电子技术实现汽车的智能化,有利于显著提高驾驶员驾驶车辆的安全性、预防事故、减轻受害程度等,车辆上安装着各种监控驾驶员、车辆、周围情况的传感器、计算机、控制装置等,以辅助驾驶。

智能车辆又称轮式移动机器人,它能承载一定的质量且在出发地和目的地之间自主驾驶、自动运行。智能车辆是智能运输系统和智能车—路系统的重要组成部分,已成为美、日、德等工业发达国家自 20 世纪 90 年代以来重点开发的项目之一。

智能车辆能够依靠其自身位置信息或根据外部环境提供的一些引导信息,沿预定的路径在没有人工干预或部分人工干预的情况下,移动到目标点。智能车辆行驶过程中,其自主驾驶和辅助导航始终是研究的核心问题。

首先,智能车辆强调的是行驶安全性。许多事故是由于前方车辆突然制动,或突然变换车道进入另一驾驶路线,或因该驾驶员困倦、注意力不集中所引起的。在这种情况下,智能车辆如具有自动制动与预警功能,将有效减少事故发生率。

智能车辆的另一个优点是,车队可以以很小的间距和均匀的速度在装有特殊设备的专用道上行驶。这样,在不发生拥挤效应的情况下,在相同的车道空间内,可具有更高的车流密度和通行能力。

在一定的情况下,控制元件将取代驾驶员进行车辆的自动控制。系统通过辅助控制、自动控制等措施的实施将达到以下目的:

①防止部分交通事故的发生。
②提高道路利用效率。

③提高驾驶员的方便性。
④减轻驾驶员的负担。
⑤实现车辆的安全高效行驶。

先进的车辆控制系统的主要内容就是智能汽车的研究与应用。这种汽车可以大大提高驾驶员和车辆的感知和反应能力,通过安装智能控制装置,使汽车具有自动转向、自动制动、自动障碍物识别、自动报警等功能。

先进的车辆控制系统主要有两大特点:一是具有自动识别判断车辆外部行驶状况的能力;二是根据所得到的信息,通过警告驾驶员进行操作或控制系统的控制元件操作,达到控制车辆的目的。

AVCS 基本功能子系统包括:安全预警系统、防撞系统、车道保持系统、视野扩展系统、巡视控制系统、紧急报警系统、车辆行驶自动导航系统等。

AVCS 车辆安装的车载设备,包括安装在车身各个部位的传感器、激光雷达、红外雷达、盲点探测器、超声波传感器、电波雷达等设施,具有事故检测功能,由计算机控制,在超车、倒车、变换车道、雨天、大雾等容易发生事故的情况下,随时以声音、图像等方式向驾驶员提供车辆周围及车辆本身的必要的信息,并可以自动或半自动地进行车辆控制,从而有效地防止事故的发生。

车载设备还可以对驾驶员和车辆进行随时检测监控,在必要时能发出警报信息,用以预防事故的发生。例如,当检测到驾驶员的注意力不集中或者开始打瞌睡时,设备就提醒驾驶员注意,并且采取相应的措施;在监测到驾驶员饮酒过度的情况下,自动锁住发动机;通过对汽车的主轴转速、水温、轮胎气压等参数情况进行监控分析,必要时向驾驶员发出报警信号,可以预防事故的发生等。借助于车载设备取代驾驶员的部分工作,可以在很大程度上提高车辆运行的安全性。

车道保持系统的作用是为了防止车辆偏移。其目的是,当驾驶员疏忽时,保持汽车仍在控制下行驶。它采用警告系统告知驾驶员汽车正在偏移,必要时,系统会启动自动控制装置自动控制转向。装有车道保持系统的汽车可以自动地沿道路行驶(在智能公路上),而不用驾驶员操作。当汽车在其行驶车道中离开了它的路径时,如果驾驶员不及时作出反应,系统会自动使汽车回至原来的路线。

这一系统是在车道保持系统的基础上增加了雷达,雷达不断测量本车与前车的距离,并计算出两车的相对速度,传给车上的计算机,由计算机操纵节气门和制动装置,从而与前车自动保持一个安全距离,这样汽车可以以较小的间距在车道上行驶。

该系统也称作是视觉强化系统。车辆装有检测设备、屏幕显示设备及计算机处理设备等,对检测信息进行处理,并以适当的、有助于驾驶员理解的方式显示在屏幕上,这可以增强行驶环境的可视性,对潜在信息、微弱信息(如在黄昏、黑夜、大雾或雨天等环境造成难以看清的障碍物等)加强视觉可知性,可大大提高车辆驾驶员对路况的观察及判断力,使驾驶员更好地掌握交通状况,从而提高汽车行驶的安全性。

紧急报警系统主要是在事故发生情况下,为缩短事故响应时间,提高事故处理效率,尽量减少事故损失而开发研制的一个系统。这个系统主要使用 GPS 技术和 GSM 通信技术及显示事故地点的电子地图等设备组成。当事故发生时,碰撞传感器会自动发出一个包括有 GPS 确定的车辆位置的无线电信号,由 GSM 技术完成车辆与反应中心的信息传输。反应中心的电子地图可以准确地显示出信号位置——事故发生的地点。

目前,各发达国家均大力开发汽车的导航系统,这也是智能汽车一个组成部分。它由 GPS 技术、GSM 技术、网络技术、电子地图、咨询诱导系统组成,通过它寻找最佳行驶路线,避开交通拥挤和发生事故的路段。驾驶员可以将目的地输入车内的计算机,提出要求,计算机便根据道路情况、信号控制路口分布、速度限制等,选出最佳路段,并显示在电子地图上。它不仅使车辆避开拥堵阻塞的路线,还可以帮助疏散车辆,减轻驾驶员心理负担,提供安全、舒适的行车环境。

(5) 交通流诱导系统

我国城市交通流诱导系统的研究是结合我国城市交通运输的实际情况,主要研究城市车辆运行中的车内外诱导系统的理论模型和方法。

车内外诱导系统是以"实时动态交通分配"为理论基础,将先进的信息技术、数据通信技术、电子控制技术以及计算机处理技术等综合运用于整个地面交通管理体系,建立大范围、全方位发挥作用的,实时、准确、高效的城市交通诱导系统。

这个系统可以使汽车与道路的运行功能智能化,改善交通安全,提高机动性,减少环境对人们的影响,有效地缓解交通拥挤。

可以预料"交通流诱导系统"将成为 21 世纪现代化地面运输管理体系的模式和发展方向,它是交通运输进入信息时代的重要标志。所以,目前进行这个领域的研究是非常必要、及时和有意义的。

以交通流预测和实时动态交通分配(DTA)为基础,综合运用检测、通信、计算机、控制、GPS 和 GIS 等现代高新技术,动态地向驾驶员提供最优路径引导指令和丰富的实时交通信息,通过单个车辆诱导来改善路面交通状态,防止和减轻交通阻塞,减少车辆在道路上的逗留时间,并最终实现交通流在路网中各个路段上的合理分配。

城市交通流诱导系统在发达国家起步较早,美国、日本、德国、加拿大、英国和澳大利亚等都投入了大量的人力、物力从事该领域的研究,并取得了比较有影响的成果。

在世界范围内,交通诱导系统已经获得了用户的极大欢迎。目前,开发比较成功的系统有:美国的 ADVANCE(Advanced Driver and Vehicle Advisory Navigation Concept)和 MAYDAY 系统;欧洲比较重视"双模式的路径诱导系统(Dual Mode Route Guidance System)",也称为分布式诱导系统;日本的 VICS(Vehicle Information and Communication System)。

我国智能运输系统研究起步较晚,但是发展速度很快。我国交通运输界和国家政府部门已认识到开展智能运输系统研究的重要性。国家科技部已于 1999 年 11 月批准成立了国家智能交通系统工程技术研究中心,并于 2000 年 3 月组织全国交通运输领域专家组成专家组,起草完成了中国智能运输系统体系框架。

吉林大学智能运输系统研究与开发中心 1996 年申请获得的《城市交通流诱导系统理论模型和实施技术研究》项目,是国家自然科学基金资助的重点项目,也是我国第一个国家级智能运输系统研究项目。本项目通过了由国家自然科学基金委员会组织的鉴定,委员会一致认为,该研究成果属国内首创,总体上达到了国际先进水平,部分成果达到国际领先水平。

交通流诱导就是要引导城市路网中的交通流在不拥挤的路段和交叉路口中运行,要解决这个问题,首先必须解决动态的和随机的交通流量在路段和交叉路口的分配问题,在学术上称之为"实时动态交通分配"(Real-Time-Dynamic Traffic Assignment)。

这个理论的主要功能:预测交通运输系统状况;提供道路引导系统,引导车辆在最佳线路上行驶;为出行者提供出发时间和选择方式;提供诱导系统与交通控制系统的相互联系;

为先进的交通管理系统(ATMS)和先进的出行者信息系统(ATIS)提供重要的理论基础。

四、技能训练准备

(1)学生每5人为一个小组,每个小组选一名组长。
(2)教师现场指导。
(3)训练时间安排:0.5学时。

五、技能训练步骤

(1)以每位学生为单位,在卡片上写出任意一种智能交通的名称及其概念。
(2)各组通过卡片问询法,识别出对方对主要知识点的掌握情况。
(3)以组为单位完成内容的确定。
(4)每组派一位代表陈述结果。

六、技能训练注意事项

(1)认真填写卡片。
(2)各小组要充分发挥积极性。

七、技能训练评价

请完成技能训练后填写表8-3。

技能训练评价表　　　　　表8-3

专业	物流管理	班级		学号		姓名	
考评地点	教室						
考评内容	智能交通概念学习						
考评标准			内　　容			分值(分)	评分(分)
考评标准	学生自评	参与度	是否积极参与学习?是否积极进入角色?是否积极动手实践?是否积极探知知识点和思考工作方法?是否积极参加研讨?是否积极提出建议?			10	
考评标准	学生自评	卡片填写	是否独立完成?			20	
考评标准	小组互评	协作力	信息传递是否准确?传递是否及时?交流是否融洽?			10	
考评标准	小组互评	代表描述	口头表达是否顺畅?			20	
考评标准	教师评价	小组动员能力	是否积极?			10	
考评标准	教师评价	角色完成质量	填写卡片是否认真?卡片问题汇总是否科学?调研内容确定有依据、准确?是否按时完成任务?是否正确完成任务?是否采取合理工作方法?			10	
考评标准	教师评价	工作汇报	是否如实描述?内容是否全面?			20	
总　评						100	

八、技能训练活动建议

建议组织学生探寻人工智能在物流技术中的应用情况,能准确说出所用到的智能交通技术。

思考练习

一、简答题

1. 交通流诱导系统的组成。
2. 智能交通系统的组成。
3. 电子收费系统(ETC)的优点。
4. 简述智能车辆的主要研究方向。
5. 城市交通流诱导系统的系统组成。
6. 什么是ITS?

二、论述题

1. 试论述某个城市存在的交通问题并提出解决对策。
2. 试论述先进的公共交通系统(APTS)的定义及其功能。
3. 阐述公交智能化调度系统的主要组成与调度方法。

任务九 现代物流管理技术应用

内容简介

在互联网的环境下,物流企业要想生存发展,必须具有两大基本能力,即对企业内部资源的高效管理能力和对市场的快速反应与协作能力。企业如果缺乏有效的内部资源整合、高效的内部资源管理,将无法面对市场并作出快速反应。对内部资源实施高效管理的技术手段很多,本章着重介绍仓储管理系统(Warehouse Management System,WMS)。该系统是一个实时的计算机软件系统,它能够对信息、资源、行为、存货和分销运作进行更完美地管理,使其最大化地满足有效产出和精确性的要求。本章另外介绍的供应链管理系统(SCM),其实质在于将企业与其相关企业形成融会贯通的整体,对市场作出快速反应,它利用计算机网络技术全面规划供应链中的商流、物流、信息流、资金流等,进行计划、组织、协调与控制。

教学目标

1. 知识目标

(1)掌握仓储管理、供应链、供应链管理的基本概念;

(2)掌握仓储管理系统(WMS)的业务流程,熟悉其功能;

(3)掌握供应链管理系统(SCM)的内容;

(4)熟悉供应链类型及其特点,明确供应链管理思想;

(5)了解仓储管理、供应链管理在行业中的应用情况和发展趋势。

2. 技能目标

(1)能正确操作和使用仓储管理系统(WMS)软件;

(2)能正确操作和使用供应链管理系统(SCM)软件;

(3)能运用所学的专业知识解决企业的实际问题。

案例导入

海尔集团的自动化仓储技术发展

海尔集团公司分析发现,在整个生产过程中,仓储是发展的瓶颈,即原材料和零部件的仓储和配送。因此,海尔以此突破口,在青岛海尔信息园里面建了一座机械化的立体库,在黄岛开发区建了一座全自动的立体库。在国内人们因为人工成本便宜、地皮又大而质疑立体库的效果的同时,海尔的事实表明,黄岛立体库长120m、宽60m,仓储面积5400m^2,立体库有9168个标准托盘位,托盘1.2×1m;立体库的建筑高度是16m,放货的高度可到12.8m,每天进出的托盘达到1200个,实际能力为1600个。5400m^2的立体库取代了原来65000m^2的外租库,而且由于使用了计算机系统,管理人员从原来的300多人降为48人。通过减少外租库的租金、外租库到车间的往来费用,节省的成本加起来一年是1200万。另外,自动化仓储技术降低了物料的库存。因为海尔在计算机系统里都设定了相应参数,比如说只允许放7天的物料,超过7天则不能进库,相对来说使整个库存量下降。库存量下降当时空调事业部就是一个典型的例子。第三个作用是深化了企业物流系统的规划。因为立体库使用后是两翼推动,海尔要求所有的分供方按照标准化的模式送货,即标准化的托盘、标准的周转箱。

引导思路

1. 物流自动化技术有哪些?
2. 物流自动化技术有哪些功能?
3. 物流自动化技术对物流的促进作用有哪些?

项目一 仓储管理系统(WMS)应用

教学要点

1. 了解仓储管理系统的概念,用途;
2. 掌握仓储管理系统的各项功能;
3. 理解 WMS 对货物的在库存储、出入库的作用;
4. 利用 WMS 熟悉在库货物管理及出入库。

教学方法

可采用讲授、情境教学、案例教学和分组讨论等方法。

一、情 境 设 置

C 公司坐落在 A 市市级物流园区内,物流中心有新、老两个仓库(3.3 万㎡),主要承担 600 家供应商的进货仓储管理、100 家直营店和 1700 家加盟店的日常配货管理。

随着经济的发展,零售业在整个社会中的地位是越来越清晰而重要,而物流恰恰是零售业的支柱,物流动了才能给企业带来效益,在当前零售业利润越来越薄的情况下,企业都把目光投向了仓储与物流管理,哪家企业能将这方面的成本控制到最小,就能在行业中占据领先的地位。因此,建立高效、迅速的现代物流系统,已成为建立企业核心竞争力的必备条件。

C 公司希望通过物流管理信息系统项目,在信息技术支持下,改进物流中心作业模式,优化供应链,从而提高总体市场竞争力。

目前,公司信息化建设主要解决以下几个问题:

(1)收货量波动大

由于 MIS 系统和 WMS 系统里都没有订单管理,供应商可在三天内自由选择送货日期,导致每天的收货量难以控制,收货的波峰、波谷无法调节,场地、人员无法做到合理分配。

(2)仓储作业人员效率低

收货入库:速度慢,经常加班。6~7 万件货物收货入库,到 21:00 完成。

拣货出库:日均作业量:476件/人,4~5万件货物出库,要在22:00才能完成。

(3)配货差错率高

当前配货差错率在4%,配货差错主要表现为门店间串货,为此物流中心现场有两个人专门处理串货问题。

(4)门店满足率低

由于供应商送货没有严格控制到某天,所以货品库存不能保持在一个合理的水平,而且库内人员作业效率低,排车花费时间长等诸多问题导致门店的满足率一直徘徊不前。当前门店满足率为80%。

如果要建设仓储管理信息系统,需要实现哪些功能呢?解决目前公司哪些问题呢?

二、技能训练目标

利用仓储管理系统(WMS)高效准确地对在库货物管理、货物出入库操作,以及库存货物信息汇总等。

三、相关理论知识

1. 仓储管理系统(WMS)概述

仓储管理系统(Warehouse Management System,WMS)是一个实时的计算机软件系统,它能够按照运作的业务规则和运算法则,对信息、资源、行为、存货和分销运作进行更完美地管理,使其最大化地满足有效产出和精确性的要求。

2. WMS的业务流程

WMS的业务流程,如图9-1所示。

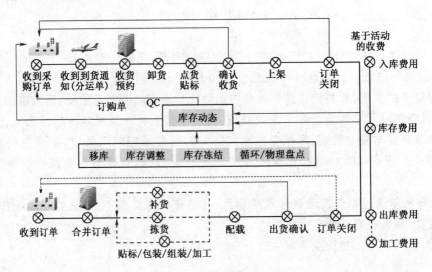

图9-1 WMS的业务流程

3. WMS功能

(1)基础资料管理

①仓库设计。

a. 层次架构:仓库组/仓库/库区/库位、支撑集团架构、多仓联动。
b. 物理划分:根据实际地理分布划分仓库。
c. 业务划分:以业务类型划分仓库,形成虚拟仓库,如保税、非保税业务。
② 库位划分。
a. 库位结构:仓库—库区—库位。
b. 库位编码:排/列/层、区/巷道、自由编码。
c. 物流属性:长、宽、高、容积、承重。
d. 结构属性:立体货架、平地库位。
e. 功能属性:存货区、拣货区、验货区、设备存放区、交叉转运区。
f. 环境属性:温度、湿度。
g. 存放属性:是否批次混放、SKU 混放。
h. 周转属性:FAST/MEDIUM/SLOW。
③ 货物维护。
a. 类别属性:汽车配件、电子料件、化工原料等。
b. 物理属性:单位净重、毛重、体积等。
c. 计量属性:件、箱、盒、托盘、包装规格等。
d. 批次属性:流水线批次、生产日期、失效日期、原产地。
④ 其他基础信息。
a. 企业组织架构。
b. 运输线路。
c. 材料 BOM 单。
d. 产品 ABC 分类。
e. 箱型箱量、币种、汇率、国别等。
f. 其他基础信息选项:贸易方式、加工方式、运输方式。
(2) 客户管理
① 供应商。
② 厂商。
③ 货主。
④ 服务供应商。
⑤ 提货单位。
(3) 合约管理
① 应付合约:结算方式、搬运费、人工费、仓库租用费、设备租用费。
② 应收合约:结算方式、仓储费、进出库费、加工费、配送费、拆箱及装箱费。
(4) 文件管理
① 提运单制作。
② 海关监管仓、保税仓必要的文件制作和交接管理。
③ 文件跟踪。
(5) 入库管理
① 到货通知:自动生成进库计划。
② 库位预分配:手工或自动码放。

③详细的验货记录。
④确认进库。
⑤退货进库处理。
⑥自动费用生成。
(6) 库存管理
①库存的四要素:库位,商别,数量,批次。
②提高库存准确性的方法:良好的工作态度;周密的审核监控流程;准确的历史交易记录。
③灵活的盘点策略:自定义的循环盘点;产品 ABC 循环盘点;物理盘点;异动盘点;异动期限设定;异动类型设定。
(7) 出库管理
①拣货操作:是仓库管理中最复杂的环节,直接影响客户订单响应能力。
②灵活的拣货策略:订单拣货;批量拣货;分区拣货;波次拣货。
③拣货原则:先进先出;最先过期的先出。

四、技能训练准备

(1) 学生每 5 人为一个小组,每个小组选一名组长。
(2) 准备若干张卡片。
(3) 教师现场指导。
(4) 训练时间安排:2 学时。

五、技能训练步骤

(1) 以每位学生为单位,自选一个 WMS 的操作功能并在卡片上写出。
(2) 各组通过卡片问询法,考查对方对 WMS 功能的熟悉程度。
(3) 以组为单位完成 WMS 每项功能的确定。
(4) 每组派一位代表陈述结果。

六、技能训练注意事项

(1) 认真填写卡片。
(2) 问询时要认真仔细。
(3) 总结时要精练,准确。
(4) 各小组要相互交流,取长补短。
(5) 各小组内部应有一套相应的流程。

七、技能训练评价

请完成技能训练后填写表 9-1。

技能训练评价表　　　　　　　　　　　表 9-1

专业	物流管理	班级		学号		姓名	
考评地点	多媒体教室						
考评内容	仓储管理系统						
考评标准			内　　容			分值(分)	评分(分)
	学生自评	参与度	是否积极参与学习？是否积极进入角色？是否积极动手实践？是否积极探知知识点和思考工作方法？是否积极参加研讨？是否积极提出建议？			10	
		工作报告	是否独立完成？是否如实撰写？撰写是否是否详尽？是否具有专业性？图表是否合理清晰？			15	
	小组互评	协作能力	信息传递是否准确？传递是否及时？交流是否融洽？			5	
		岗位描述	口头表达是否顺畅？岗位职责是否详细？可执行性如何？有效性如何？			10	
		组织能力	是否积极参与学习？是否积极探知知识点和思考工作方法？是否积极参加研讨？			10	
	教师评价	工作流程计划	流程设置是否清晰？可执行性如何？有效性如何？			10	
		角色完成质量	卡片填写是否认真？卡片问题汇总是否科学？调研内容确定是否有依据、准确？是否按时完成项目？是否正确完成项目？是否采取合理工作方法？			10	
		工作汇报	是否用 PPT 如实描述？内容是否全面？编排是否美观？专业性如何？图表是否合理清晰？独创性如何？			15	
		工作报告	是否独立完成？是否如实撰写？撰写是否详尽？专业性如何？图表是否合理清晰？			15	
			总　　评			100	

八、技能训练活动建议

建议组织学生到拥有 WMS 的物流仓储企业进行参观，如学校有实训条件的还应加强学生实操动手能力。

> 思考练习

1. 简述 WMS 系统的概念及用途。
2. 简述 WMS 系统的作用及特点。
3. 简述 WMS 系统的功能及应用。

项目二 供应链管理系统（SCM）应用

教学要点

1. 充分了解供应链的构成及基本特征；
2. 知晓供应链管理的概念和供应链管理的主要内容；
3. 熟悉供应链管理系统的运作模式；
4. 能够根据供应链管理的基本要素来塑造企业的物流管理。

教学方法

可采用讲授、情境教学、案例教学和分组讨论等方法。

一、供应链及供应链管理

（一）情境设置

沃尔玛的前任总裁大卫·格拉斯曾说过："物流系统是沃尔玛成功的关键之一，沃尔玛完整的物流系统不仅包括配送中心，还有更为复杂的资料输入采购系统、自动补货系统等。供应链的协调运行使这些系统的运行有条不紊。"请你分析供应链系统对提高整个物流系统运作的积极作用。

（二）技能训练目标

能够掌握供应链及供应链管理的定义及网络结构，熟悉供应链管理的基本内容。

（三）相关理论知识

1. 供应链的概念

供应链（Supply Chain）是围绕核心企业，通过对信息流、物流、资金流的控制，从采购原材料开始，制成中间产品以及最终产品，最后由销售网络把产品送到消费者手中的将供应商、制造商、分销商、零售商、直到最终用户连成一个整体的功能网链结构，如图9-2所示。

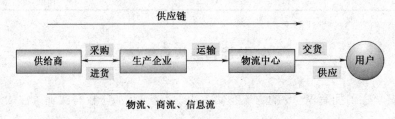

图9-2 供应链网络结构图

供应链网络是一个范围更广的企业结构模式，包含了所有加盟的企业。它不仅是一条联结供应商到用户的物流链、信息链、资金链，而且是一条增值链，物料在供应链上因加工、包装、运输等过程而增加其价值，给相关企业带来收益。

2. 供应链的类型

（1）以制造企业为主导的供应链。
（2）以零售企业为主导的供应链。
（3）以第三方物流为主导的供应链。

3. 供应链网络结构模型（图9-3）

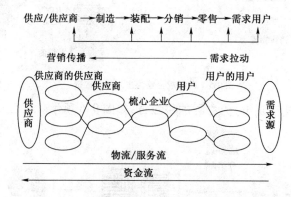

图9-3　供应链网络结构模型

4. 供应链管理的概念

把供应链最优化，以最小的成本，使供应链从采购开始，直到满足最终顾客要求的所有过程，以合理的价格，把合适的产品及时送到消费者手上。利用计算机网络技术全面规划供应链中的商流、物流、信息流、资金流等，并进行计划、组织、协调与控制。

5. 供应链管理的基本思想

（1）以市场和客户需求为导向。
（2）以核心企业为盟主，以提高竞争力、市场占有率、客户满意度和获取最大利润为目标。
（3）以协同商务、协同竞争和双赢原则为基本运作模式。
（4）运用现代企业管理技术、信息技术、网络技术和集成技术。
（5）对整个供应链上的信息流、物流、资金流、业务流和价值流进行有效的规划和控制。
（6）将客户、销售商、供应商、制造商和服务商等合作伙伴联结成一个完整的网链结构，形成一个极具竞争力的战略联盟。

6. 供应链管理涉及的内容

供应链管理涉及的内容如图9-4所示。

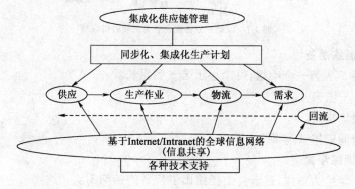

图9-4　供应链管理涉及的内容

7. 供应链管理的三种模式

（1）以制造企业为主导的供应链，如图9-5所示。

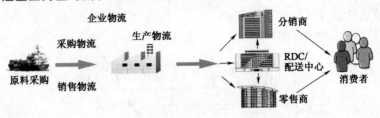

图9-5 以制造企业为主导的供应链

（2）以零售企业（连锁超市）为主导的供应链，如图9-6所示。

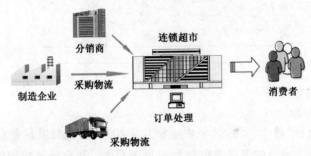

图9-6 以零售企业为主导的供应链

（3）以第三方物流企业为主导的物流服务供应链，如图9-7所示。

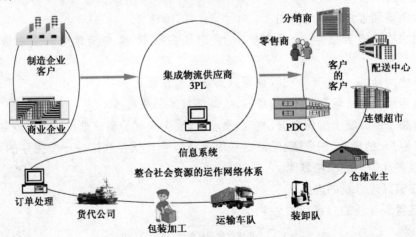

图9-7 以第三方物流企业为主导的供应链

（四）技能训练准备

（1）学生每5人为一个小组，每个小组选一名组长。

（2）准备若干张卡片。

（3）教师现场指导。

（4）训练时间安排：1学时。

（五）技能训练步骤

（1）以每位学生为单位，在卡片上描绘出供应链的结构图。

（2）各组通过卡片问询法，分析供应链管理的模式，整理形成全面的报告。

(3) 每组派一位代表全面陈述本小组结果。

(六) 技能训练注意事项

(1) 认真填写卡片。

(2) 卡片汇总后要进行分析、整理。

(3) 总结时要精练,准确。

(4) 各小组要相互交流,取长补短。

(七) 技能训练评价

请完成技能训练后填写表9-2。

技能训练评价表　　　　　　　　　　表9-2

专业	物流管理	班级		学号		姓名	
考评地点	多媒体教室						
考评内容	供应链及供应链管理						
考评标准		内　容				分值(分)	评分(分)
	学生自评	参与度	是否积极参与学习?是否积极进入角色?是否积极动手实践?是否积极探知知识点和思考工作方法?是否积极参加研讨?是否积极提出建议?			10	
		卡片撰写	是否如实撰写?撰写是否详尽?专业性如何?			15	
	小组互评	协作力	信息传递是否准确?传递是否及时?交流是否融洽?			5	
		代表陈述	口头表达是否顺畅?岗位职责是否详细?可执行性如何?有效性如何?			10	
		组织能力	是否积极参与学习?是否积极探知知识点和思考工作方法?是否积极参加研讨?			10	
	教师评价	工作流程计划	流程设置是否清晰?可执行性如何?有效性如何?			10	
		角色完成质量	调研内容确定有依据、准确?是否按时完成项目?是否正确完成项目?是否采取合理工作方法?			10	
		工作汇报	PPT是否如实描述?内容是否全面?编排是否美观?专业性如何?图表是否合理清晰?独创性如何?			15	
		工作报告	是否独立完成?是否如实撰写?撰写是否详尽?专业性如何?图表是否合理清晰?			15	
		总　评				100	

(八) 技能训练活动建议

建议组织学生到不同类型物流仓储企业进行参观、调研供应链管理在物流中的运用。

二、供应链的系统设计

(一)情境设置

HP 公司成立于 1939 年,1988 年打印机进入市场,销售部门分布在 110 个国家,总产品超过 22000 类,为保证顾客订单 98% 的即时满足率,各成品配送中心要保持 7 周的库存量。请你设计一个供应链系统,以缓解 HP 公司的库存压力。

(二)技能训练目标

能够掌握供应链管理系统组成及运作模式,熟悉并运用供应链管理系统来塑造企业的物流管理。

(三)相关理论知识

1. 供应链的设计原则
(1) 自顶向下和底向上相结合的设计原则。
(2) 简洁性原则。
(3) 集优原则(互补性原则)。
(4) 协调性原则。
(5) 动态性原则(不确定性原则)。
(6) 创新性原则(不确定性原则)。
(7) 战略性原则。

2. 基于产品的供应链设计策略
(1) 有效性供应链和反应性供应链比较,见表 9-3。

有效性供应链和反应性供应链比较表 表 9-3

内容	有效性供应链	反应性供应链
产品特征	产品技术和市场需求相对平稳	产品技术和市场需求变化很大
基本目标	以最低的成本供应可预测的需求	对不可预测的需求作出快速反应,使缺货、降价、库存尽可能低
产品设计	绩效最大化而成本最小化	模块化设计,尽可能延迟产品差异
提前期	不增加成本的前提下缩短提前期	大量投资缩短提前期
制造策略	保持较高设备利用率	配置缓冲库存,柔性制造
库存策略	合理的最小库存	规划零部件和成品的缓冲库存
供应商选择	以成本和质量为核心	以速度、柔性和质量为核心

(2) 供应链设计与产品型策略矩阵,见表 9-4。

供应链设计与产品型策略矩阵表 表 9-4

供应链类型	功能性产品	革新性产品
有效性供应链	匹配	不匹配
反应性供应链	不匹配	匹配

3. 供应链管理的方法
(1) 快速反应(QR)

Quick Response 即是快速反应,指通过共享信息资源,来建立一个快速供应体系以实现销售额增长,最终达到顾客服务的最大化及优化库存量,商品缺货、商品风险和减价最小化的目的。

实施快速反应的成功条件:

①必须改变传统的经营方式,革新企业的经营意识和组织。

②必须开发和应用现代信息处理技术,这是成功进行 QR 活动的前提条件。

③必须与供应链各方建立(战略)伙伴关系。

④必须改变传统的企业商业信息保密的做法。

⑤供应方必须缩短生产周期,降低商品库存。

(2) ECR(Efficient Consumer Response)

ECR 是一种分销商与供应商为消除系统中不必要的成本和费用并给客户带来更大效益而进行密切合作的一种供应链管理战略。

ECR 的特征:管理意识的创新和供应链整体协调。

(3)电子订货系统(EOS)

电子订货系统(Electronic Ordering System,EOS):不同组织间利用通信网络(VAN 或者 Internet)和终端设备,以在线连接方式进行订货作业与订货信息交换的体系。

电子订货系统的基本流程,如图 9-8 所示。

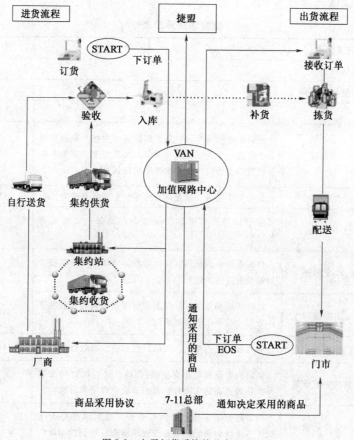

图 9-8 电子订货系统的基本流程

(4)企业资源计划(ERP)

企业资源计划(Enterprise Resource Planning,ERP)指在 MRP Ⅱ 的基础上,通过反馈的物流和反馈的信息流、资金流,把客户需要和企业内部的生产经营活动以及供应商的资源整合在一起的一种全新的管理方法。

(四)技能训练准备

(1)学生每 5 人为一个小组,每个小组选一名组长。

(2)准备若干张卡片。

(3)教师现场指导。

(4)训练时间安排:2 学时。

(五)技能训练步骤

(1)以每位学生为单位,在卡片上描绘供应链系统设计的方案。

(2)各组通过卡片问询法,分析对方组的供应链系统方案,并整理形成全面的报告。

(3)每组派一位代表全面陈述本小组结果。

(六)技能训练注意事项

(1)认真填写卡片。

(2)方案设计要有条理性,逻辑性。

(3)各组最终对本组方案要有一个统一的评价。

(七)技能训练评价

请完成技能训练后填写表 9-5。

技能训练评价表　　　　　　　　　　　　　　　　表 9-5

专业	物流管理	班级		学号		姓名	
考评地点	多媒体教室						
考评内容	供应链规划设计						
考评标准			内　　容			分值(分)	评分(分)
	学生自评	参与度	是否积极参与学习?是否积极进入角色?是否积极动手实践?是否积极探知知识点和思考工作方法?是否积极参加研讨?是否积极提出建议?			10	
		卡片撰写	是否如实撰写?是否撰写详尽?是否具有专业性?			15	
	小组互评	协作力	信息传递是否准确?传递是否及时?交流是否融洽?			5	
		代表陈述	口头表达是否顺畅?岗位职责如何详细?可执行性如何?有效性如何?			10	
		组织能力	是否积极参与学习?是否积极探知知识点和思考工作方法?是否积极参加研讨?			10	
	教师评价	工作流程计划	流程设置是否清晰?可执行性如何?有效性如何?			10	
		角色完成质量	调研内容是否确定有依据、准确?是否按时完成项目?是否正确完成项目?是否采取合理工作方法?			10	
		工作汇报	PPT 是否如实描述?内容是否全面?编排是否美观?专业性如何?图表是否合理清晰?独创性如何?			15	
		工作报告	是否独立完成?是否如实撰写?是否撰写详尽?专业性如何?图表是否合理清晰?			15	
			总　　评			100	

(八)技能训练活动建议

建议组织学生到不同类型物流企业仓储进行参观、调研各企业的供应链管理系统方案,并最终形成一个报告。

思考练习

1. 简述供应链概念及网络结构。
2. 简述供应链管理的概念及应用。
3. 简述供应链管理的三种模式。
4. 简述 WMS 系统和 TMS 系统的联系和区别。

任务十　物联网及云技术应用

内容简介

物联网及云技术对物流业的影响将是全方位的，物联网技术是信息技术的革命性创新，现代物流业发展的主线是基于信息技术的变革。物联网必将带来物流配送网络的智能化，带来敏捷智能的供应链变革，带来物流系统中物品的透明化与实时化管理，实现重要物品的物流可追踪管理。

教学目标

1. 知识目标
(1) 了解物联网技术及云平台技术在物流行业中的应用；
(2) 掌握物联网技术及云平台技术应用常用系统的基本原理。
2. 技能目标
(1) 能设计物流增值服务解决方案；
(2) 能分析增值方案成本核算；
(3) 能运行物联网技术应用系统；
(4) 能掌握云技术平台系统运行；
(5) 能对物联网及云技术平台应用情况进行整理、汇总。

案例导入

某公司的物流增值服务

某物流信息技术有限公司主要为交通运输行业提供信息服务（主要专注于海运及公路运输方式衔接）。公司自创立以来，迄今为止已经为全国各地几多万家物流企业提供货运交易及管理全过程的信息服务，其产品技术以及行业影响力均在国内处于显著领先地位。公共平台服务模式，使得全国各地千家万户中小物流企业大大提升了车辆利用率及物流业务管理效率，实现了与大型物流企业向媲美的信息化水平。

当前我国整体物流信息化水平较低，为公司提供了很大的发展空间。物流信息化是提高物流效率、降低成本、提升服务质量的核心因素之一。提升物流信息化水平是加快现代物流业发展的必然要求。近年来，我国物流信息化建设虽然取得了明显的进展，但整体发展水平仍然较低等问题也不容忽视。公司着力利用信息化推进物流现代化，从信息资源整合入手，抓好物流资源的整合，不断提升物流信息化水平，为物流业又好又快地发展贡献自己的力量。

随着国民经济持续快速发展，我国现代物流业呈现出良好发展势头，连锁经营、物流配送、电子商务等新型流通方式不断拓展，市场发展促使公司不断提升自己服务方式，满足日益增长的物流需要。随着公司全国物流网络节点设建设工作取得进展,已经逐渐形成相互协调、布局合理的物流网络节点服务体系,为满足连锁经营、物流配送、电子商务等新型流通方式奠定了良好的基础,同时第三方物流企业快速成长,传统物流向现代物流转型步伐加快,市场主体和投资主体多元化的格局初步形成。

从目前企业一般自有物流管理系统来看,由于其结构和标准没有一个统一的规定,平台和企业系统之间无法实现有效对接,成为一个个的信息孤岛,很难实现信息的共享和整合。另外,公司现有物流信息平台功能不够全面,只是传统的物流配载信息撮合平台,还不具备信用担保、电子商务以及全过程供应链信息服务功能。

公司计划在未来的5年内,把原有的物流信息平台升级为基于物联网及云技术的智能物流信息平台,通过运用GPS定位技术、3G通信技术、车载视频技术、RFID技术及云技术等,向客户及中小物流企业提供标准化的物流订单管理及过程管理服务。

引导思路

1. 该公司所面临的市场机遇有哪些?
2. 物流增值服务方式主要包括哪些方式?

项目一 物联网技术应用

教学要点

1. 利用网络,收集物联网在物流行业的应用材料;
2. 由小组讨论,选择某项具体物流应用业务进行详细分析;
3. 制订一份基于物联网的智能物流信息平台;
4. 分析未来物联网在物流行业应用发展趋势。

教学方法

可采用课堂讲授、3D模拟演示、案例教学和分组讨论等方法。

一、物联网物流行业应用

(一)情境设置

智能物流服务服务平台是指在物流行业的建设与发展中,在生产经营、安全管理领域,充分应用信息通信技术,智慧地感知、分析、协同,以应对物流运输企业及客户在智能运输与经营活动中的需求,同时可以协同整个物流活动,创造一个安全高效的物流系统。该平台是利用标准化物流服务平台结合一体化智能终端实现物流信息撮合、物流在途监控、物流订单管理、物流服务过程作业管理、服务过程支付结算等物流行业信息化服务需求;是将货物、金融及信息整合为一体的一个智能服务平台。物流服务平台基于开放式、交互性的物流服务平台建设思路,旨在为物流公司提供标准化的物流作业服务、信息资讯服务、支付结算服务、电子商务服务等。一体化智能终端则利用最新的3G通信、二维码、RFID等技术开发技术,实现物体识别,信息实时采集,刷卡移动支付等物联网行业应用。终端与平台的一体化解决方案在方案的完整性、技术的前瞻性、业务的扩展性上都独具特色,开创了物联网时代的物流信息化的新模式。

(二)技能训练目标

学生根据当前物流行业的实际特点及企业的未来的发展规划及战略目标,为企业制订一套合理有效的智能物流服务服务平台物联网应用方案。

(三)相关理论知识

1. 物联网技术体系

目前公认的物联网主要技术体系分为感知层、传输层、支撑层和应用层四个层次。

(1)感知层

物联网感知层主要通过各种类型的传感器对物质属性、环境状况、行为态势等静、动态信息进行大规模、分布式的信息获取与状态辨识,针对具体感知项目,采用协同处理的方式对多种类、多角度、多尺度的信息进行在线计算,并与网络中的其他单元共享资源进行交互与信息传输,还可通过执行器对感知结果作出反应,对整个过程进行智能控制。

由于感知层的设备如传感器的计算能力有限,通常采用轻量级的嵌入式软件系统与之适应,目的是采集信息和处理信号。有时还要通过自组织网络技术以协同工作的方式组成一个自组织的多跳网络进行数据传递。从数据处理能力和数据量来讲,数据采集和信号处理一般的数据量为 kB 量级,处理能力达到每秒百万级的机器语言指令级别;自组网协议组成的数据量为 MB 量级,处理能力在 10M IPS 级别。

(2)传输层

该层的主要功能是直接通过现有的互联网或移动通信网、卫星网等基础网络设施对来自感知层的信息进行接入和传输。目前的接入设备多为各种异构通信网络,如网关等。因为这些设备具有较强的硬件支撑能力,可以采用相对复杂的软件协议设计,其功能包括网络接入、管理和安全等。目前接入设备多为传感网与公用通信网、卫星网等联通。从数据处理能力和数据量方面,网络接入的数据量为 TB 量级,处理能力在 103M IPS 级别。

(3)支撑层

在高性能计算技术的支撑下,对获取的网络内大量或海量的信息资源进行实时管理和控制、大规模的高速并行计算、智能信息处理、信息融合、数据挖掘、态势分析和预测计算、地理系统计算及海量数据存储等,并为上层应用提供一个良好的用户接口,最终整合成一个可以互联互通的大型智能网络,为上层服务管理和大规模行业应用建立起一个高效、可靠和可信的支撑技术平台。主要的系统支撑设备包括大型计算设备、海量网络存储设备等。这个层次上需要采用高性能的计算技术,对获取的海量信息进行实时的管理和控制、大规模的高速并行计算、智能信息处理、信息融合、数据挖掘、态势分析和预测计算、地理系统计算以及海量数据存储等,并为上层应用提供一个良好的用户接口。支撑层应用的数据量达到 PB 量级,处理能力在 109M IPS 级别。

(4)应用层

该层可根据用户需求,结合不同行业的专业知识和业务模型构建面向各类行业实际应用的管理平台和运行平台,并根据各种应用特点集成相关的内容服务。为了更好地提供准确的信息服务,还要结合不同行业的专业知识和业务模型,以便完成更加精细和准确的智能化信息管理。应用层的设备包括各类用户界面显示设备及其他管理设备,还需集成、整合各种各样的用户应用需求,并结合应用专业模型构建面向行业实际应用的综合管理平台。通常,这类平台以综合管理中心的形式出现,并可按照业务分解为多个子业务中心。

2. 主联网技术在物流业应用

(1) RFID 技术在物流业应用

在物流领域,RFID 电子标签可以应用于自动仓储库存管理、产品物流跟踪、供应链自动管理、产品装配和生产管理、产品防伪等多个方面。大量使用 RFID 电子标签可以提高整个供应链和物流作业管理水平。物联网时代,RFID 在物流业应用也从 RFID 过渡到 RFIT 时代。

RFID 在物流业重点应用与以下方面:

①货运集装箱追踪与管理;

②道路货运车辆的跟踪与管理;

③托盘等装载设备的跟踪管理;

④配送中心管理;

⑤航空货物追踪及行李管理;

⑥货运车辆的智能调度与管理。

(2) GPS 及其相关技术在物流业应用

①GPS 技术在货运车辆运行管理中的应用;

②基于 GPS 的物流配送监控系统;

③基于互联网的 GPS 公共平台系统;

④基于 GPS 技术的智能港口物联网。

随着物联网技术的发展,基于 GPS/GIS 的移动物联网技术在物流业将获得巨大发展,以实现对物流运输过程的车辆与货物进行联网和监控、对移动的货运车辆进行定位与追踪等。预计未来几年我国物流领域对 GPS 系统市场需求将以每年 30% 以上的速度递增。

(3) WSN 及其相关技术在物流业应用

WSN 在物流的许多领域都有应用价值,包括生产物流中的设备监测、仓库环境监测、运输车辆及在运物资的跟踪与监测、危险品物流管理以及冷链物流管理等。

WSN 可以用于仓库环境监测,满足温度、湿度、空气成分等环境参数的分布式监控的需求,实现仓储环境智能化;WSN 在危险品的物流管理中也大有可为;WSN 在冷链物流中前景广阔;将 WSN 技术与 RFID 技术以及 GPRS 等无线通信技术相结合应用在物流中将是一大趋势。

(四) 技能训练准备

(1) 学生每 5 人为一个项目小组,每个小组选一名项目负责人。

(2) 物联网物流行业应用示意图若干张。

(3) 教师现场指导。

(4) 训练时间安排:2 学时。

(五) 技能训练步骤

(1) 以项目小组为单位,制订智能物流信息平台物联网应用基本环节内容;

(2) 各组通过对智能物流信息平台各个环节的内容的详细分析,制订物联网各项技术的应用组成;

(3) 以项目小组为单位完成智能物流信息平台物联网应用方案的确定;

(4）由项目小组负责人陈述方案。

（六）技能训练注意事项

(1）技术应用技术可行。

(2）应用方案总体流程完整。

(3）内容确定要有依据、要准确。

（七）技能训练评价

请完成技能训练后填写表 10-1。

技能训练评价表　　　　　　　　　　　　　　　表 10-1

专业	物流管理	班级		学号		姓名	
考评地点	多媒体教室						
考评内容	物联网技术应用						
考评标准			内　　容			分值（分）	评分（分）
	学生自评	参与度	是否积极参与学习？是否积极进入角色？是否积极动手实践？是否积极探知知识点和思考工作方法？是否积极参加研讨？是否积极提出建议？			10	
		工作报告	是否独立完成？是否如实撰写？是否撰写详尽？是否具有专业性？图表是否合理清晰			15	
	小组互评	协作力	信息传递是否准确？传递是否及时？交流是否融洽？			5	
		岗位描述	是否口头表达顺畅？岗位职责是否详细？是否具有可执行性及有效性？			10	
		组织能力	是否积极参与学习？是否积极探知知识点和思考工作方法？是否积极参加研讨？			10	
	教师评价	工作流程计划	是否流程设置清晰？是否具有可执行性及有效性？			10	
		角色完成质量	是否按时完成项目？是否正确完成项目？是否采取合理工作方法？			10	
		工作汇报	是否 PPT 如实描述？是否内容全面？是否编排美观？是否具有专业性？图表是合理清晰？是否具有独创性？			15	
		工作报告	是否独立完成？是否如实撰写？是否撰写详尽？是否具有专业性？图表是否合理清晰			15	
		总　　评				100	

（八）技能训练活动建议

建议组织学生到物流信息服务企业及物联网应用企业进行参观。

二、智能物流信息平台物联网应用方案实例

(一)智能物流信息平台物联网应用定位

如图 10-1 所示,智能物流服务平台旨在整合物流信息撮合、运输监控及资金支付等功能,借助平台软件以及数据信息终端为客户及物流公司提供物流管理服务(订单需求管理、物流过程管理、订单支付结算)。

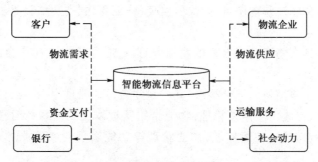

图 10-1　智能物流信息平台

物流服务平台作为核心节点,起到整合其他各个节点的作用。该平台可以直接对接客户获取商流信息以及物流需求,通过服务平台进行信息撮合,寻找合适的物流公司,同时进行成本和风险的控制。此外,物流服务平台还提供客户终端的接入,司机可以将取集货信息传至物流服务平台,由平台统一转发至相应的物流公司管理系统,实现对物流过程的管理。与资金支付平台的对接则为物流公司提供了丰富的资金结算方案,可以借助支付渠道进行代收货款、代收代付等业务。综合来说,该平台的定位就是整合商流、物流、资金流等数据流,并在整合的基础上提供各种衍生应用,满足行业多样化的需求。

该平台基于二维码、RFID 射频识别技术、GPS 电子定位技术、网络视频技术、无线通信技术将人员、设备以及网络连接起来。通过信息交互与通信实现更为高效的管理与资源分配,实现人与人、人与物、物与物间的通信与互动。

通过智能物流服务平台可以针对海量的物流需求信息进行整理,实现高效的匹配,体现集约、科能、低成本的相关特性。中小物流公司只需要通过一台电脑就可以直接访问智能物流服务平台,获得物流行业需求,通过该平台完成订单合约签订、订单执行等操作,同时通过该平台对取货、送货等整个环节进行统一过程管理,实现自己的结算。

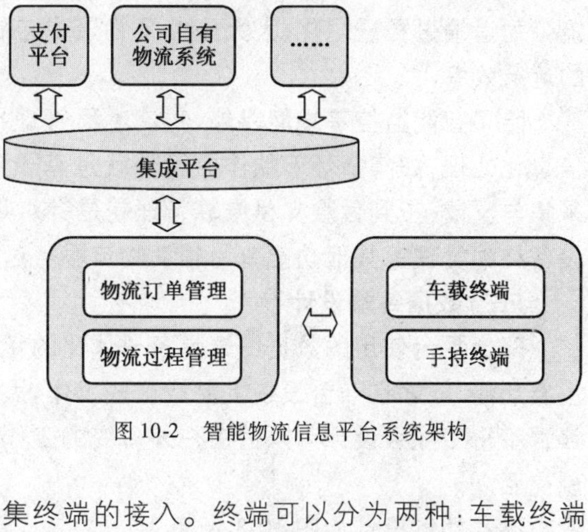

(二)智能物流信息平台系统架构

智能物流服务平台主要由采集终端、物流服务核心平台、集成平台三个部分构成,如图 10-2 所示。

图 10-2　智能物流信息平台系统架构

1. 终端平台

终端平台主要负责管理采集终端以及采集终端的接入。终端可以分为两种:车载终端和手持终端。车载终端主要指安装在货车上的终端,常见的有地址位置终端、温度感应终

端、油压感应终端等;手持终端则主要指手持智能终端,该类型终端主要由物流人员随身携带,包含物流信息管理以及货款支付等功能。终端平台负责将终端设备上的各种传感组件收集到的信息统一处理,然后反馈到核心平台去。这块功能是物联网的感知层的主要实现。

该部分主要拥有的物联网技术包括 GPS 技术、GIS 技术、3G 通信技术及车载视频技术等应用集中在终端系统中。

2. 物流服务核心平台

主要由物流订单管理平台和物流过程管理平台构成,是智能物流平台的重要组成部分。该平台对外提供多种物流智能服务,如流程监控、作业管理、费用结算等。

3. 信息集成平台

主要负责与第三方物流公司自建的物流管理系统、第三方支付平台及其他物流服务系统等集成。

物流服务平台主要由两大平台构成:其一是物流订单管理平台,通过该平台可以从客户获取物流服务需求,完成物流需求管理、物流合约管理以及物流履约管理等主要功能;其二是物流过程管理平台,通过在途监控、作业管理等功能实现对物流服务过程的精益管理与监控。

物流订单管理平台:客户订单会产生一份物流服务需求,需求中会记载发件人、收件人以及相关的配送信息。这份需求会通过系统通信的方式传输到物流订单管理平台,记录在物流服务需求表中。物流订单管理平台会将各种需求进行归类,归类的原则非常多样,可以基于地点或者是收件人信息,这样基于多个物流服务需求系统会合并生成物流服务订单。物流订单管理平台会根据自身整合的中小物流公司,计算最为高效的运输方式。这里涉及一个智能撮合的逻辑,主要根据物流公司目前的运力负载情况以及该物流公司的运输成本、信用等级、服务等级等参数共同来判断。撮合完毕后,订单管理平台会将物流服务订单发送到该物流公司的管理系统前置,物流公司如果愿意接受该需求,则系统将利用 GPS 定位技术,将需求发送至离取货地点最近的快递员的终端上实现智能的调度与调控。

物流过程管理平台的目的是辅助物流公司对整个物流过程进行精益化的管理与监控,基于各种传感设备(GPS 定位设备、温度传感设备、油压感设备等)将车辆、人员的信息及时汇总到服务器进行数据处理以及调度。通过智能监控、智能调度、安全管理等功能,实现物流公司运输过程透明化,大大压缩了物流供应链运行时间,提高了制造企业、物流运输企业的运行效率。

除了智能监控等功能以外,物流过程管理平台还负责处理物流服务过程中各个环节的信息化处理,如集货环节的作业管理就是基于物流公司的作业流程完成集货过程中的信息采集与反馈;货到付款支付结算管理就是针对物流服务过程中的支付环节完成支付与结算;设备终端管理等其他功能皆为辅助物流服务过程的。

(三)数据终端设计

配合平台使用的数据终端具备一体化的特性,集成了传统物流 PDA 与代收货款 POS 的主要功能,能够在一台设备上完成这些工作,大大提高了工作人员使用的便捷性。移动数据终端基于工业级设计可以适应户外多变的工作环境,通过 3G 无线通信的方式与服务平台实现交互。

终端功能设计如图 10-3 所示。

1. 物流服务功能

该功能模块涵盖了传统物流 PDA 的主要功能,终端为物流服务平台采集物流服务过程中的各种信息。该功能主要针对物流服务过程中的集货、配送环节进行信息化的处理,实现取配送过程中关键信息的采集与传递。此外,终端还将提供服务区域查询、节点价格查询等各种查询功能来辅助工作人员完成日常工作。

2. 支付功能

该功能模块主要负责物流服务工程中的支付行为,是传统金融服务应用在物流行业的扩展。支付信息将通过终端采集后直接发送到银联的结算平台完成支付结算,支付形式多样化。

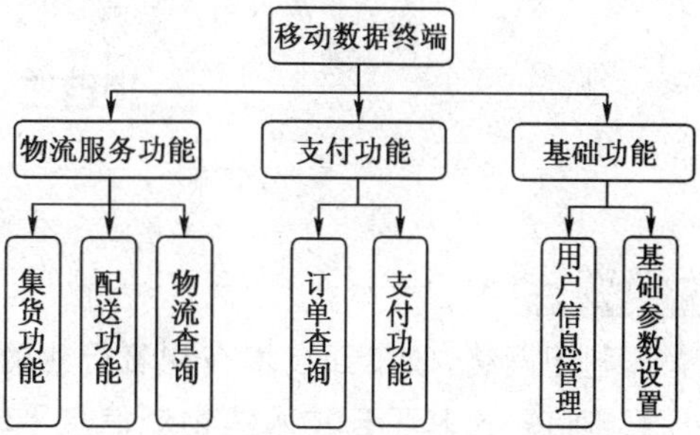

图 10-3 数据终端功能设计图

3. 基础功能

该功能模块是一设备的基础功能,用以保证设备的正常使用以及用户权限的管理,包括软件升级、参数设置、登录控制、安全机制等。

思考练习

近几年,我国食品安全事情不断发生,虽然政府加大食品安全的监管力度,但"从农田到餐桌"的食品产业链条依然危机四伏。相关数据表明,我国食品安全问题更趋严重,频频见诸媒体和走进公众视野的有广东"毒大米"案件、"瘦肉精"猪肉中毒事件、安徽"阜阳劣质奶粉事件"、"苏丹红一号事件"等。此外,因食品添加违禁物质造成的食物中毒事件时有发生。

当前我国食品安全问题主要体现在:一是在种植、养殖等生产环节污染问题严重。我国农产品生产多以农户为单位,由于农村技术水平整体较低,在单纯追求高产量、低成本的观念驱使下,违规使用农药和违禁药物现象较常见。二是加工领域安全状况不容乐观。我国食品生产企业多、规模偏小,大多数是家庭作坊式企业,大多缺乏生产合格食品的必备条件。而相对较具规模的食品企业,由于体制等多种原因,在质量管理、产品开发、市场经营等方面观念滞后,产品质量不容乐观。三是食品流通领域秩序混乱。全国食品经营企业大多为个体工商户,缺乏必要的食品储运设施,缺乏有效的安全检测手段和质量控制措施,使造假者有机可乘,甚至有些不法企业贪图私利,蓄意出售过期或变质食品。

现在充分利用物联网技术,建立一套完善的食品可追溯系统(图 10-4)成为解决食品安全

图 10-4 产品追溯系统示意图

问题的有效手段。

请你利用现有技术,设计一个可行的食品可追溯系统。

项目二 云技术应用

教学要点

1. 利用网络,收集云技术在物流行业的应用材料;
2. 制订一份基于云技术的物流信息平台应用;
3. 分析未来云技术在物流行业应用发展趋势。

教学方法

可采用讲授、情境教学、案例教学和分组讨论等方法。

一、情 境 设 置

物流业在我国已经发展成为一个支柱产业,目前我国绝大多数的物流企业还处于发展阶段。规模小、服务弱、管理乱是大多数中小物流企业的真实写照。究其原因,物流企业的信息化水平较低无疑是其中非常重要的因素。

目前,中小物流企业在信息化过程中面临的问题有:

(1)企业领导不重视企业信息化。大多中小物流企业领导不了解IT技术,不能正确认识信息化对企业发展的重要性,从而不能在战略上加大对IT的人、财、物投入力度,因而影响了企业信息化的进程。

(2)物流信息化人才缺乏。物流行业相对专业,对物流行业有较深认识的信息人才非常缺乏。物流企业须独立培养既有信息技术知识又懂物流知识的复合型人才。这种人才培养模式所带来的成本压力对于中小企业物流企业来说是难以承受的。

(3)建立物流信息系统成本太高。建立传统的物流信息系统的成本主要包括:硬件采购成本、软件采购成本、系统维护成本、人员工资等。在系统建设中物流软件系统选择较为专业,物流企业面临由于软件系统采购错误而造成系统实施失败的风险成本。

(4)整体信息化水平低。我国整体信息化水平较之国际发达国家水平还有较大差距,企业信息化过程中可能会受到各种制约,如标准缺乏、信息服务缺乏等问题。

通过开发基于云计算的物流信息平台SaaS软件,为客户及中小企业提供标准化软件系统。中小物流企业可以把企业应用大多数功能迁移到SaaS上,包括:基本信息管理(企业信息、员工信息、办公自动化信息);司机车辆信息管理(司机个人信息管理、短消息功能、车辆基本信息管理、通过GPS及时了解车辆所在位置);货物信息管理(库存货物信息、在途货物信息、仓库管理等);客户信息管理(客户基本信息、客户短信通知、客户欠款提醒等);财务管理(财务基本信息、财务月报年报等)。

基于云计算的SaaS模式应用有以下特点:

（1）企业按需定制服务并付费。在传统企业信息化解决方案中，企业需购买企业信息系统。采用 SaaS 模式，企业可根据应用需求及应用规模向 SaaS 运营商订购软件功能模块及其他资源，企业还可以灵活选择支付模式。SaaS 提供的差异化服务，为企业信息化过程带来更大的灵活性和扩展性。

（2）企业把应用软件托管到"云"端。采用 SaaS 模式应用，企业并不直接"拥有"应用程序，企业是以购买服务的方式来享有网络"云"端应用程序。虽然 SaaS 运营商可以采用单实例多租户的方式为不同用户提供服务，但每个用户的感受却是独立使用这个应用程序，好像是企业将自己的应用托管到网络信息中心一样。

二、技能训练目标

学生根据当前客户及中小物流企业的实际特点，结合云计算应用特点，为企业制订一套合理有效的 SaaS 应用方案，满足当前客户及中小企业的信息化需求。

三、相关理论知识

1. 云计算含义

根据维基百科的定义，云计算是一种计算方式，通过互联网将资源以服务的形式提供给用户，而用户不需要了解、知晓或者控制支持这些服务的技术基础架构"云"。云计算是一种商业计算模型。它将计算项目分布在大量计算机构成的资源池上，使各种应用系统能够根据需要获取计算力、存储空间和各种软件服务。

云计算的基本原理是，通过使计算分布在大量的分布式计算机上，利用高速互联网的传输能力，将数据的处理过程从个人计算机或服务器移到互联网上的计算机集群中。这些分布式计算机都是很普通的工业标准服务器，由一个大型的数据处理中心管理着，数据中心按客户的需要分配计算资源，达到与超级计算机同样的效果。数据中心的管理者对数据中心进行统一管理，负责资源的分配、负载的均衡、软件的部署、安全的控制等。

2. 云计算技术架构分析

（1）基础架构分析

在云计算的企业运用方面，各大厂商对云计算平台的理解和实现不一样，而且并没有统一的标准。缺乏统一标准是云计算发展的瓶颈，这需要在云计算的发展过程中得到改善。分析各大厂商对云计算的理解，本文认为云计算的基础架构应由基础设施层、应用平台层、交付服务层构成，如图10-5所示。

①基础设施层。硬件资源放到这一层，对平台起支撑作用。这一层由大规模的廉价 PC 或服务器组成，利用虚拟技术切分硬件资源，动态的对外提供服务。

②应用平台层。支撑云计算平台的核心技术位于此层。通过分布式计算框架把底层的硬件资源有效地组织起来，隐藏后台硬件资源，对外提供统一的计算能力。这层是整个云计算平台的软件基础。

③交付服务层。用户从这层中获得服务。用户可以通过 P/SaaS 方式从云中获得想要

的服务。开发人员可以用 PaaS 的方式,通过调用云计算平台提供的 API、WebService 或者直接使用运行环境进行应用开发。对于最终用户而言,可选择 SaaS 方式从云中获得成熟的软件服务。

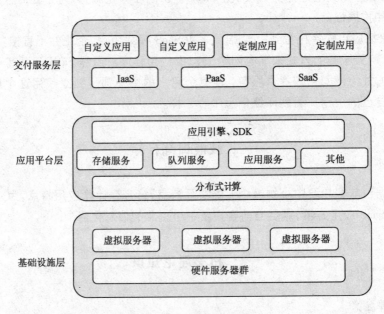

图 10-5 云计算的基础架构图

(2) 云计算的关键技术

云计算是一种新型的超级计算方式,以数据为中心,是一种数据密集型的超级计算,在数据存储、数据管理、编程模式等方面具有自身独特的技术。

①数据存储技术。为保证高可用性、高可靠性和经济性,云计算采用分布式存储的方式来存储数据,采用冗余存储的方式来保证存储数据的可靠性,即为同一份数据存储多个副本。另外,云计算系统需要同时满足大量用户的需求,并行地为大量用户提供服务。因此,云计算的数据存储技术必须具有高吞吐率和高传输率的特点。

云计算的数据存储技术主要有谷歌的非开源的 GFS(Google File System) 和 Hadoop 开发团队开发的 GFS 的开源实现 HDFS(Hadoop Distributed FileSystem)。大部分 IT 厂商,包括 Yahoo、Intel 的"云"计划采用的都是 HDFS 的数据存储技术。

②数据管理技术。云计算系统对大数据集进行处理、分析向用户提供高效的服务。因此,数据管理技术必须能够高效地管理大数据集。其次,如何在规模巨大的数据中找到特定的数据,也是云计算数据管理技术所必须解决的问题。

云计算的特点是对海量的数据存储、读取后进行大量的分析,数据的读操作频率远大于数据的更新频率,云中的数据管理是一种读优化的数据管理。因此,云系统的数据管理往往采用数据库领域中列存储的数据管理模式。将表按列划分后存储。

云计算的数据管理技术最著名的是谷歌的 BigTable 数据管理技术。

③编程模式。为了使用户能更轻松地享受云计算带来的服务,让用户能利用该编程模型编写简单的程序来实现特定的目的,云计算上的编程模型必须十分简单,必须保证后台复杂的并行执行和项目调度向用户和编程人员透明。

云计算采用类似 MAP-Reduce 的编程模式。

3.云计算的企业应用模式分析

目前云计算提供的服务类型,主要包括:基础设施即服务、平台即服务、软件即服务三大类。

(1)基础设施即服务

基础设施即服务(IaaS,Infrastrueture as a Service),云计算平台把硬件资源(如存储)和计算资源(CPU 和内存)以服务的形式提供给用户。企业可以通过租用这些 IT 资源来满足需求,而不用购买特定的专用服务器和网络设备。云计算提供的这种服务模式,类似于以前的虚拟机租用。云计算利用虚拟技术把一系列的硬件资源虚拟成可量化的 IT 资源,通过租用的方式,提供给用户使用。对于企业而言,这种模式可以为企业带来以下两种好处:

一是按需购买基础实施服务。对于企业而言,在运营过程中,经常会出现对 IT 有较高需求的情况。如临时需要对大量的文档进行转化,对大量的基础数据进行挖掘。传统模式下,企业通过购买满足企业最大计算峰值的 IT 基础设施来满足企业计算的需求。而这些资源大部分时间处于闲置的,导致了大量的 IT 资源闲置。具体统计显示,低于 80% 的计算能力和 65% 的存储空间的利用率都是低效的。在云计算模式下,用户可以通过租用云计算平台中的基础设施来满足企业对 IT 资源的临时需求,用完后再还回平台。这样就有效地降低了企业的 IT 投资成本,使企业能把资金投入到其核心业务上。

二是实现基础设施的外包。除了按需购买云计算的 IT 服务外,企业还可以通过长期租用云计算平台中的基础设施来部署企业应用,降低企业的 IT 投入和维护成本。

(2)平台即服务

平台即服务(PaaS,Platform as a Service),提供支持一个完整应用需要的设计、实现、调试、测试、部署整个生命周期的支持,即为用户提供一个完整的开发环境,使用户能基于云计算平台构建、并运行适合企业的应用。此外,用户还可根据平台提供的监视功能,对部署在平台中应用的运行状况进行实时监测,了解应用的运行健康状况。

利用 PaaS,企业可方便地进行应用定制,满足企业多样的 IT 需求。云计算平台通过提供 SDK、WebService 等,帮助开发人员在云计算平台上构建服务。使用平台服务,企业可以通过调用平台提供的一些通用的企业服务,快速地构建自己的 IT 系统。如使用平台提供的货币换算服务,用户不用再考虑如何获得实时的汇率信息,就能获得稳定的货币换算服务。

(3)软件即服务

软件即服务(SaaS,Soft as a Service),对于中小企业来说,现阶段云计算平台主要为企业提供公用性较强的软件服务,如电子商务、客户关系管理、财务管理等。这些服务通过 SaaS 的模式提供给企业用户使用。云计算提供了一种新的以按需租用 IT 资源为核心的业务模式,适合中小企业对 IT 资源的需求。云计算可以为中小企业降低 IT 投资的风险,按需定购,提高软件的更新速度,有效降低运行成本。

四、技能训练准备

(1)学生每 5 人为一个项目小组,每个小组选一名项目负责人。
(2)云技术物流行业应用示意图若干张。
(3)教师现场指导。
(4)训练时间安排:2 学时。

五、技能训练步骤

(1) 以项目小组为单位,制订智能物流信息平台 SaaS 应用基本内容。
(2) 各组通过对智能物流信息平台各个环节的内容的详细分析,制订 SaaS 软件服务流程。
(3) 以项目小组为单位完成 SaaS 软件应用方案的确定(以订单管理系统、仓储管理系统及运输管理系统等常规系统为基础)。
(4) 由项目小组负责人陈述方案。

六、技能训练注意事项

(1) 技术应用技术可行。
(2) 应用方案总体流程完整。
(3) 内容确定要有依据、要准确。

七、技能训练评价

请完成技能训练后填写表10-2。

技能训练评价表　　　　　　　　　　　表10-2

专业		物流管理	班级		学号		姓名	
考评地点		多媒体教室						
考评内容		云计算						
考评标准				内　　容			分值(分)	评分(分)
	学生自评	参与度		是否积极参与学习?是否积极进入角色?是否积极动手实践?是否积极探知知识点和思考工作方法?是否积极参加研讨?是否积极提出建议?			10	
		工作报告		是否独立完成?是否如实撰写?是否撰写详尽?是否具有专业性?图表是否合理清晰?			15	
	小组互评	协作力		信息传递是否准确?传递是否及时?交流是否融洽?			5	
		岗位描述		是否口头表达顺畅?岗位职责是否详细?是否具有可执行性及有效性			10	
		组织能力		是否积极参与学习?是否积极探知知识点和思考工作方法?是否积极参加研讨?			10	
	教师评价	工作流程计划		流程设置是否清晰?是否具有可执行性及有效性			10	
		角色完成质量		是否按时完成项目?是否正确完成项目?是否采取合理工作方法			10	
		工作汇报		是否 PPT 如实描述?是否内容全面?是否编排美观?是否具有专业性?图表是否合理清晰?是否具有独创性			15	
		工作报告		是否独立完成?是否如实撰写?撰写是否详尽?是否具有专业性?图表合理是否清晰			15	
				总　　评			100	

八、技能训练活动建议

建议组织学生到物流信息服务企业及物联网应用企业进行参观。SaaS 应用方案实例如下。

（一）总体构架

为实现技术需求,保障信息平台高效、安全、快捷、稳定地提供信息服务,拟构建"一中心、两平台、两体系、六项目群"的总体技术框架(图 10-6)。

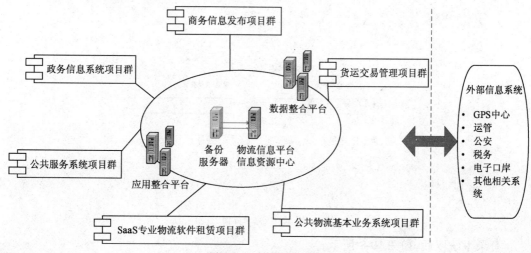

图 10-6　系统技术框架图

一中心即物流信息平台信息资源数据库中心,是存储、加工、应用和发布物流信息平台各种信息数据的中心。该中心将汇总商务信息、企业营运信息、政务信息和公众服务信息,在总体技术框架的逻辑体系中,承担数据分布和数据管理的功能。

两平台即数据整合平台和应用整合平台。数据整合平台用以实施数据接口规范,基于物流信息平台信息资源数据库中心为六大项目群提供数据支持,并作为物流信息平台与外围系统(GPS 中心、运管、公安、税务、电子口岸及其他相关系统)的数据交换接口。应用整合平台用以实施软件服务接口标准,是六大项目群和外围系统的服务交换接口,使物流信息平台各子系统互为用户、应用共享。

两体系即容灾备份恢复体系和安全保障体系。容灾备份恢复体系实现一主一备应用级灾难备份,一主一备之间网络采用双路冗余设计,核心网络设备采用双机,核心网络设备之间采用双链路连接,保证整个网络交换平台的高可靠性;主中心配置高性能数据库服务器和高性能存储服务器;分中心与主中心结构相似,仅服务器的配置数量减少,配置采用降级配置。安全保障体系满足信息平台边界防护、身份鉴别、安全审计、电磁泄漏防护、防计算机病毒、应用系统安全、设备间物理安全、移动存储介质管理和安全保密管理等方面的需要;同时,建设信息平台安全认证体系,加强身份鉴别,规范信息传输渠道,实现基于权限的信息资源共享。

六项目群即政务信息系统项目群、商务信息发布项目群、货运交易管理项目群、公共物流基本业务系统项目群、SaaS 专业物流软件租赁项目群、公共服务系统项目群。各项目群基于数据整合平台和应用整合平台实现数据共享和应用共享,同时广泛开展对 GIS、GPS、

RFID、GPRS、二维条码等物流基础技术的应用。

下面针对简单的 SaaS 软件服务模式进行分析,主要包括托运人及承运人两种基本角色。

(二)托运人管理操作

托运方,可以在线提交货物委托,寻找合适的承运商托运货物,并可对货物运输信息进行查看以及对发货量进行统计,托运方还可以发布和查询一些网站上的有用信息。以下将详细对每部分的功能进行介绍。

首先进入到会员登录界面,如图 10-7 所示。

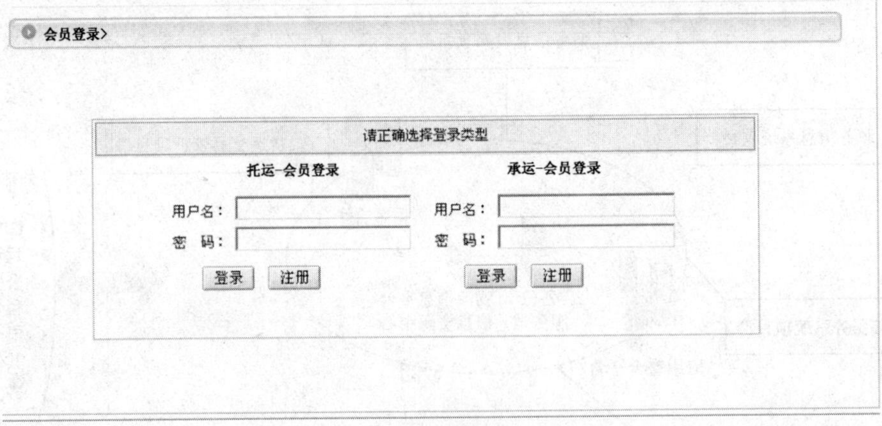

图 10-7 登录界面

登录系统以后,如图 10-8 所示。

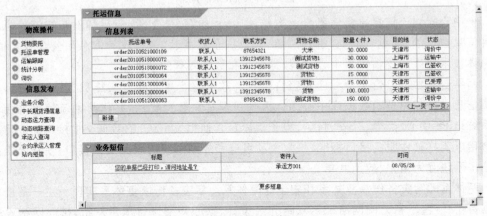

图 10-8 登录系统

1. 物流操作

(1)货物委托

填入托运方需要委托托运的信息,包括收货方、起运地、目的地和货物的一些信息,填入收货方、收货联系人、收货人联系电话(图 10-9)。若想记录下收货人的信息,方便下次委托录入,点击通讯录操作的添加按钮即可添加到通讯录中,下次货物委托时点击查询即可直接点击选择就可。注意通讯录一旦添加则不能修改删除,应谨慎操作。

说明:承运选择中若点击选择合约承运商按钮,在下拉列表中选择需要选择的合约承运商,点击提交之后,直接将货物委托给相应的合约承运商了;若点击询价按钮,下拉列表中若选择公开询价,则意味着提交之后所有承运商会员都能收到此货物询价信息。若选择向合约承运商询价,则提交后只有是该托运人的合约承运商,才可以收到此货物询价信息。

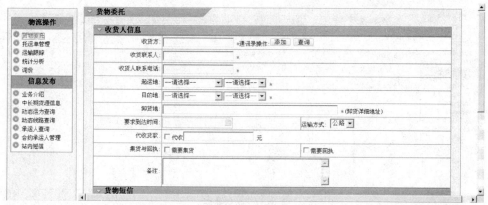

图 10-9　货物委托

(2)托运单管理

根据收货方、发货日期、托运单号可以查询相应的托运单状态,以此来了解托运单的实时状况。此处还可对托运单的信息进行修改,灰色按钮图标表示不可操作按钮,注意各种状态之间的变化(图 10-10)。

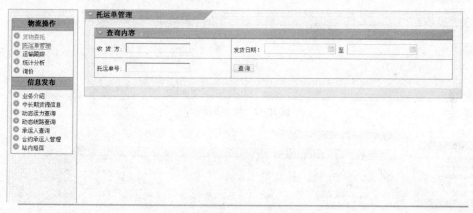

图 10-10　托运单管理

(3)运输跟踪

根据收货方、发货日期、托运单号可以查询相应的托运单运输过程中状态以及委托承运商提供的托运单的跟踪记录(图 10-11)。

(4)统计分析

托运方根据年份对该年每个月的发货量进行统计分析(图 10-12),从数量、质量、体积方面进行统计,点击查看按钮可以查看每月的每笔托运单的详细情况。

(5)询价

托运方向承运商发出询价信息后,此处可以看见询价托运单承运商的报价情况,以便从中挑选合适的承运商托运货物(图 10-13)。

2. 信息发布

(1)业务介绍

此处可以修改托运人注册时填写的公司的业务介绍(图10-14),其中单位名称和公司简称是注册时就确定的,不允许更改了。

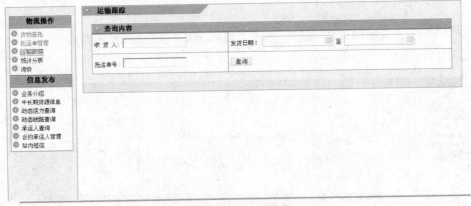

图 10-11　运输跟踪

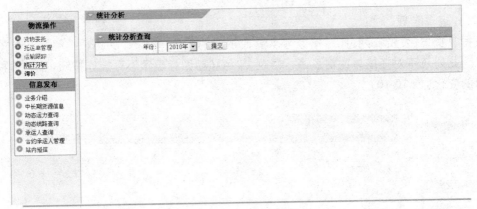

图 10-12　统计分析

图 10-13　询价

(2) 中长期货源信息

托运人可以根据自己的货源信息发布到网站上和承运商会员查看,以便帮助自己寻找到合适的承运商(图10-15)。承运商可以在承运商会员系统的货源查询处查看到托运人发布的货源信息。超过截止日期的信息发布就无效了。

(3) 动态运力查询(图10-16)

查询结果如图10-17所示。

点击查看按钮,可查看更详细的信息。

托运人可以查询到各承运商会员发布的运力信息,从中来寻找合适的承运商。

图 10-14　业务介绍

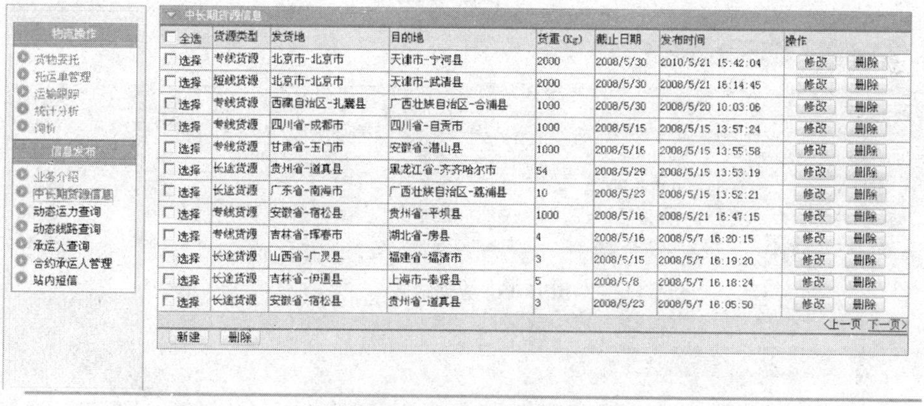

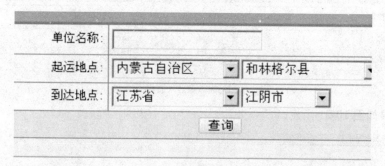

图 10-15　中长期货源信息

图 10-16　动态运力查询

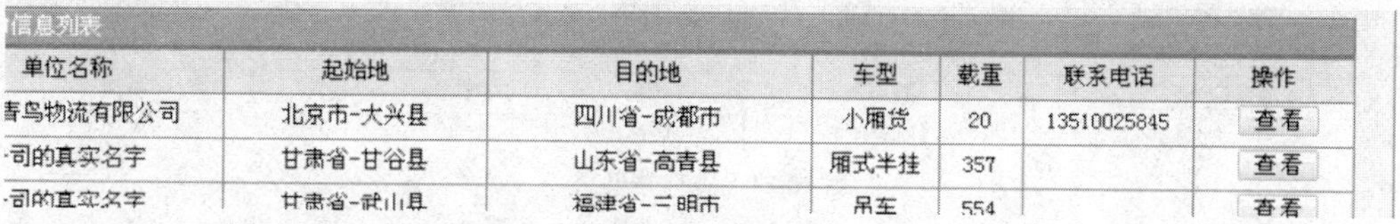

图 10-17　查询结果

(4)动态线路查询(图 10-18)

查询结果如图 10-19 所示。

托运人可以查询到各承运商会员发布的专线的价位信息,从中来寻找合适的承运商。

253

(5)承运人查询

这里可以查看所有的承运人的详细信息(图 10-20),并可将其添加为自己的合约承运人。

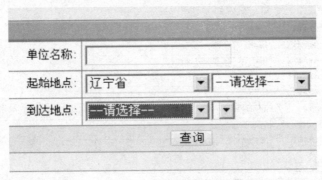

图 10-18 动态线路查询

专线查询

专线列表

单位名称	起始地	目的地	报价(Kg)	报价(吨)	报价(M^3)	操作
北京青鸟物流有限公司	天津市-武清县	山西省-太原市	10	10000	500	查看
公司的中文名字二	山西省-阳曲县	河北省-栾城县	8	555	555	查看
公司的中文名字二	河北省-正定县	天津市-武清县	555	555	555	查看
公司的中文名字二	河北省-石家庄市	天津市-天津市	7	666	555	查看

图 10-19 查询结果

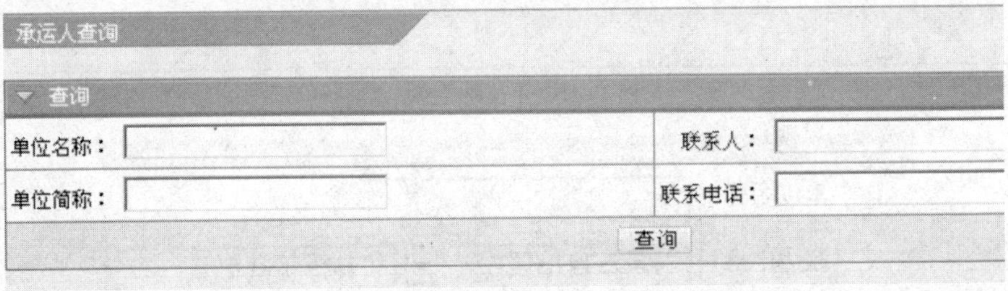

图 10-20 承运人查询

查询结果如图 10-21 所示。

承运人查询

承运人信息列表

单位名称	单位简称	联系人	联系电话	执照号码	
锦程国际物流集团	公司名	联系人	27222788		添加
某一家有限公司	某某公司	联系人	89689797		添加
北京青鸟物流有限公司	青鸟物流	联系人	27222788		添加
北京祥龙物流有限公司	北京祥龙	联系人	27222788		添加

图 10-21 查询结果

托运人可以根据相关条件查询网站上注册的承运商会员的信息,可以给承运商发站内信,若想长期和某个承运商合作,可添加该承运商为合约承运人,方便业务操作。

(6)合约承运人管理

对合约承运人进行管理操作。这里显示的是所有的当前登录托运方的合约承运人列表,可以进行相应操作,如图 10-22 所示。

托运人可以查看自己已经添加的合约承运人的信息,点击删除按钮则该承运人就不是托运人的合约承运人了。

图 10-22　合约承运人管理

(7)站内短信

为托运方提供站内用户之间信息交流的平台,可以互相发送站内短信。

发短信时若托运方知道收信方的用户名,就可以直接在收件人后面的文本输入框里输入收件人的用户名;若用户不知道收信方的用户名,则在收件人后面的选择对话框中选择所需要的收信人的用户名,在标题、内容的文本框中输入相应的内容,点击提交成功之后,收件人的收件箱中就可以显示发件人发过来的短信。

同样,发件人的收件箱也有其他发件人发给本用户的站内短信,点击标题的链接,就可以查看短信的内容。还可回复信息给发件人,以及转发发件人的信息。发件人在已发送信箱中就可以查看自己发给其他用户的短信,也可以将短信再转发给其他用户。

(三)承运方操作

承运方,可以在线受理或拒绝托运方的货物委托,管理自己的车辆、调度车辆运输货物,并可对货物运输过程情况进行跟踪记录、结算费用、对运输量进行统计等。承运商还可以申请企业自助网站,发布一些资讯和自助信息,同时向网站上和托运方发布自己的运力信息和线路信息,供托运方查看,同样承运商也可以查询一些托运方的货源信息。以下将详细对每部分的功能进行介绍。

首先进入到会员登录界面,如图 10-23 所示。

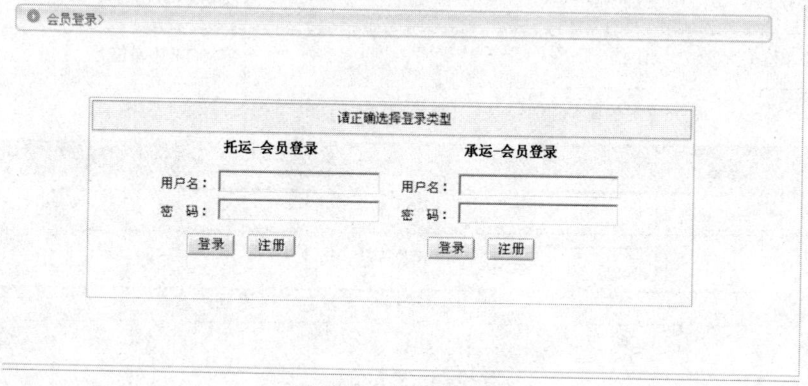

图 10-23　会员登录界面

登录系统,如图 10-24 所示。

1.物流操作

(1)委托受理

查看托运方发出的货物托运单并进行受理或拒绝的操作。这里会显示所有的已经委托给承运方的单据列表,承运方可以选择受理或拒绝,如图10-25所示。

图10-24 登录系统

图10-25 委托受理

此处承运商可以受理或拒绝托运方委托过来的托运单。若决定受理,则点击受理按钮。除了可以看见托运方委托过来的信息,还需录入一些运输过程中的费用信息(图10-26)。

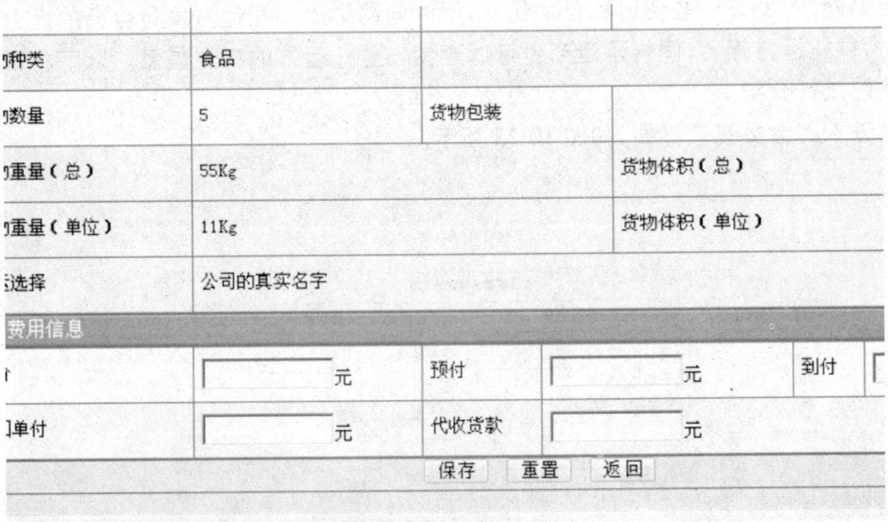

图10-26 委托信息

若不想受理托运单,点击拒绝按钮确认之后,托运方就可以知道此托运单被拒绝。

(2)车辆调度

根据不同的运单进行车辆的调度，配载。上一步受理完成的运单，在这一步将被配载到相应的车辆，同时建立了相应的承运单，如图 10-27 所示。

图 10-27　车辆调度

相应的按钮实现"编辑""删除""配载""发车"功能，配载完成以后，即可发车。可以点击"新建"按钮，以新建一个承运单，以调度车辆，如图 10-28 所示。

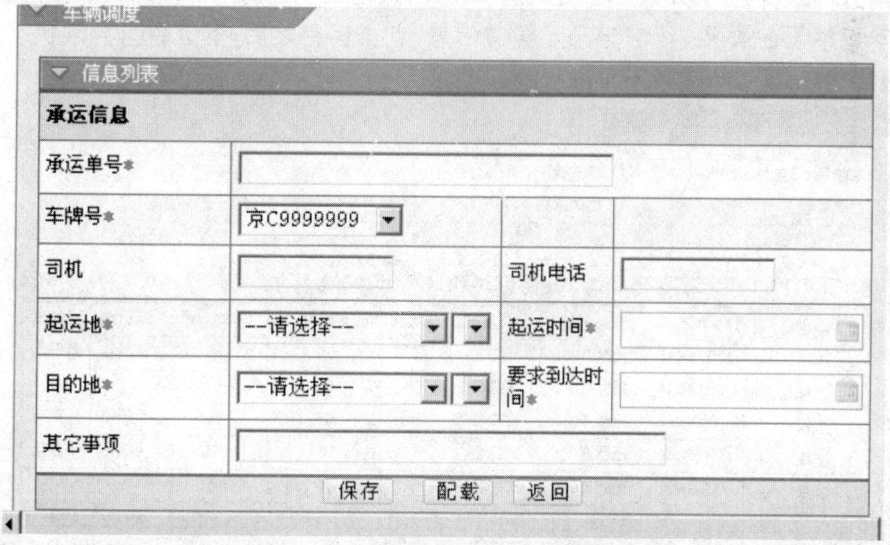

图 10-28　承运单

填写完毕后，可以选择保存，就会保存到列表中，等待配载。也可以直接选择配载以进入配载页面，如图 10-29 所示。

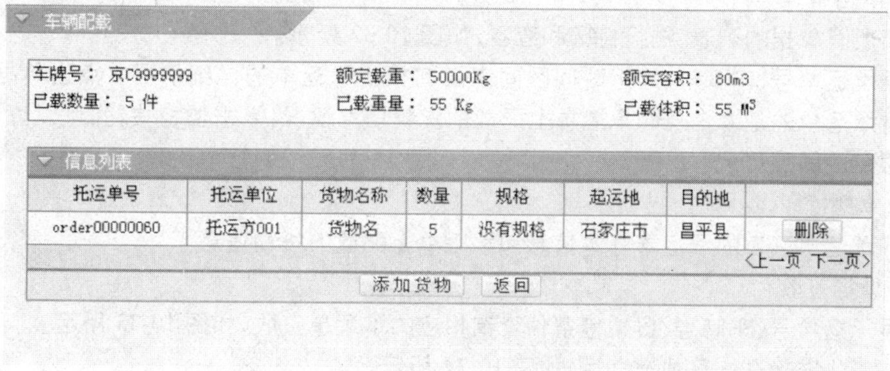

图 10-29　车辆配载页面

这里是此车辆已经装载的货物的列表，此例仅装了一件货物。

这一步和下一步，都会在上方显示这辆车已经装载的货物的数量、质量和体积。如果有超载，会以红色字体提示。

点击添加货物，进入实际配载页面，如图 10-30 所示。

可以勾引相应的货物，点击保存按钮，相应货物就配载到当前车辆。点击返回按钮就返回前一页面，以查看所有已经配载的货物清单（此页面中，可看到红色字体，表示已载体积已经超载）。

（3）运输跟踪

对运输途中的车辆上的货物进行跟踪，记录其状态，货物在上一步配载完成，并发车以后，就进入了此环节（图 10-31）。

对运输过程中的货物情况进行跟踪记录，便于查看货物运输的实时情况、记录跟踪记录的详细信息。若新的承运单的要求到达时间未大于当前时间，则会出现在未跟踪状态；若新的承运单的要求到达时间等于当前时间，则会出现在预警状态。若记录跟踪信息，选择公开，则托运方可以看见此跟踪记录；若不选择公开，只是做承运商内部跟踪记录使用，点击保存之后，承运单为正常状态。若记录了异常信息，点击保存之后，承运单为异常状态。若点击终止跟踪按钮，则该承运单不再进行跟踪了。

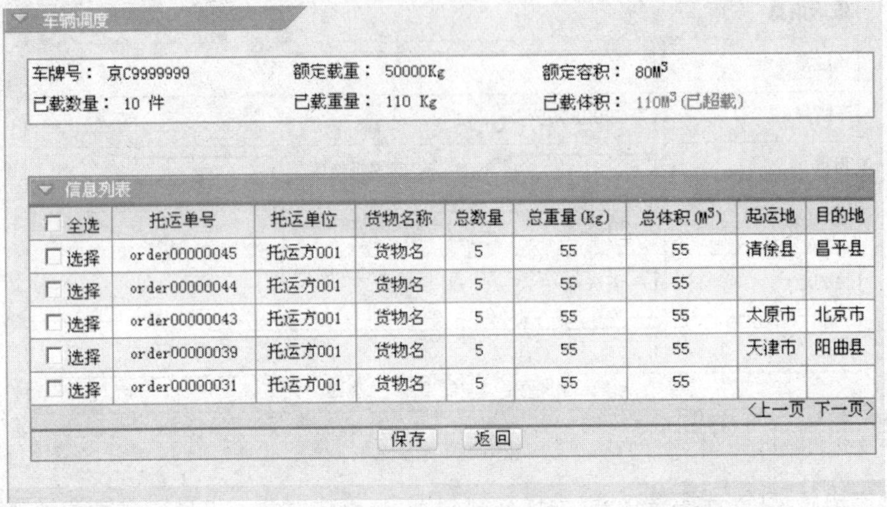

全选	托运单号	托运单位	货物名称	总数量	总重量(Kg)	总体积(M³)	起运地	目的地
选择	order00000045	托运方001	货物名	5	55	55	清徐县	昌平县
选择	order00000044	托运方001	货物名	5	55	55		
选择	order00000043	托运方001	货物名	5	55	55	太原市	北京市
选择	order00000039	托运方001	货物名	5	55	55	天津市	阳曲县
选择	order00000031	托运方001	货物名	5	55	55		

图 10-30　实际配载页面

（4）单据管理

列出所有单据的列表，进行打印和查看，如图 10-32 所示。

根据承运单号、车牌号、起运时间区间来查询相应承运单的详细情况。点击单据按钮，可以查看承运单的基本信息和承运单上配载的货物信息情况；点击监控按钮，可以查看承运单运输跟踪的跟踪记录。

（5）单据打印

打印承运单列表的承运单基本信息和承运单上配载的货物信息。

（6）单据签收

根据承运单号、车牌号、日期等条件查询相应的承运单签收，如图 10-33 所示。

确认货物准确送达目的地之后，如图 10-34 所示。

点击签收按钮，进入实际签收界面，如图 10-35 所示。

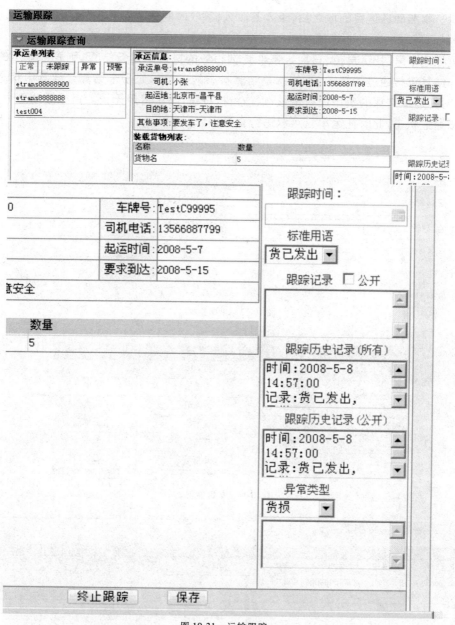

图 10-31 运输跟踪

承运单号	车辆	起运地	目的地	起运时间	要求到达时间	单据打印	
etrans88888889	TestC9999五	天津市-天津市	北京市-北京市	2008-4-16	2008-4-23	承运单	货物清单
etrans8888888	TestC99997	河北省-井陉县	内蒙古自治区-和林格尔县	2008-4-16	2008-4-28	承运单	货物清单
etrans88888900	TestC99995	北京市-昌平县	天津市-天津市	2008-5-7	2008-5-15	承运单	货物清单
test004	京C9999999	北京市-北京市	天津市-天津市	2008-5-13	2008-5-14	承运单	货物清单
etrans8888888	京C9999999	山西省-大原市	北京市-昌平县	2008-4-16	2008-4-30	承运单	货物清单

图 10-32 单据管理

确认货物准确送达目的地之后,录入签收人、签收时间保存即可。

(7) 结算管理

根据托运单号、托运单位、日期等条件查询相应的托运单进行结算,列表中显示的是需要结算和结算审核通过的托运单,状态是结算状态的托运单处于未结算或结算中状态。结算之后,对托运单结算的费用进行审核,点击审核按钮,确认费用无误。审核成功之后,状态变成审核通过状态,此时托运单只可以进行查看操作。

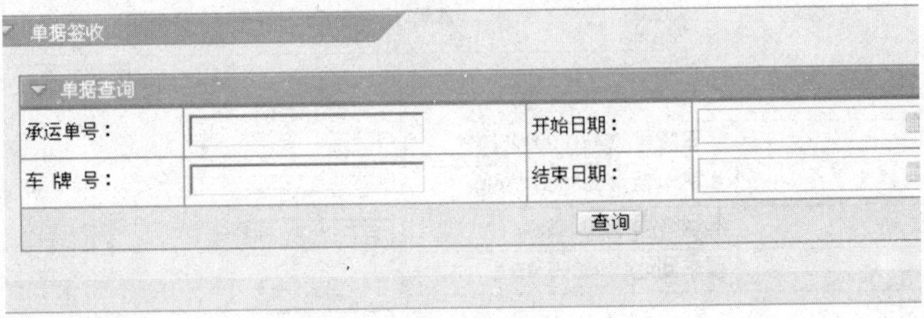

图 10-33　单据签收

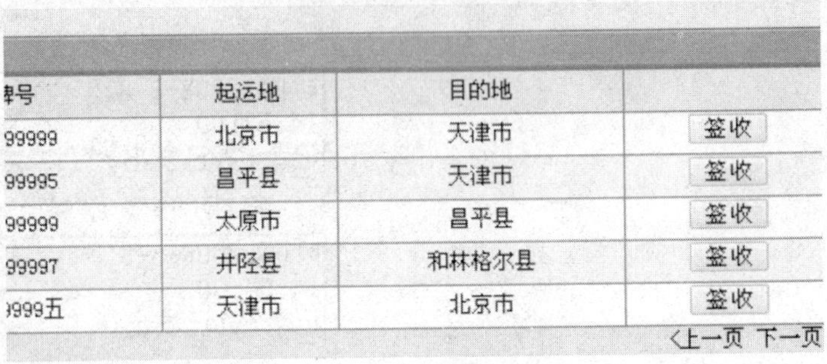

图 10-34　单据签收

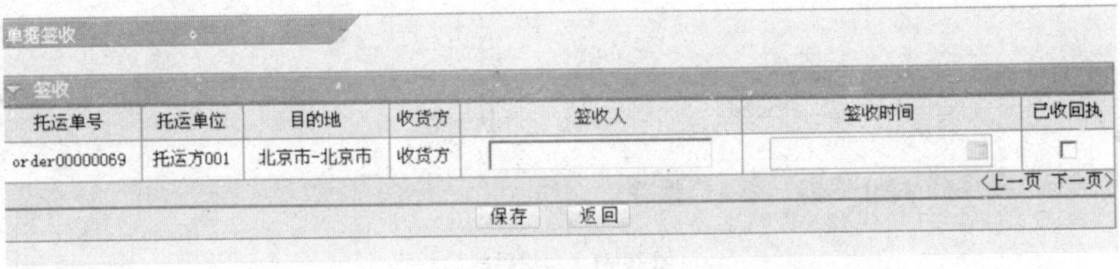

图 10-35　实际签收界面

(8) 统计分析

承运商根据年份对该年每个月的运输量进行统计分析,从数量、质量、体积方面进行统计,点击查看按钮可以查看每月的每笔托运单的详细情况。

(9) 报价

承运商对托运方询价的托运单进行报价,承运商根据托运货物的名称、数量、起运地、目的地、送达时限等信息给出合理的运价,提交给托运方。承运商可在查看报价中查看自己对托运单的所有报价信息。

(10) 车辆管理

承运商管理自己的所有的车辆信息,车辆性质、车型下拉列表的数据来自网站的后台管理系统中基础参数设置,修改车辆信息时除了车牌号不允许修改,其他各项均可重新设置。

2. 信息发布

(1) 自助网站定制(图 10-36)

图 10-36　自助网站订制

承运商可以申请定制自助网站,首先承运商需向后台管理员申请开通自助网站,管理员开通后方可继续操作。根据提示点下一步操作,直到生成自助网站成功为止。点击生成的网址,就可以看见刚刚生成的自助网站了。若要修改自助网站的格式,可以重新点击下一步操作,重新生成自助网站。

(2) 栏目发布(图 10-37)

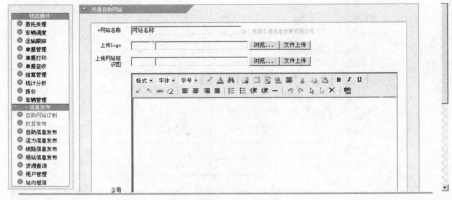

图 10-37　栏目发布

栏目列表中列出的是会员引用系统的栏目和自己自定义的栏目,对栏目的信息进行维护。

(3) 自助信息发布

选择栏目,在相应的栏目发表资讯,这些资讯就会显示在自己的自助网站中,使网站内容丰富。

(4)运力信息发布(图10-38)

承运商在此处发布自己的运力信息,包括路程类型、车辆的信息、发车地和目的地、联系信息等,提交之后运力信息在网站上和托运方会员系统中就可以查询到了。发布的运力信息时间超过了截止日期信息就无效了。

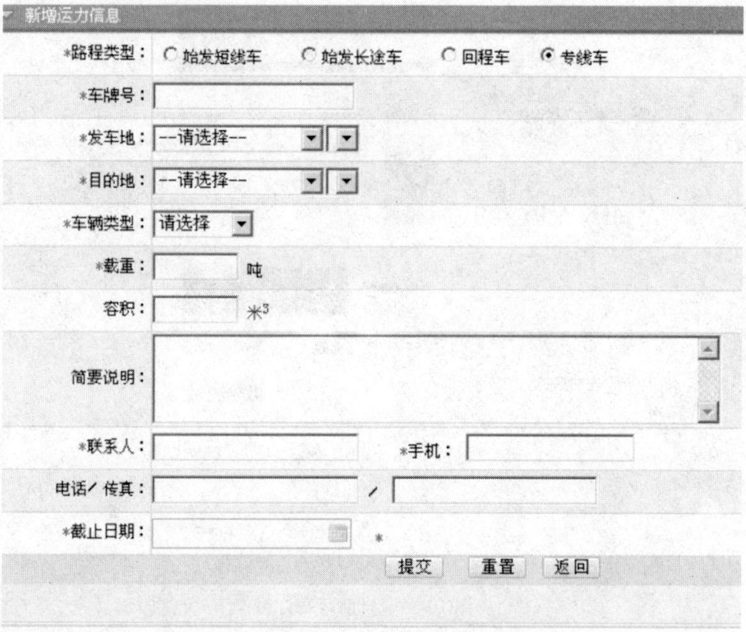

图10-38 运力信息发布

(5)线路信息发布(图10-39)

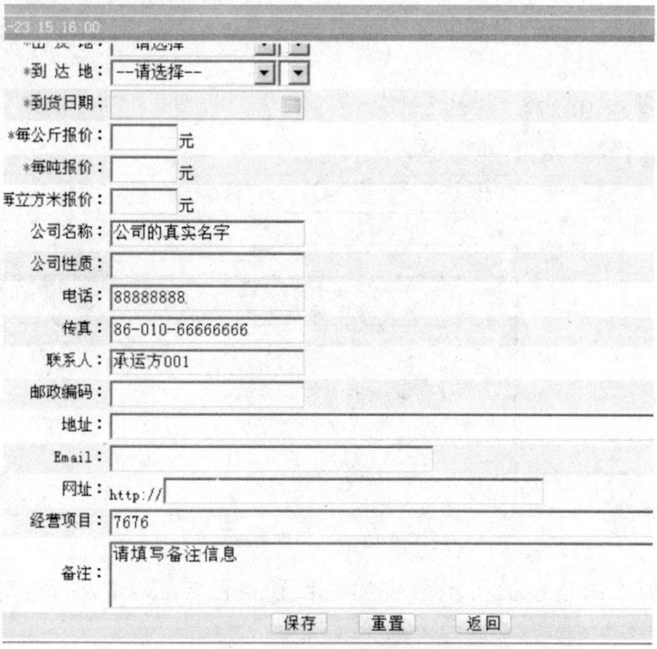

图10-39 线路信息发布

承运商在此处发布自己的线路信息,包括出发地、到达地、送货时间、报价信息等,提交之后线路信息在网站上和托运方会员系统中就可以查询到了。发布的线路信息时间超过了截止日期信息就无效了。

(6) 货源查询(图10-40)

编号	线路	货物名称	重量(Kg)	需要车辆	发布时间	操作
source000000000040	山西省- /辽宁省-法库县		50		2008-5-21 16:41:03	查看
source000000000039	北京市-北京市 /天津市-宁河县	煤碳	2000		2008-5-21 16:28:12	查看

图10-40　货源查询

根据单位名称、货源发布的最晚时间、发货地址、收货地址等查询条件查询到需要的货源信息，其中单位名称可以点击参照按钮，选择所要查询的货主。查询结果中显示托运人发布的货源信息包括线路走向、货物名称、货物质量、联系方式、参考报价等信息。截止日期过期的信息则为无效。

(7) 用户管理

当前承运商可以管理自己系统中的用户，可创建多个用户，按职能分配权限。

(8) 站内短信

为承运商提供站内用户之间信息交流的平台，可以互相发送站内短信。

发短信时，若承运商知道收信方的用户名，就可以直接在收件人后面的文本输入框里输入收件人的用户名；若用户不知道收信方的用户名，则在收件人后面的选择对话框中选择所需要的收信人的用户名，在标题、内容的文本框中输入相应的内容，点击提交成功之后，收件人的收件箱中就可以显示发件人发过来的短信。

同样，发件人的收件箱也有其他发件人发给本用户的站内短信，点击标题的链接，就可以查看短信的内容。还可回复信息给发件人，以及转发发件人的信息。发件人在已发送信箱中就可以查看自己发给其他用户的短信，也可以将短信再转发给其他用户。

思考练习

试述如何运用云技术及物联网技术，打造智能物流信息平台，为中小物流企业提供现代化的物流技术服务。

参 考 文 献

[1] 徐燕. 物流信息管理[M]. 北京:对外贸易大学出版社,2004.
[2] 黄惠良,钱钢. 物流信息管理[M]. 北京:中国传媒大学出版社,2011.
[3] 桂寿平. 物流信息管理系统[M]. 广州:华南理工大学出版社,2005.
[4] 刘小卉. 物流信息管理系统[M]. 上海:复旦大学出版社,2010.
[5] 林自葵. 物流信息管理系统[M]. 北京:清华大学出版社,2004.
[6] 刘位申,张莲芳. 人工智能及其应用[M]. 北京:科学技术文献出版社,1991.
[7] 郑丽敏. 人工智能与专家系统原理及其应用[M]. 北京:中国农业大学出版社,2004.
[8] 张仰森,黄改娟. 人工智能实用教程[M]. 北京:希望电子出版社,2002.
[9] 廉师友. 人工智能技术导论[M]. 西安:西安电子科技大学出版社,2007.
[10] 涂序彦. 人工智能及其应用[M]. 北京:电子工业出版社,1988.
[11] 张仰森. 人工智能原理与应用[M]. 北京:高等教育出版社,2004.
[12] 王永庆. 人工智能原理与方法[M]. 西安:西安交通大学出版社,1998.
[13] 陆汝钤. 人工智能[M]. 北京:科学出版社,1989.
[14] 吴信东,邹燕. 专家系统技术[M]. 北京:电子工业出版社,1988.
[15] 朱福喜,朱三元,伍春香. 人工智能基础[M]. 北京:清华大学出版社,2006.
[16] 黄可鸣. 专家系统[M]. 南京:东南大学出版社,1991.
[17] 李卫平. 智能交通技术应用[M]. 北京:人民交通出版社,2006.
[18] 黄卫. 智能运输系统概论[M]. 北京:人民交通出版社,2001.
[19] 杨兆升. 智能运输系统概论[M]. 北京:人民交通出版社,2003.
[20] 赵元. 云计算在港口行业中的应用研究[D]. 北京:北京交通大学,2009.
[21] 林玲. 物联网技术在物流行业中的应用及构建研究[D]. 北京:北京邮电大学,2011.
[22] 王晓静,张晋等. 物联网及其技术体系研究[J]. 辽宁大学学报(自然科学版),2010,38(3):275-278.
[23] 马鹏烜. 基于云计算的中小物流企业信息化分析[J]. 中国管理信息化,2011,14(17),115-116.
[24] 韦元华,舟子. 条形码技术与应用[M]. 北京:中国纺织出版社,2004.4.
[25] 中国物品编码中心. 条码技术与应用[M]. 北京:清华大学出版社,2004.7.
[26] 黄中鼎. 现代物流管理[M]. 上海:复旦大学出版社,2006.